Gertrud Höhler
Angela Merkel – Das Requiem

Gertrud Höhler
Angela Merkel
Das Requiem

Econ

Econ ist ein Verlag
der Ullstein Buchverlage GmbH

ISBN 978-3-430-21027-0
2. Auflage 2020
© Ullstein Buchverlage GmbH, Berlin 2019
Alle Rechte vorbehalten
Gesetzt aus der Scala
Satz: LVD GmbH, Berlin
Druck und Bindearbeiten: GGP Media GmbH, Pößneck
Printed in Germany

Ehe wir es vergessen:
Das Geheiminis des Glücks ist die Freiheit.
Das Geheiminis der Freiheit aber ist der Mut.
Perikles

Inhalt

Inhalt

PROLOG – WILLKOMMEN UND ABSCHIED

Präludium und Fuge:
Ankunft und Abschied

Merkels Finale werden Merkel-Deutsche schreiben. Pro und
Contra wird mit der Brainware einer Seitenwechslerin Disso-
nanz und Ratlosigkeit zu einem Cocktail mischen, der für die
einen nach Heimweh schmeckt, den anderen auf der Zunge
brennt wie flammende Wut – und für die vielen Wendedeutschen in Merkels Heer der Mitmacher Wehmut mit Nostalgie
und halb wachem Verlustschmerz verbindet.

Merkel-Deutsche sind sie alle am Ende dieser Ära, die nicht
ohne Schleifspur in die Bildergalerie der deutschen Nachkriegs-
kanzler einrücken kann, wenn die verunsicherten Merkel-Jünger mit ihren Gegnern ein würdiges Finale planen wollen. »Der
Wahrheit eine Bresche und Utopia eine Chance«, könnte das
Motto dieses Abschieds von einer Kanzlerin lauten, die nichts
unangetastet ließ, was den Rechtsstaat ausmacht, die nichts un-
versucht ließ, um ein neues Zeitalter mit einem neuen Menschenbild in die Mitte Europas zu tragen – und die mehr preis-
gab, als die Erträge ihrer Amtsführung ausgleichen können.

War sie das nun, die Merkel-Sekunde in der Weltgeschichte?
Wie lautet die wahre Geschichte? Und wer war sie in dieser
Story: Trendsetter, Trendleader oder *pathfinder*? War sie Vorläu-
fer oder Mitläufer bei diesem Stresstest der europäischen
Rechts- und Werteordnung?

War Angela Merkel die Botin der Zukunft, die noch niemand

verstand? *Changes and challenges*, Chancen und Herausforderungen liefen immer mit, wenn Deutschland und Europa versuchten, das Wende-Talent der ewig Unvollendeten zu verstehen. Denn nichts, was sie anfasste und aus den Angeln hob, wurde vollendet. Aber alle Erwartungen, alle Langmut und alle Diplomatie der westlichen und der internationalen Kollegen gaben der Kanzlerin Raum für Experimente.

Sie war die Kanzlerin, die aus der Kälte kam. Eher aus Putins als aus Gorbatschows Reich. Das Mädchen, das der großäugigen Hera aus dem antiken Götterhimmel glich, schien sich hereinzustaunen in das westliche Politpersonal. Verstört von der Wende waren sie alle, aber die Systemwechslerin Angela lieferte den coolsten Übergang. Funktionärin im totalitären System gewesen zu sein, war das ideale Ticket, um auch in der Politelite des Systemnachbarn, Deutschland-West, dazuzugehören: Merkel war nicht als Panzerknackerin des Warschauer Pakts aufgetreten; sie hatte abgewartet. Als Dissidentin hätte sie nicht so geräuschlos Karriere machen können, wie es dann gelang.

Das Zauberwort von der deutschen »Wiedervereinigung in Frieden und Freiheit« schluckte den gesamten Systemkontrast weg, der beim Wechsel aus einem totalitären in einen freiheitlich-demokratischen Staat zur Debatte steht: Immerhin war es ein politisch beiderseits beschlossenes »Gleichgewicht der Abschreckung«, das die Unvereinbarkeit beider Systeme der bipolaren Welt bis dahin in sensibler Hochspannung koexistieren ließ.

Kommentarlose und bekenntnisfreie Systemwechsel waren und sind bis heute weder üblich noch möglich. Das Mädchen Angela wechselte unter dem Schutzschirm eines Gewährsmanns aus der sozialistischen DDR die Seite; Lothar de Maizière war es, der seiner Sprecherin das Bekenntnis ersparte, das sie auch später noch vermied: in einer christlich-demokratischen

Partei als Überzeugungstäterin dabei zu sein. Helmut Kohl, Bundeskanzler der Einigung, lieferte den Anschlussjob: Die stellvertretende Regierungssprecherin der letzten DDR-Regierung wurde Ministerialrätin im Presse- und Informationsamt der gesamtdeutschen Regierung Kohl. »Kohls Mädchen« unterlief so mit den Zertifikaten zweier Wendemänner aus West und Ost die tiefergehende Nachfrage nach ihrem politischen Bekenntnis zum freiheitlichen Rechtsstaat.

Integration? Ein Fremdwort. Schon damals, vor der Schwelle zum Jahrtausend der wandernden Völker, galt in Deutschland die tollkühne Annahme, dass jeder, der »zu uns kommt«, auch ein willkommener Mitgestalter unserer Verfassungsgeschichte sein werde. Dennoch darf man nach anderthalb Jahrzehnten Merkel-Macht in Gesamtdeutschland fragen, wer in dieser langen Zeit wen integriert hat: Hat die politische Kultur des vereinigten Deutschland Angela Merkel integriert, oder hat, umgekehrt, Angela Merkel der demokratischen Tradition Deutschlands ein Integrationsprogramm verordnet, das den freiheitlichen Rechtsstaat und seine Gewaltenteilung aus den Angeln hebt? Wenn es so war, dann bleibt die Frage weiter akut: War Merkels Agenda ein Projekt ihrer metademokratischen Trendleadership, oder schwamm die Kanzlerin Merkel mit in einem Megatrend, den andere mit Leadership-Energie versorgten? Hatte die deutsche Kanzlerin eine tauglichere Zukunftswitterung als die meisten Deutschen, als sie sich für ein Menschenbild entschied, in dem die Normen und Werte der westlichen Allianz ebenso wenig Raum behalten werden wie in den Weltkonzernen der unbestrittenen Trendleader der digitalen Netzwerke?

Merkel führt häufig Mischformen der nun plötzlich alt aussehenden Welt und der europäischen wie der transatlantischen Tradition verbal weiter. Sie überspannt den Bogen anderswo, nämlich in ihren Alleingängen. Wo Konsens für Ruhe sorgt und den Wandel nicht aufhält, agiert die deutsche Kanzlerin wie gewohnt: intransparent und entscheidungsscheu, also, im Bürgerfeeling, ungefährlich. Genau das macht ihren Regierungsstil gefährlich. Dass keiner rauskommt aus der Falle des neuen Menschenprofils, umschrieb Merkel mit der Formel »alternativlos«. Eine andere Formel für den Satz: »Du hast keine Chance, also nutze sie.«

Dass es in ihrer gesamten Regierungszeit um Wandel ging, zeigt die Einführung der Vokabel »Wende«, wo andere Politmanager vielleicht von »Innovation« oder »Reform« gesprochen hätten. In Merkels Schicksalsmanagement sollen einsame Entscheidungen als schicksalswendende objektive Großereignisse erscheinen, denen sich niemand entziehen kann. Völkerschicksal mit dem unpathetischen Wort »Wende« zu beschreiben, hatte die deutsche Gesellschaft ja seit der spektakulären Maueröffnung zwischen West und Ost begonnen. Damit konnten alle weiteren Wendemanöver der übergesetzlich agierenden Kanzlerin im gleichen Sprachbaukasten Platz finden. Was immerhin bedeutet, dass Euro*rettung* oder Verstaatlichung der Energiewirtschaft oder Open-door-Regime für Migranten ohne Erkennungsansprüche des Gastlandes wie evolutionäre Großereignisse behandelt werden, eben »höhere Gewalt«.

Ist die deutsche Kanzlerin Getriebene einer Weltenwende, die den Menschen von seinen Erfolgserlebnissen eines auslaufenden Äons trennt, um ihn neu zu definieren, ohne *passion*- und *mission*-Statements, die das Vertrauen der Abhängigen binden? Oder gehört Merkel zu den Treibern eines neuen Auftritts der westlichen Allianz am Ufer neuer Aufbrüche, in Allianzen mit Systemen, die im Weltbild der erfolgreichen Zivilisationen der westlichen Welt bis dahin als Gegner und Akteure eines konträren Menschenbildes verzeichnet waren?

20

Kurz und klar gefragt: Führte Merkel die deutsche und die europäische Politik nur einfach dahin, wohin ohnehin die Reise ging? Unterscheidet die Kanzlerin Merkel von ihren Kollegen im In- und Ausland vor allem dies: dass sie einen Megatrend in Richtung autokratischer Herrschaftsformen unter Preisgabe traditioneller Werte- und Normenkataloge früher als andere Politiker für unausweichlich hielt? Ihre Herkunft aus einem totalitären System befähigte Merkel zu einer Sicht auf Staatsentwürfe, deren Vergänglichkeit schon im ideologischen Konzept angelegt war. Vielleicht kam sie mit dem Wissen, dass der Zusammenbruch des DDR-Staates auch als Auftakt für die Entdeckung weiterer Systemermüdungen zu begreifen sei, auf die der Blick sich zunächst wie auf das rettende Ufer gerichtet hatte. Die West-CDU sah sich erst einmal als das rettende Ufer. Das rettende Ufer ist unterdessen zur Rettungsinsel ausgebaut und in offenes Wasser geschwommen: ein Refugium der Anti-Merkel-Deutschen.

Dass Merkel den Megatrend zu Staatenkonglomeraten wie der EU bedient, war einer der Hauptgründe für ihre hohe Akzeptanz bei den Brüsseler EU-Managern. Eine deutsche Führung ohne das konservative deutsche CDU-Profil aus der Ära Kohl war auch deshalb hochwillkommen bei den Top-Europäern, weil diese unbelastete Neudeutsche die verlockenden Versuchungen wiederbelebte, die das Kolonialherrenprofil der Geldverteiler schon bald bei der sogenannten Eurorettung schärfen sollten. Die deutsche Dominanz in EU-Fragen wurde durch Merkels ballastfreien Auftritt in Brüssel das Ticket, auf dem die deutsche Kanzlerin auch Experimente einer neuen Couleur durchsetzen würde. Noch ehe das jemand ahnte, hätte die Frage aufkommen müssen, ob die deutsche Führungsposition in der heraufziehenden EU-Krisenkette anders und nachhaltiger hätte genutzt werden können. Die strafende Hand der deutschen Kommandeurin im Drama um Südeuropas Währungsdilemma – starre Einheitsdecke über heterogene Volkswirtschaften, der Euro als »falsche« Währung – hat immerhin das Virus der Spaltung in den europäischen Traum eingeschleppt. Aus Partnern wurden laut Gipfelbeschluss der Euro-Profiteure Gläubige und Schuldner. Damit war die Spaltung Europas besiegelt – ein Preis, den Gewinner und Verlierer noch heute und morgen weiterzahlen. Sah das niemand voraus? Oder war die Demütigung der schwächeren Volkswirtschaften ein Vorgriff auf das Kerneuropa der Stärkeren?

Hätte Deutschland, so die Frage, unter anderer Führung eine andere Gangart im Kapitel »Eurorettung« durchsetzen können? Wie viel Mitläuferqualitäten brachte Angela Merkel mit? Wie viel Anpassung an Merkels hybrides Strafprogramm für Südeuropa lieferten die staunenden Kollegen? Die später eingeführte Optik auf Merkels Stil sprach und spricht bis heute eher von Soft Power, wenn es um das Image von Angela Merkel geht. Soft Leadership – ein Imagefaktor allererster Güte – strategisch ein Meisterstück, wenn wir an die grandiosen Volten und furiosen Alleingänge der »Soft«-Playerin Merkel denken. War sie Erfüllungsgehilfin bei den Großbrüsseler Fantasien der EU-Führungsriege, oder radikalisierte sie die Sanktionskataloge gegenüber Nationen wie Griechenland, Portugal und anderen in den Schuldnerrang versetzten Partnerländern?

Merkels Omnipräsenz, nicht mit Omnipotenz zu verwechseln, das Geheimnis ihres internationalen Erfolgs, ist zugleich das Anti-Erfolgsprogramm für jeden Versuch, den Anteil der deutschen Kanzlerin an Debatten und Entscheidungen zu taxieren. Deshalb gilt auch: Nicht überall, wo am Ende »Merkel« draufsteht, ist auch Merkel drin. Ein Teil der Stabsarbeit scheint dieser strategischen Herausforderung zu gelten: den Namen der Kanzlerin nur auf erfolgreichen Abschlüssen lesbar zu halten.

Die Regie der deutschen Kanzlerschaft in Merkels Händen teilte sich von Anfang an die Brüsseler Führung mit dem deutschen Kanzleramt. »Königin von Europa« musste die deutsche Mischfigur aus Warschauer Pakt und Wirtschaftswunderland schon deshalb heißen, weil sie den Übergang der bipolaren Spaltung in ein aufgeklärtes Miteinander von Freund und Feind zu verkörpern schien.

Merkel ist nie durch Europa-Leidenschaft aufgefallen. Sie stieg in das Lieblingsspiel der Westeuropäer so emotionslos ein wie früher in die FDJ-Projekte. Disponibel wie keiner ihrer neuen Partner, erleichterte die deutsche Wende-Kanzlerin jedes kühne Vorhaben, weil sie keiner Parteidoktrin verpflichtet war. Ihr Business war der Abbau von Parteistrukturen.

Eher groß als klein zu denken, hatte Angela Kasner schon in den Diskussionsrunden ihres Elternhauses gelernt, wo die Vorläufigkeit aller politischen Bekenntnisse und die Zerbrechlichkeit von Staatsentwürfen und politischen Höhenflügen zur Sprache kam. Sie hörte zu, ohne sich selbst zu Wort zu melden.

Was man »metademokratisch« nennen kann, mag damals, zwischen gescheiterten Reichen, tollkühnen Botschaften neuer Machthaber und den guten Absichten ihrer sozialistischen FDJ-Kollegen als Brainware der Kopfproviant gewesen sein, mit dem die junge Ostpolitikerin, gefördert von einem Übergangspolitiker (de Maizière), in die privilegierte Anschlussposition als Schützling des deutschen Kanzlers Helmut Kohl versetzt wurde, den sie dann sehr bald sturmreif schießen würde.

Wenn das *soft leadership* ist, dann wird der Irrtum aller arglosen Beobachter offenkundig: Sie verkannten die perfekte Tarnung einer aufstrebenden Machtpolitikerin.

Die deutsche Kanzlerin betrat die europäische Bühne als Solistin eines neuen Politikstils, dessen Inhalte und Ziele sie bis heute als ihr Geheimnis hütet. Merkels Ziele zu kennen, hätte die gastgebende Partei CDU als Erste in den Identitätsverlust geführt, der inzwischen alle Parteien erfasst hat. Die Newcomerin Merkel sah spätestens nach ihrem liberaldemokratischen Anpassungsversuch an westdeutsche Politiktraditionen beim Parteitag 2003 ihre metademokratische Vision bestätigt. Sie legte Hand an das vorgefundene Szenario der Parteien von gestern und vorgestern, *mission statements* und Wahlversprechen aus der Steinzeit der Demokratie Schritt für Schritt abzuräumen, um für überstaatliche Großsysteme mit autokratischem Geschäftsmodell Raum zu schaffen. Ihre Herolde: die globalen Lenker der digitalen Datenkonzerne, in denen Demokratie keinen Platz mehr hat, weil Menschen dort als Datenprodukte mit einer neuen Identität ausgestattet werden.

Angela Merkel, die künftige deutsche Kanzlerin, nahm ihren Sonderstatus als Zeugin des »anderen« Deutschland mit nach Brüssel. Dort entfaltete ihre Herkunft eine viel stärkere Wirkung als im einigungsgestressten neuen Deutschland. Für die EU-Szene war sie so etwas wie eine Kronzeugin, die aus dem Welt- und Menschenbild der »anderen Seite« emotionslos Folgerungen zog. Dass der »Massenknast«, der seinen eigenen Bürgern den Fluchtweg mit Mordwerkzeugen abschnitt, nach einem quasi Gefangenenaufstand den Eisernen Vorhang öffnen musste, war dramatisch genug. Dass aber eine Nichtdemokratin, eine gut angepasste Bürgerin des Unrechtsstaates, zur Repräsentantin eines freiheitlichen Rechtsstaates westlicher Prägung wurde, durfte jeden EU-Politiker überraschen.

Die Verabredung hieß ja nicht – was für Merkel durchaus ein akzeptables Tableau gewesen wäre –, Deutschland wolle nun die beiden deutschen Spieler im Kalten Krieg, die zusammenkamen, in einem guten Kompromiss in ein Integrationsmodell führen. Vielmehr trafen die DDR-Flüchtlinge, wie ihre Vorgänger aus Jahrzehnten der Spaltung, auf ein westdeutsches Demokratiemodell, das den Markt dem Plan überlegen entgegenstellte, Meinungsfreiheit und Entfaltungsrechte als Grundrechte zu schützen versprach. Viele DDR-Bürger wollten in diesem System leben. Die Seitenwechslerin Angela Merkel hinterlässt kein leidenschaftliches Bekenntnis zu der sozialen Marktwirtschaft und der Gewaltenteilung des neuen Staates, den sie relativ zügig als ihr Berufsfeld erschloss.

Die Brüsseler EU-Spitze sah den Aufstieg der jungen Politikerin mit DDR-Wurzeln als ein schönes Symbol dafür, dass es den Deutschen ernst sei mit der wechselseitigen Integration. In den beiden Hälften Deutschlands mischten sich Willkommen und Abschied, Aufbruchsglück und Verlustschmerz. Ein flammendes Bekenntnis zur endlich erreichten Freiheit gibt es von Angela Merkel nicht. Eine offene Debatte, wie viel Training in sozialistischen Grundwerten 35 Lebensjahre in einem frisch als Kriegsbeute an die Sowjetunion gefallenen Satellitenstaat zum Schüler- und Studentenleben als Mitglied der allmächtigen Einheitspartei des Großen Bruders in Moskau gehört, wurde in Wendedeutschland nicht geführt.

Merkel im Olymp
der Metademokraten

Im Götterhimmel der metademokratischen Wendezeit haben neue Götter Platz genommen. Ihre Botschaft: Es gibt neue Allianzen für den Megatrend, der mehr ist als die Wende-Soli der Kanzlerin Merkel und ihrer EU-Kollegen.

Die Idealfigur in der *future community* für ein Weltregime jenseits aller bisher gültigen Verabredungen und Vertrauensreserven der westlichen und der transatlantischen Welt ist Angela Merkel. Ohne vertiefte Kenntnis der deutschen kollektiven Gemütslage sahen die Brüsseler EU-Strategen ein Qualifikationsprofil, das idealer gar nicht hätte erdacht werden können: Kennerin des Warschauer Paktes, Bürgerin eines totalitären Systems, Neubürgerin des marktwirtschaftlich mächtigen Schwergewichts in der EU, könnte sie zur Symbolfigur für das Ende des Kalten Krieges werden.

Gleichzeitig entdeckten die Europamanager ein Potenzial in der Vita Merkel, das den deutschen Förderern und Gegnern der Ost-West-Karrieristin zunächst entgangen war: Merkel wurde zur »Königin von Europa«, weil sie eine *brainware* mitbrachte, die den Brüsseler Träumen von einer Weltmacht Europa bei ihren westlich geprägten Kollegen fehlte: das Denken in Großsystemen und die reale Erfahrung, dass groß angelegte Reiche vergänglich sind und überwunden werden von noch größeren Konzepten.

Von Anfang an beruhte Merkels Akzeptanz bei den Topmanagern des europäischen Projekts auf diesem Potenzial: Bindungslos im Parteiensystem unterwegs, emotionslos im Ausbeuten moralischer Befangenheiten und wertbeschwerter Bekenntnisse der Westpolitik, steht Merkel im europäischen Kontext der ehrgeizigsten Kollegen für ein Talent zum fahrlässigen Idealismus, der bei allen spektakulären Rechtsbrüchen ihrer Karriere-Soli eine anarchische Mischung ergab, die bis heute von den deutschen Politfunktionären in ihrer Nähe pflichtgemäß unterschätzt wird. Merkel ist in der Europapolitik für die Erfolgsziele der dort tätigen Toppolitiker die Figur der Stunde gewesen, weil sie deutsche Positionen umformte, um den Einspruch der Staats- und Verfassungsrechtler regelmäßig zu übereilen oder zu überstimmen. Mit Merkel wurde der europäische Traum konkreter, weil sie die Stoppschilder im Kopf der Westler einfach ignorierte. Niemand fand die Zeit, über totalitär kontaminierte *brainware* nachzudenken, wenn es galt, den Euro zu »retten« und den südeuropäischen Vertragspartnern in der EU Fesseln anzulegen, die mehr als eine junge Generation bis heute ihre Lebenschancen kostet. Merkel war nicht nur Sendbotin dieser Strafkonzepte, sie war die Galionsfigur eines Flächenbrands in den originellsten Regionen Europas, die bis heute mit einer falschen Währung erfolglos bleiben müssen.

Merkels *Kairos* bei ihrem Einstieg in die gesamtdeutsche Politik ergab sich aus der Lage der CDU. Die CDU war vaterlos geworden. Sie tat, was Kinder tun, wenn sie Streit mit dem Vater haben: Sie laufen zur Mutter. Dass die Mutter in diesem Fall den Vater vom Sockel geholt hatte, trübte den Blick auf die Vorgeschichte der Aufsteigerin nicht: Schließlich war sie ein Zögling des Kanzlers gewesen. Eine Ostkarriere so geschmeidig in gesamtdeutsche Bahnen zu lenken, gelang niemandem besser als Angela Merkel. Dass die Kontrollsysteme nicht ansprangen, die einen Wechsel aus einem totalitären Staat in ein demokratisches Gemeinwesen begleiten müssten, fällt deshalb auf, weil heute bereits das Betreten eines Raumes, in dem Staatsfeinde sich aufhalten, dazu führt, dass man als »kontaminiert« gilt und einen untilgbaren Reputationsschaden davonträgt: Die Frage, ob eine Funktionärin der DDR im Westen als kontaminiert mit Meinungs- und Urteilsusancen des andern Staates zu betrachten sei, führt im Gegenteil bis heute zur Verdächtigung des Fragers und beschädigt dessen Ruf.

Dass die Nachfolgerin des Kanzlers Schröder eine andere Bildungsgeschichte mitbrachte als Westpolitiker, blieb im von ihr regierten Deutschland ein unerledigtes Thema. Die Beweise, dass Angela Merkel mit *brainfood* einer antidemokratischen Politkaste aufgewachsen ist, häufen sich unterdessen. Sie zeigen Angela Merkel als eine Trendleader-Figur beim Umsteuern der westlichen Erfolgsgrundlagen und der Ziele, die in den westlichen Bündnissen besiegelt waren. Was mit Angela Merkel seinen *Kairos* hatte, ist ein verändertes Menschenbild, mit dem sie im Gleichklang zu den aufbrechenden asiatischen Diktaturen und den als Weltmächte bereits etablierten Medienkonzernen unterwegs ist. Der Erfolg der neuen Riesenreiche mit menschlicher *brainware* als Premiumprodukt entfaltet eine Gegenwelt zum demokratischen Modell, das mit einem Menschenbild unterwegs ist, das Träumer metademokratisch nennen könnten. Merkel weiß, dass es sich beim multilateralen Modell dagegen um einen globalen Entwurf handelt, der Weltherrschaft anstrebt und die Kategorien der westöstlichen Gleichgewichte der Abschreckung überwinden soll. In der neuen Weltordnung verändert sich der Platz des Menschen radikal. Das Endspiel läuft, und der Treiber ist wieder ein altbekannter: der Wille der wenigen, die Macht mit noch weniger Menschen als bisher zu teilen.

Auf der Epochenfuge:
Die Merkel-Sekunde –
im Krieg der
Menschenbilder

Integration als Tauschgeschäft: Auftakt für die Durchmischung vorher unversöhnlicher Welt- und Menschenbilder

Die Zukunft, der Angela Merkel zuarbeitet, gilt einem anderen Menschenbild. Der Dissens zu diesem Hauptthema der digitalen Welt, in die wir gehen, wurde in der CDU und bald dann auch in der gesamten deutschen Politik unter Tabu gestellt. Das Bekenntnis, die Top-Führungsposition im ehrgeizigen Deutschland für eine Supernova geräumt zu haben, war und ist nicht zumutbar. Der originelle Ostimport als verkappter Coach, der die Integrationsidee einfach umkehrt: »Ihr müsst erst mal laufen lernen!«, setzte von Anfang an auf Trendleadership statt Tradition. Ganz sacht begann die Absolventin des Grundkurses in Weltgeltung, wie ihn jede Diktatur anbietet, den stolzen Besitzern westlicher Menschenbilder made in Germany, den Boden unter den Füßen wegzuziehen. Fassungslos hörten sich die jungen CDU-Funktionäre die präpotente Idee der Nachbarin an, das westliche Parteiensystem zu »modernisieren«. Grenzen schleifen war schon früh ein Leitmotiv in Merkels politischer Vita. Es wurde zum Selbstläufer, weil überall Grenzen übertreten und übersprungen wurden, hinter denen die eingeschlossenen Menschen die ganz große Freiheit vermuteten. Für Merkels Umgang mit Grenzen könnte es eine Rolle gespielt haben, dass sie in einem Staat gelebt hatte, dessen Befehlshaber den Grenzübertritt von drinnen nach draußen mit Todesurteil belegte. Grenzen öffnen, um Menschen einzulassen, das könnte im Stammhirn der DDR-Bürgerin Angela das leuchtende Gegenbild zur Herrschaftspraxis in ihrer Heimat DDR gewesen sein. Merkels Geringschätzung staatlicher Gewalt als Schutzversprechen könnte ähnlich im Steinzeitgehirn der Heranwachsenden eingeschrieben worden sein. Deutlich ist ihr Vorsprung beim Wissen um die Endlichkeit und systembegleitende Vergänglichkeit aller Regelwerke im Vergleich zu den Wohlstandskindern der Bundesrepublik West.

Merkels Witterung für den Wind des Wandels, unter dessen Regie sie ihre Karrierepläne gestellt hat, hat sie für ihre Westpartner zur Black Box gemacht. Schon Merkels Start in der westlich geprägten Demokratie war für die Westkollegen von dieser erstmaligen Erfahrung begleitet: Ostimport als Mutprobe für den Westen. Eine Mutprobe, der man sich stellte, weil der Parteichef der CDU, Helmut Kohl, das »Mädchen« an seiner Seite allen Zweifeln entzog. Als sich das änderte, war Kohl nicht mehr an der Macht. Machtworte in Sachen Black Box konnte es also nicht mehr geben. Die Westpolitiker Kohl'scher Schule sahen sich durch das Placet ihres Vorsitzenden von jeder Frage zum ideologischen Profil der aufstiegsverdächtigen Ostkollegin befreit. »Integration« zu planen, Bekenntnisse abzufragen, erschien nach dem soft von oben gemanagten Zutritt des DDR-Teams, dem Angela Merkel angehörte, geschmacklos. So funktioniert obrigkeitlich gelenktes Vertrauen. Funktionsvertrauen, das Kohl für sich erarbeitet hatte, sprang über auf seinen Schützling, weil seine Autorität ausstrahlte. »Wenn man's Vertrauen hat«, war einer seiner Lieblingssätze, wenn er ein Interview freigab. Er meinte sein Vertrauen zum Interviewer. Kohls Enttäuschung über die Amtsführung der späteren Parteivorsitzenden und danach der Kanzlerin Merkel war auch eine Enttäuschung über seinen Irrtum zum Potenzial des »Mädchens« an seiner Seite.

Deutschland-West, übermächtig in den Volksparteien CDU und SPD, traute sich einen fugenlosen Transfer von Ostbiografien in das westlich dominierte Parteiensystem Westdeutschlands zu. An dieser Selbstüberschätzung beteiligt war ein Toleranzideal, das Angela Merkel schon früh als eines der moralischen Handicaps der friedensverliebten Wessis erkannt haben muss. Das beweist der entschlossene Zugriff, mit dem sie den Integrationsverzicht der Westkollegen in eine Integrationsagenda unter ihrer eigenen Führung umwandelte. Im Westen ging, was im Osten Illusion geblieben war: Parteiprogramme mischen, bis eine »Einheitspartei« neuer Spielart entstand, unter deren metademokratischer Sprengkraft das Deutschland der späteren Merkel-Jahre leidet. Erst in der Flüchtlingspolitik der Kanzlerin Merkel begannen ihre Gefolgsleute zu ahnen, dass ihre nie ganz verstummten heimlichen Vermutungen zur Black Box Merkel einem dramatischen Befund auf der Spur waren.

Die politische Laufbahn Angela Merkels folgt einem Menschenbild, das wir in der digitalen *future community* unserer Tage im Spätlicht der Merkel-Karriere wiedererkennen: Die Chance, es etwas früher, womöglich sogar rechtzeitig zu erkennen, zeigt sich schon an frühen Hotspots ihres Wirkens wie dem Freispruch für den Betrüger Karl-Theodor zu Guttenberg, einen Freispruch, der den hybriden Positionshochmut der Kanzlerin bezeugt. Ähnliche Durchblicke boten sich bereits bei der Eurorettung mit Merkels menschenverachtender Südeuropa-Politik. Die Merkel-Vasallen gingen hier wie an anderen Wegmarken einer Spaltung der Menschenbilder wie Mitschuldige vorbei. Erst als es direkt an die Menschenbilder aller, der Deutschen wie der Europäer, ging, als die Völkerwanderung ihr Gelobtes Land, den europäischen Kontinent, entdeckte und das Schleuserbusiness begann, mit unerfüllbaren Versprechungen an der Zerrüttung Hunderttausender Lebensgeschichten mitzuwirken, explodierte der verdrängte Konflikt der Menschenbilder, mit denen die Retter unterwegs sind. In Deutschland aber liegt der Riss zwischen den Menschenbildern mitten im Traumagelände der Nation. Die Differenz zwischen dem Menschenbild der Kanzlerin und dem wissenschaftlich gesicherten Wissen über die Schicksalsempfindlichkeit des zart besaiteten *homo sapiens* überall in der Welt ist allein schon dramatisch, weil sie die Fehlerquoten, die alle treffen, erhöht. Das Trauma der Deutschen aber, buchstäblich »vererbt« und vorerst unentrinnbar, verzerrt auch die Vernunftechos, mit denen wir, als Wissenschaftler und natürliche Anwälte für menschliches Gelingen, die Fehlerquoten in der Migrationspolitik schneller senken könnten. Das Menschenbild der *future community*, das die deutsche Kanzlerin als Trendleaderin teilt, steht danach zur Debatte, weil es dem metademokratischen Überwachungskapitalismus zuarbeitet – ob gewollt oder ungewollt, ist einstweilen offen. Die Kanzlerschaft Angela Merkels begann und endet auf einer Epochenfuge, in einem unerklärten Krieg der Menschenbilder, der weltweit Systemverschiebungen auslöst, die als Nachbeben überstandener Abschiede und als Vorbeben kommender Eroberungen neuen Stils durch neue Kolonialherren erscheinen. Der Abschied von der bipolaren Welt hinterlässt erstarkende osteuropäische EU-Mitglieder, die ihr Quantum Freiheit nun auch dort anmelden. Deutschland kämpft gegen ungeheilte Spaltungswunden, die beim Take-over der DDR durch Westdeutschland unterschätzt wurden.

Die USA versuchen, das Sendungsbewusstsein der Nachweltkriegsära abzuwerfen, auch um den undankbaren Streber Deutschland, immerhin Auslöser des verlustreichsten Krieges der Weltgeschichte,[1] auf die Höhe der Zeit zu bringen und an NATO-Pflichten zu erinnern.

Aufsteiger der weltgeschichtlichen Stunde ist Asien. Mit Chinas Projekt »Neue Seidenstraße« kommt ein Menschenbild

nach Europa, das sich im Geschäftsmodell der neuen Kolonialherren aus China widerspiegelt. Es ist das Bild des überwachten
Menschen in einem neuen Aggregatzustand: als Datenpackage.
Die neue Weltachse, um die sich die Märkte der Zukunft dre-
hen, ist bereits in der Realwirtschaft zur mächtigsten Branche
aufgestiegen: Die Datenkonzerne arbeiten global mit demselben
demokratieaversen Menschenbild, auf das uns die Ära Merkel
undercover vorbereitet hat. Auch die Völkerwanderungen dieser
Fugenzeit werden gemanagt im Namen eines unausgesproche-
nen Konsenses der hoch entwickelten Kulturen, die sich als
Invasionsopfer sehen, mit einem Menschenbild, das der interkulturellen Herausforderung durch Kulturkollisionen entgegen-
wirken soll: Es vereinfacht in abenteuerlicher Weise die Kultur-
differenzen in einem universalistischen Menschenbild. Auch
Angela Merkel legt diese abenteuerliche Vereinfachung ihrer
Weichzeichnung der Schicksalsmächtigkeit zugrunde, mit der
die hoch entwickelten Staaten vor menschenwürdigeren Lösungen fliehen.

Die Merkel-Sekunde in der Weltgeschichte dehnt sich natur-
gemäß in der Nahsicht der Jahre zu einem gefährlichen Experiment aus Machthybris, Selbstüberschätzung und einer schweren Balancestörung beim Umgang mit den Ressourcen des
Staates und seiner Menschen. Die Merkel-Sekunde ist obendrein von Machtwagnissen gekennzeichnet, die in Zeiten des
Umbruchs die Rechtsunsicherheit erhöhen und dem Rechtsstaat Vertrauen entziehen. Rechtsbeugung und Rechtsbrüche
schwächen auch den Veranstalter dessen, was die Regierenden
nur verwalten: die *res publica*, und damit den Souverän, dem sie
gehört.

Die deutsche Kanzlerin war in ihrer Weltsekunde erstaunlich
risikobereit unterwegs. Leichtfertig wie ein elternlos spielendes
Kind kommentierte sie ihren folgenreichsten Rechtsbruch 2015

mit der Bemerkung, man habe doch nur ein »freundliches Gesicht« gezeigt. Ist es fahrlässiger Idealismus, der diese tragische Verwechslung von Egotrip und Staatsräson zulässt? Die Ursachen für Angela Merkels Erfolg als Kanzlerin Deutschlands liegen bei den Deutschen selbst. Ihr Trauma verlangte diesen Therapieversuch.

Wie Schlafwandler
zu Systemwandlern werden

Mit Merkel jenseits der Demokratie

Wir kennen das von Olympia: Die Megasieger schickt das Publikum in Ehrenrunden, um sie zu feiern. Drei Jahre Ehrenrunden für die deutsche Kanzlerin runden das Starporträt einer Weltpolitikerin ab, die als Tarnfarbenlady in die Geschichte eingehen wird. Wenn die Deutschen »drinnen« waren, allein zu Hause, war ihre Kanzlerin Merkel draußen. Von Anfang an. Nicht obwohl, sondern weil sie in die Parteiendemokratie nie eingetreten ist, kümmern sie schwindende Wählerzahlen nicht, solange es andere Parteien gibt, die die Kanzlermacht absichern. In Merkels metademokratischer Welt war es wirklich überflüssig, so begreift man nun endlich, Wahlergebnisse oder gar Wählerverluste zu »diskutieren«, wie es regelmäßig vergeblich erwartet wurde.

Demokratie war gestern. Dass die deutsche Politik sich in diesen Jahren festlegt auf eine Trendleaderin im Megatrend zu gelenkten Volkswirtschaften inklusive U-Turn im Menschenbild, mag man als Zufall bezeichnen. Diesen »Zufall« dann aber zum Leitmotiv immer neuer Wahlentscheidungen für dasselbe Führungsprofil zu machen – weg von der Marktwirtschaft, hin zur Staatsaufsicht und Planwirtschaft anstelle von Innovations- und Wettbewerbsarenen in den Märkten –, legt eine andere Konsequenz nahe: Was im Jahr 2019 von antidemokratischen *pressure groups* aus Grünen, Linken und Freiheitsfeinden aller

Couleurs zur öffentlichen Generalattacke auf alle Wohlstandsgeneratoren Deutschlands ausgerufen wird, ist die Fortsetzung
des leisen Merkel-Abschieds vom Wohlstandtanker Deutschland, flankiert von einem leistungsstarken Grundrechtekatalog
mit groben Mitteln. Merkel-Deutschland 2019 feiert die Selbstzerstörung außer Rand und Band. Ein lautstarkes Requiem, das
die reisende Solistin über die Weltmeere zurückrufen müsste:
Hic Rhodos, hic salta.

Ist Angela Merkels distanziertes Verhältnis zur Demokratie
die ideale Voraussetzung für eine demokratisch legitimierte
Führungsposition in demokratiekritischen Zeiten? Hat die westdeutsche Politelite der CDU in den Jahren um die Jahrtausendwende vorausschauend gehandelt, als sie eine Nichtpolitikerin
aus einem demokratiefeindlichen System in Spitzenämter
durchwinkte? Wer außer einer demokratiefern gebrieften Funktionärin aus dem sozialistischen Realismus hätte die Gelassenheit an den Tag gelegt, die Merkel in der Götterdämmerung der
demokratischen West-Community vorlebte? Merkels Rolle als
Grenzverletzerin in den Revieren der Parteien wurde vielleicht
auch deshalb toleriert, weil sie sich als »Modernisiererin« vor-
gestellt hatte.

Rätselhaft bleibt die Akzeptanz dieses Merkel-Profils dennoch: Aus dem Arbeiter- und Bauern-Mekka DDR mit dem Anspruch zu kommen, eine hoch entwickelte Industrienation in
die Moderne zu führen, hätte zumindest die intelligente Analy-
tikerdisziplin interessieren müssen. War die stärkste Volkspartei, die CDU, so autoritätsgläubig, dass ihre Mandatsträger
längst daran gewöhnt waren, den Amtsbonus mit der Weisheit
des Amtsträgers zu verwechseln?

Dass der Newcomerin Angela Merkel von den verstörten
Kohl-Jüngern der Sturz des Kanzlers der Einheit überlassen
wurde, wird die Geschichtsschreibung eines Tages vielleicht als

ein Wetterleuchten deuten, das eine vorher undenkbare Verfügbarkeit demokratischer Traditionen am Horizont aufscheinen ließ. Zur Zeit des Kanzlersturzes war niemandem nach historischer Wahrheitssuche zumute. Selbst humanistisch gebildete Beobachter vermeiden bis heute den Griff in die klassische Mythologie, wo der Vatermord ein ebenso zwangsläufiger Befreiungsschlag der Söhne ist wie die vorgreifende Vernichtung der Göttersöhne durch ihren Vater.

Noch überraschender als dieser Verzicht der intellektuellen Zeitgenossen der Merkel-Aktionen am Start ist der Verzicht der Männerlobby auf den Hinweis, dass im Wende-Deutschland die Karten neu gemischt werden: Hier ist der Vatermörder nicht der Sohn, sondern die bevorzugte Tochter des Machtbesitzers. Merkel knackt nicht nur Parteitraditionen und Parlamentsrecht. Sie hat mehr vor mit Deutschland, als ihre Förderer ahnen. Sie wird mit den Mitteln der Demokratie die Demokratie überwinden.

Ihre größten Augenblicke der eigenen Wahrheit sind damit die Alleingänge ohne Rücksicht auf Gesetze. Ihr Heldenprofil in solchen Augenblicken vertritt Merkel bis heute. Merkels Augenblicke ihrer höchstpersönlichen Wahrheit über ihre historische Sendung fielen regelmäßig zusammen mit einer Schockstarre derjenigen Demokratiegaranten, die als Wächter in hohen Ämtern zum Einspruch verpflichtet waren. Niemand stoppte die Rechtsbrecherin Merkel, als sie die planwirtschaftliche Bleidecke über die Energiewirtschaft warf oder die humanitäre Aura ihrer Amtsführung ausbeutete, um das Völkerrecht auf gesicherte Grenzen ein für alle Mal in die Geschichte zu verweisen.

Merkel-Deutschland stand bei diesen und anderen Merkel-Stopps für demokratische Grundrechte und -pflichten auf dem Prüfstand. Merkel-Deutschland ebnete seiner Machthaberin die Wege ins metademokratische Umland, wo demokratische Rückrufe nicht mehr ankommen. Merkels Deutschland war latent auf Merkel-Kurs, während steigende Zahlen von Kritikern von sich das Gegenteil behaupteten.

Wenn es die latente Bereitschaft gab, Höhenflüge einer Kanzlerin über dem Gesetz als legitime Innovation im Umgang der Politik mit der dritten Gewalt zu akzeptieren, dann dürfen wir weiterdenken. Dann wäre der widerstandslose Aufstieg der DDR-Bürgerin Angela Merkel ins Establishment der gesamtdeutschen Regierung das Indiz eines Kurswechsels in der deutschen Politik, der bereits eine Lobby, aber noch keine öffentlich sichtbare Agenda hatte. Der ideale Tarneffekt für das noch nicht zustimmungsreife Projekt eines soften Systemwandels konnte durch die Öffnung der führenden Volkspartei CDU für »die Stimmen der anderen« sein, die als DDR-Potenzial für kommende Wahlen gewonnen werden sollte. Dass viele DDR-Bürger Merkels Turbowechsel nach Berlin-West kritisch sahen, verbesserte die Schauseite der neuen Personalie zusätzlich. Kanzler Kohl wäre damit einer der Ersten, die die Ostempfehlung arglos bestätigten, indem er die junge Frau aus dem Schattenreich des Großen Bruders aller Satellitenstaaten an seine Seite nahm.

Kohls leidenschaftliches Verhältnis zur deutschen Einigung führte wenige Jahre später zu einer ähnlichen, aber weniger folgenreichen Fehlentscheidung, die wieder nur auf den Pfeilern »Osten« und »Frau« stand. Eine 28-jährige Nachwuchspolitikerin wurde per Handstreich von Kohl zur Bundesministerin für Frauen und Jugend ernannt. Kohls lapidare Begründung auf Nachfrage: »Deutschland ist größer geworden.« Nicht lange nach ihrer Ernennung scheiterte die Ehe der jungen Mutter an den für beide Partner ungewohnten Lebensumständen; das Kleinkind blieb beim Vater.

Wenn es eine Linksdrift in der CDU nicht gab, die den Ostimport von sozialistischem Realismus, wohldosiert, als willkommenen Beistand aus dem gegnerischen Revier verstand, dann bleibt die schwer vermittelbare Diagnose, dass Arglosigkeit, Autoritätsgläubigkeit und Feigheit der Abhängigen im Regierungslager über mehr als ein Jahrzehnt unter Merkel ein Regime stabilisiert hätten, das die Auflösung demokratischer Strukturen und die Demontage der Gewaltenteilung zum Ziel hatte.

Zwei Bedingungen muss der Systemwechsel im System, also der Verrat auf Raten, erfüllen, um sein Ziel zu erreichen: Er muss leise und langsam vorgehen. Zwei Stärken von Angela Merkel sind damit im Spiel. Bevor die Agenten des verschlüsselten Umsturzes langsam und leise ans Werk gehen können, lernen sie das Alphabet für den Programmwechsel in den Köpfen. Die *brainware* sachte aufmischen mit neuen Antworten auf uralte Fragen. Beispielsweise: Passt der Kanon der CDU-Werte wirklich noch für eine turbulente Welt? Ist das Gefüge der Rechtsnormen, dem auch regierende Führungskräfte unterworfen sind, wirklich noch zeitgemäß? Passt der Zuschnitt der Parteien mit ihren Bekenntnissen wirklich noch zu den *challenges* des neuen Zeitalters? Gibt es nicht bessere Regelwerke als die Demokratie? Sollte der Staat nicht als höchste Instanz über dem Wettbewerb im Markt stehen?

Mit Angela Merkels Aufstieg in der neuen Wende-Republik Deutschland wurde dieser Fragenkatalog die Hintergrundmusik, bei der sich alle Rechtsgläubigen der Parteiendemokratie zu coolen Selbstdenkern unter Anleitung entwickelten. Fall für Fall wurde deutlich, dass im Merkel-Regime für Andersdenkende kein Platz war. Der leise Austausch der *brainware* hatte begonnen. Revolution von innen kommt mit Samthandschuhen und auf leisen Sohlen.

Der Schluss aus beiden Thesen zur deutschen Umstimmung unter Merkel ist: Die Wahrheit liegt zwischen beiden Thesen. Sie liegt, wie so häufig, in der Mitte. Weil die Mitte eine magische Anziehung auf Politiker ausübt, sprach auch Merkel immer

häufiger von der Mitte. Wer die Mitte besetzt, kann alles erreichen, auch den kompletten Austausch der *brainware*. Merkels
Laufbahn zeigt, wie das Konzept »langsam und leise« funktioniert. Die neu gewählte Kanzlerin lieferte in loser Folge Beispiele zum Programmwechsel in den Köpfen: die CDU als
Kleinkind, das Laufen lernen müsse ... Keiner von den Heroen
der Partei widersprach. Sie werde die Partei »modernisieren«,
teilte die Kanzlerin mit. Keiner lachte. Bald lernte ihr Stab, dass
Parteigrenzen nicht zu respektieren sind. O. k., dachten manche, vielleicht kann man es so sehen. Nicht lange danach sah es
fast jeder so.

Merkels *mission statement:* »Sie kennen mich.«

Auch an den Scheidewegen, die den Weg nach Merkel-Deutschland kreuzten, wurde die *brainware* der Anhänger neu sortiert.
Der Gipfelstürmer auf dem Platz des Verteidigungsministers,
Karl-Theodor zu Guttenberg, wurde des Plagiats überführt und
geriet ins Debattenfeuer. Merkel präsentierte ihre Sicht des Wis-
senschaftsbetrugs knapp und klar: Sie habe ihn doch nicht als
wissenschaftlichen Assistenten anstellen wollen, sondern als
Verteidigungsminister. Das eine habe mit dem anderen doch
gar nichts zu tun. Erstaunlich genug, dass Guttenberg trotzdem
später aufgab. Aber das ethische Bekenntnis der Kanzlerin lebt
fort.

Was wir immer noch unterschätzen: Menschen mit Macht
haben es leichter, die weniger Mächtigen zum Umdenken zu
ermuntern. Wir unterschätzen auch immer noch die triviale
Seite des Systemwechsels: die Gewöhnung. Merkels lapidarer
Wahlkampfsatz: »Sie kennen mich« zeigt, dass sie auf Gewöhnung setzt. Das Fatale daran: Über Gewöhnung kann man Men-

schen auch in die Diktatur führen. Die deutsche Kanzlerin legt nicht erst mit dem auf drei Solistenjahre angelegten Finale ihrer Kanzlerschaft ein klares Bekenntnis gegen die Parteiendemokratie ab. Ihre gesamte Amtszeit war ein Prozess der Ablösung, nicht nur von ihrer vorgefundenen Partei, der CDU, sondern auch vom Parlament, dem Hohen Haus, das mit Hunderten von gewählten Vertretern der Bevölkerung die Regierung kontrollieren und Entscheidungen, die ihm vorgelegt werden, auch korrigieren oder zurückweisen kann.

Wer parteilos herrschen will, muss auch das Parlament zu umgehen versuchen. Die deutsche Kanzlerin praktizierte während ihrer Regierungszeit einen ganzen Katalog von Entmachtungstricks, um Ablehnung von Kabinettsbeschlüssen durch die Filetierung von Substanz zu verhindern. Heikle EU-Projekte wurden nicht nur mit enigmatischen Kürzeln feuerfest gemacht, sondern auch häufig von der Parlamentskontrolle einfach befreit.

Wer als Währungsretter unterwegs ist, nimmt sich Lizenzen. Auch diese Welt der Rechtsbeugungen hatte in Merkel eine leise entschleunigende Hohepriesterin. Rechtsunsicherheit in Europa, wie sie Verfassungs- und Staatsrechtler diagnostizieren, konnte am besten unter den Fittichen eines Schutzengels zur *usance* werden, der Insidererfahrungen in einem Unrechtsstaat gemacht hatte. Mit Merkel verloren viele zerstörerische Zugriffe auf die erkämpften ethischen und juristischen Standards der Europäer leise und langsam ihre Bindekraft. Dramatisch ist das nur in den Augen der Weiterdenker, die sehen, was die Lawine an Normensicherheit mitreißt: Es sind die Werte jener Länder, die sich inzwischen besonders häufig als »Wertegemeinschaft« bezeichnen.

So klingen Abgesänge auf verlorene Gewissheiten. Neue Einsichten drängen sich auf. Die Massendemokratie, so lernen wir, schafft es nicht, die digital aufgerüsteten, neu gemischten Bevölkerungen zu zähmen. Die Gewaltschwellen sinken – zuerst im Denken, dann im Handeln. Demokratie im alternden Europa gleicht einem alternden Löwen, der die jungen Löwinnen wie gewohnt zum Jagen schickt, weil sie leichter und schneller sind. Aber die Rangordnung des alternden Königs im Rudel existiert nicht mehr. Demokratie zeigt sich im Massenstaat von ihrer verwundbarsten Seite. Nur die Tabus der Selbstwahrnehmung funktionieren noch – und beschleunigen den Verlust an Defensivkraft. Refrains wie der von der »Wertegemeinschaft« sind Indizien eines Alarmzustands, der nur noch flüsternd wahrgenommen wird. Der Preis der Konsenskultur mit Denk- und Sprechverboten ist jetzt zu zahlen. Demokratien sterben leise, wenn sie die frühen Warner in Sonderzonen eingezäunt haben.

Die jungen Demokratien in Osteuropa sind instabil und traumabelastet, weil sie aus der totalitären Umklammerung kommen. Die EU-Führung hat ihre Aufgabe als Therapeut der hochsensiblen Neumitglieder nie begriffen. Unbekümmert nähert das EU-Management sich inzwischen mit Strafandrohungen den wegdriftenden Jungdemokratien und verstärkt die Absetzbewegung der traumatisierten Jungstaaten durch ein *Déjà-vu:* Ein neuer Großer Bruder, so die Wahrnehmung der jungen Demokratien in Osteuropa, ist das Letzte, was sie brauchen. Dann lieber eine nationale Abschottung im Stile der abgeschüttelten Warschauer-Pakt-Despoten.

Die komfortablen Demokratiekonzepte des Westens setzen ihre Abwehrkraft umso leichtfertiger aufs Spiel. Selbstüberschätzung an der Spitze führt zu riskanten Manövern, wie sie die deutsche Kanzlerin immer wieder in eigener Regie ohne demokratische Absicherung fährt. Dass diesen Alleingängen eine eigene Agenda zugrunde liegt, ist bereits ein metademokratisches Element. Das Sterben von Demokratien wird in der

Regel aber eben durch Außenseiter gesteuert, denen es gelingt, auf Insiderpositionen vorzurücken. Genau das geschah in Wendedeutschland. Eine Außenseiterin wurde zum Insider durch scheinbar demokratische Entscheidungen ihrer Förderer, deren Votum Schritt für Schritt von den autoritätsgläubigen Demokraten in den Gremien nachvollzogen wurde.

Verlockend ist nun natürlich auch die Deutung, dass Deutschland sich also die Leadership im Megatrend des Demokratiesterbens gesichert habe, indem es die Trendleaderin aus einer Antidemokratie an Bord nahm: Angela Merkel. Im *driverseat* der EU zu landen, war nach den deutschen Entscheidungen für die Insiderrolle einer Außenseiterin nur logisch. Merkel widmete sich im Besitz dieses Privilegs primär ihrem Karriereplan. Die Relativierung der nationalen Demokratien hatte von Brüssel aus gesehen längst etwas Zwangsläufiges. Den Machtzuwachs der deutschen Kanzlerin als Lizenz zum eher legeren Umgang mit der Heimatbasis anzusehen, gelang den national um ihre Macht kämpfenden deutschen Parteien aber noch lange nicht. CDU und SPD kämpften mit dem Merkel-Virus an ihren Reviergrenzen. Alles schien im Fluss, aber dass es die Demokratie selbst wegschwemmen würde, fiel unter die Denkverbote.

Außenseiter zu Insidern zu machen, bringt Spaltungsgefahren. Auch der Spaltungseffekt gehört zum Sterben der Demokratien. Wer das weiß, würde zögern mit dem, was Angela Merkel bis heute zu ihrem Rezept gegen die Spaltung der Demokratie gemacht hat: Sie zäunte ihre Kritiker ein. Auch deren Einrücken in den Bundestag via Wahlentscheid hat das Ghetto der AfD nicht geöffnet. Und vor allem: Die AfD selbst hat ihr Ghetto nicht von innen geöffnet. So läuft die Kooperation zwischen Kanzlerin und AfD weiter reibungslos: Die Demokratie steht auf der Abschussliste, und keiner löst den Knoten. Allein diese Erstarrung der Fronten zeigt, dass die Prioritätenliste aller Spalter die Heilung der verwundeten Demokratie nicht auf Platz eins führt.

Wenn aus Gegnern Feinde werden, ist das gemeinsame Projekt der Demokraten bereits in schweres Wetter geraten. Auch ein Zwischenrufer, der die ungeschriebenen Regeln ins feindselige Spiel zurückholen möchte, macht vor allem eines klar: dass die Fighter im Spaltungskampf schon länger nicht mehr wussten, wie diese Regeln lauten. Sterbende Demokratien lähmen auch ihre Wächter oder schläfern sie ein; der starke Staat, als Sterbehelfer ohne Mandat, ist seinen Wächtern in den Merkel-Jahren immer öfter in den rettenden Arm gefallen, wenn sie gültige Gesetze zurück ins Spiel bringen wollten.

Merkel steht für den starken Staat. Weil sie die leise Revolutionärin ist, weiß niemand genau, was sie zum Sterben der Demokratien sagen würde, wenn sie reden würde. Die Schweigekanzlerin handelt am liebsten undercover. So bleiben Deutungsspielräume, wie sie kaum ein Politiker zulässt. Wer lange hinschaut, begreift: Merkel schaut zu. Sie schaut, wohin die Kugel rollt, um rechtzeitig dort zu sein, wo die Kugel ankommt.

Merkels Erfahrung als Zuschauerin der Weltgeschichte in beiden Blöcken des kollabierten Geschäftsmodells »Kalter Krieg« hat sie gelehrt, dass Systeme kollabieren und Festungen fallen. Als Zuschauerin des Rechtsstaates, der sie aufnahm, fand sie Zeichen der Vorläufigkeit auch dieses Gesellschaftsmodells und nutzte diese, um ihr Karrieremodell der Wenden und Volten, flankiert von gleichmütiger Verschwiegenheit, zu perfektionieren.

Demokratie ist ein Auslaufmodell, wie der Sozialismus auch, so ihr wertfreier Ansatz. Demokratie, so sagen die Forscher, passt nicht für alle Länder, und sie passt eventuell nur für Abschnitte der Völkergeschichte. Folgt Demokratie auf Diktatur, ist der Genesungsweg der Menschen vielleicht länger als die

Zeitspanne, in der sie demokratisch leben könnten – wenn sie es schnell genug lernen könnten.

Menschen mögen Demokratie, so der Harvard-Professor Daniel Ziblatt, weil sie ein Lebensklima suchen, das von *soft determination* geprägt ist. Der gefährlichste Feind der Demokratie ist die Verbrauchermentalität, die sich einstellt, wenn Demokratie-Bewohner sich als »User« verstehen, die jeden neuen Mitspieler als Follower betrachten und nach seinen Absichten im gemeinsam bewohnten System zu fragen vergessen. Demokratien sterben am Versäumnis, ihre Grenzen zu sichern. Wer die uralten Fragen der Vorfahren vergisst – Wer bist du? Woher kommst du? Was erwartest du von uns? Was können wir von dir erwarten? –, der wird gedankenlos Außenseiter zu Insidern machen wollen. Demokratien sterben an der Selbstüberschätzung ihrer Nutzer.

Sonderwege einer Kanzlerin

Aura paradox:
Weltstar ohne Glamour

Die deutsche Kanzlerin Angela Merkel brauchte keine hundert Tage, bis der Beifall vor allem dort anschwoll, wo man ihren Namen vorher noch nie gehört hatte. Angela, der Engel, wurde von den sterblichen Herren der Medienkonzerne mit Auszeichnungen überschüttet, die ihre Wettbewerber um Weltruhm erst nach Jahren oder nie erwarten dürften.

Die internationale Community der Promi-Experten erklärte die Newcomerin aus dem Countdown des Kalten Krieges fast unbesehen zur Heldin einer neuen Politprominenz aus dem alten Europa. Was war da los? Warum die Verleihung höchster Auszeichnungen auf Vorschuss, sozusagen auf Ruhmverdacht, noch ehe die Taten des neuen Stars zu vermelden waren?

Auch Starallüren waren nicht bekannt, die für das Marketing eines Glamour-Profils eigentlich unentbehrlich sind. Oder ist die »Raute«, geometrisch ein sprachliches Fehlurteil, am Ende nichts anderes als eine exzentrische Allüre einer Politikerin neuen Stils, die ihre Alleinstellung auch in der Gebärdensprache origineller als alle Kollegen sichern wollte? Die Beharrlichkeit, mit der Angela Merkel unabhängig vom Gewicht der Anlässe, zu denen sie häufig kaum mehr als ihre Präsenz beisteuert, im Gruppenbild der Weltpolitik ihre Hände hochschnellen lässt, um die Begegnung ihrer zehn Fingerspitzen wie ein eigensinniges und kindlich trotziges Logo vorzuführen, lässt vermuten, dass sie damit eine bisher unerschlossene Joker-Rolle unter den Normalos der globalen Politik für sich beansprucht. Wir werden uns damit befassen müssen, weil Merkel das viel erwähnte Handspiel angesichts der erreichten Aufmerksamkeit aufgegeben hätte, wenn es einfach eine Marotte wäre. Offenbar handelt es sich um eine Botschaft.

Mit Merkel kommt eine Transformation der Politik. Die Partei, bei der sie Quartier bezog, ist bis heute damit beschäftigt, das Parteiprofil zu retten oder zu sanieren – was immerhin heißt: die Partei in ein Fahrwasser zurückzurudern, das die unter Merkel über Bord gegangenen Wähler wieder an Bord holen soll. Zwangsläufig verpasst die Parteiführung dabei die Analyse, um wen es sich bei ihrer nun solo um den Erdball reisenden Politiktransformatorin eigentlich handelt.

Dass der deutschen Kanzlerin weltweit ein Ruf zuwuchs, den keiner bislang als Indiz ihrer geschichtlichen Rolle zu deuten versuchte, zeigt aber die allgemeine Unsicherheit, mit der die Deutschen und ein paar interessierte ausländische Kollegen vor der unerledigten Analyse einer Trendleadership stehen, die fast allen gewohnten Merkmalen widerspricht. Wenn ein Antistar zum Star wird, was sagt uns das? Die Antwort muss doch lauten: Das sagt uns, dass wir etwas – oder vielleicht sogar vieles – übersehen haben. Oder: Dass wir es mit einem Phänomen zu tun haben, das absolut neu ist. Ein Bild, für das uns die Vergleiche fehlen. Merkel, die nicht »so ähnlich wie ...« – wie wer denn? – auftritt, den wir im gleichen *driverseat* gesehen haben. Merkel, die etwas mitbringt, das wir in dieser Konstellation bisher nicht kannten: AURA. Aber Aura ganz anders. Und das ist eine Botschaft zum neuen Menschenbild, mit dem diese Politikdarstellerin unterwegs ist.

Angela Merkel hat eine Aura, die mit allen uns vertrauten Statussignalen bricht, die mit einer Aura verbunden werden.

Warum funktioniert dieser Status im Fall Merkel, obwohl alle bekannten Attribute fehlen? Warum spielt die Weltöffentlichkeit so inspiriert mit, um diese Ausstrahlung zu sichern? Merkels Aura wurde erst blasser, als sie spektakuläre Regelbrüche vorlegte. Aura, in der griechischen Mythologie, ist die Begleiterin der Artemis, Göttin der Jagd, Tochter des Zeus und der Leto, Zwillingsschwester Appollons. Artemis wird geliebt von Dionysos und von Zeus in eine Quelle verwandelt, als sie sich, umnachtet, in einen Fluss stürzt.

Wenn wir einem Menschen eine Aura zusprechen, dann meinen wir eine Ausstrahlung, deren Ursprung meist ungeklärt bleibt: Das Geheimnis gehört dazu. Angela Merkels Wirkung auf ihre Wähler und die Bereitschaft, ihr besondere Fähigkeiten zuzuschreiben, widersprechen ja dem, was Boulevardblätter unter Ausstrahlung verstehen: Glamour, wie ihn die Yellow Press prämiert, kann nicht gemeint sein, wenn ein spezieller Starkult die Politikerin begleitet, die im gesamten Auftreten wie die verkörperte Antiaura daherkommt: Merkel ist keine Jeanne d'Arc. Rhetorisch auf Sparflamme, bescheiden und glanzlos absolviert sie ihr Geschäftsmodell: Omnipräsenz. Eleganz in der optischen Performance interessiert sie nicht. Macron und Kurz, die beiden Nachbarn, stehlen ihr jeden Tag die Show.

Antiaura – Aufstiegsgarantie?

Ist diese Antiglanzveranstalterin eines Politjobs, Angela Merkel, als »Lady Antiaura« mit einer Maske unterwegs? Ist es ein Tarnkonzept, diese Aura aus lauter Handicaps zu pflegen, um eine Zielfigur für Hypervertrauen, den Mangelfaktor erster Klasse im Kulturumbruch, zu werden? Immerhin ist die Aura, mit der Merkel quasi wasserdicht durch ihre Geschichtssekunden trottet, ja ein Geschenk der Weltöffentlichkeit an sie. Trägt sie nicht doch dieselbe Tarnkappe wie Mark Zuckerberg bei seinen Anhörungen vor den Zensoren seines Treibens mit Facebook?

Schließlich hat Merkel einen ähnlichen Verschlüsselungsbedarf für ihre hochfliegenden Pläne: Parteien auflösen, Parlament entmachten bis zur Überflüssigkeit, Demokratie überwinden – wie der digitale Kollege beim evolutionären Super-GAU unserer Zivilisation. Beide bauen den Turm zu Babel neu, beide räumen sie entschlossen die Zivilisationstrümmer des verträumten *homo sapiens* beiseite, um Platz zu schaffen für die Weltregierung der Überwachungskapitalisten und ihrer Datensoldaten.

Wäre die »Aura aus lauter Handicaps« für solche Pläne nicht genau das richtige Täuschungsmuster? Auch die Religionsstifter unserer Geschichte tarnen sich so. Heilsbringer können auf das Inkognito in der Übergangszeit nicht verzichten. Zu Merkels Aura gehört das Versagen aller Vergleiche. Es kann kein Zufall sein, dass sie ständig Alternativen, eben Vergleiche mit anderen Lösungen, abwehrt. Alleinstellung ist die Basis ihrer Alleingänge bei den Handlungsschüben, mit denen sie Freund und Feind entwaffnet.

Wer Merkels Platz in der Geschichte im Gefolge von Vorgängern verstehen will, kommt, wie die CDU-Kollegen, zu spät, um Reaktionen zu planen. Merkel ist die Vollenderin einer Parteiengeschichte: Sie ist nicht Erbin, sondern Verbündete einer Community, in der alle Verabredungen der Vergangenheit auslaufen. Die Aura der Akteure im evolutionären Projekt der metademokratischen Phase arbeitet mit dem Charme der Handicaps, die Vertrauen generieren.

Merkels Aura aus lauter Handicaps, ihr Qualifikationsprofil aus lauter disqualifizierenden Daten – kommunistischer Ostblock-Satellit als Vaterland der Bewerberin, Dilettantenstatus im politischen Handwerk, fehlende Bekenntnisse zu den Assets der transatlantisch-europäischen Tradition – ergeben zusammen das perfekte Porträt eines Fremdlings, den man gerade deshalb inspirierend finden kann, der aber eher als Verlustbeschleuniger wirkt denn als Retter unverzichtbarer Werte- und Normenreste.

Dass Deutschland so übereifrig wie plötzlich von den Werten und Normen zu reden begonnen hat, die auf der Abschussliste stehen, hat nicht nur mit Gedenktagen wie dem Grundgesetz-Jubiläum zu tun. Die Wertedebatten klingen auch wie das Singen im Walde, wenn es dunkel geworden ist. Auch die kollektiven Handicaps der Deutschen spenden plötzlich die Energie zum Zusammendenken des Unversöhnlichen. Die Antiglamour-Aura könnte im Kollektiv sogar ein Erfolgsmodell werden.

Für Merkel aber hat sie vorerst einen entscheidenden Vorteil. Ohne die Schleifspur ihrer Aura als Schlafwagenschaffnerin im stets verspäteten Zug Deutschland hätte sie nie den Generalpardon für ihre Aktivitätsschübe bekommen, ungeachtet ihrer fiktiven Höhenflüge über dem Kanon unserer Gesetze. Merkel hat die erschrocken schweigende Nation mehrfach belehrt, dass sie über dem Gesetz Generallizenzen für sich beansprucht, statt sich demokratisch mit ihren Bürgern unter das Gesetz zu stellen, dorthin, wo alle gleich sind.

Die Antiaura lieferte der hybriden Chefin mit dem Image der Bescheidenen den Spielraum zu Angriffen auf demokratische Grundwerte.[2] Wer die Demokratie als Abbruchunternehmen sieht, ist dabei an ihrer Seite.

Wer im Flankenschutz einer Reputation nach den Sternen greift, hat dennoch einen Rechtfertigungsbedarf, der in der Würde des Amtes mitläuft. Wer seine Ämter selbst definiert, wie die Chefdesigner von Großkonzernen im neuen Gewerbe des Menschenhandels, der sich im Datenhandel verbirgt, hat nicht Angela Merkels Problem der Rechenschaft für achtlosen Umgang mit den Spielregeln der Community, die Ämter vergibt und per Eid zu steuern versucht, was der Amtsträger mit dem Amt anfängt. Angela Merkel hat von Anfang an die Ränder des Reviers ausgetestet, das ihr via Eid als Gestaltungsspielraum zugewiesen war. Sie hat Kontrollen erschwert oder ins Leere laufen lassen, wie es das Parlament gewählter Volksvertreter immer wieder erlebte – und tolerierte.

Solche Umerziehungsprozesse funktionieren nur, wenn der Umerzieher sich eine Aura der Unberührbarkeit verschafft hat. In Merkels Antiaura pulsierte die Spannung zweier konträrer Impulse: Wer Widerstand leistet, riskiert seinen Job, und: der fast schläfrige Auftritt der Schlafenwagenschaffnerin. Die Deutschen glauben noch heute, dass es leise Revolutionen nicht gibt. Merkel hat die leise Revolution unseres Menschenbildes vorangetrieben und kaum einen Schläfer damit aufgeweckt.

Merkel selbst hat noch kürzlich dem *Spiegel* das Bild ihrer Mentalität geliefert, das sie der Nachwelt anvertrauen möchte: »Ich bin wie eine Kröte im Winterschlaf«, sagte sie am Rande des CDU-Parteitags 2017 (kurz nach Trumps Wahl). Die Kröte erwache, wenn es wichtig wird. Jetzt, sagt sie *Spiegel*-Redakteuren im Mai 2019,[3] sei wieder so ein Wendepunkt. Die Redakteure wundern sich, dass sie trotzdem nichts tut.

Ein neues Profil für Trendsetter

Die Kanzlerin der Deutschen in diesen Jahren eines Umbruchs, an dem sie maßgeblich beteiligt ist, versteht sich als Zukunftsagentin. Da allen Auftraggebern in der Politik der Weitblick fehlte, den die digitale Community längst auch personell an Bord hat, kreiert Merkel die Evolution ihres Amtes und der zugeordneten Apparate Schritt für Schritt selbst. Die Zielfigur ist ein neues Menschenbild, das ohne moralischen Druck tabufrei in einer offenen Weltgesellschaft agiert. Auf dem Weg dahin arbeitet die deutsche Kanzlerin allerdings mit Tabus, um den Bedarf an Feindbildern so lange zu decken, bis keine Feinde mehr gebraucht werden. Ein utopischer Gedanke.

Politik als Utopie? Dieses Schlüsselwort könnte Analysten, die mehr wollen, als Ja sagen, bei der Einordnung von Merkels spektakulären Ausbrüchen von Aktionismus weiterhelfen. Die Merkel-Deuter kämpfen ja bis heute mit dem grellen Kontrast zwischen Sanftmut und brutalem Durchsetzungswillen von ungewohnter Plötzlichkeit. Ist es utopisches Potenzial, das die Merkel-Interpreten bisher verkannt haben? Wettergötter werden, Klimaretter – oder den multikulturellen Universalmenschen in ein neues Szenario setzen, das den abgewählten Entwurf von »Demokratie« ins Labor für Politentwürfe zurückschickt. Urteil »gut gemeint, aber schlecht gemacht«? Schließlich waren schon vor Merkel Politutopisten am Werk, beim Ausbreiten der bleiernen Währungsdecke zur Erstickung origineller Ökonomien in Europa. Merkel hatte das Überleben dieser Finanzutopie abzusichern und trat folglich als Euroretterin auf – nicht als Menschenretterin, wohlgemerkt. Wie viel utopisches Potenzial steckt in der Europapolitik? Und welchen Schaden richtet utopische Politik an, die verschleiert, was fehlt? Utopie springt ein, wo Visionen fehlen.

Merkels paradoxe Aura könnte auch deshalb eine so hohe Toleranzbereitschaft bei den Bürgern im In- und Ausland geweckt haben, weil sie utopische Versprechen enthält: den wilden Tiger Klima zähmen, alle Kulturen mit allen kompatibel machen, den Turmbau zu Babel neu beginnen, als hybrides Weltfriedensprojekt. Oder steckt im Utopieverdacht schon wieder ein Undercover der Auravirtuosin: Tarnt sich so Größenwahn, ein Laster, das hinter dem Utopieverdacht Deckung sucht? Als Mitspielerin an vorderer Front der Zukunftsakteure ist Angela Merkel virtuell Verbündete der Zuckerbergs der Datenkonzerne. Die CDU hat sie weit hinter sich gelassen.

Das Gefolge hält die Kanzlerin nicht trotz, sondern wegen ihrer utopischen Querschläger länger an Bord, als alle Auguren voraussagen wollten. Das geflügelte Wort der Bundestagswahl 2017, »Wenn alle wählen, was keiner will«, belegt die Unsinkbarkeit der paradoxen Aura und ihre Durchschlagskraft: Die paradoxe Aura erzeugt paradoxes Wahlverhalten. Die Wähler honorieren nicht das traditionelle Konzept von Kanzlerpolitik, sondern sie prämieren die Abweichung. Die Botschaft lautet also: Die Wähler begleiten die Kanzlerin bei den Abbrucharbeiten im demokratischen Haus. Sie geben den utopischen Versprechen aus dem metapolitischen Merkel-Programm den Vorzug und zahlen dafür ihren Anteil an der Entmachtung der Demokratie.

Der angebotene Traumstoff aus unerfüllbaren Träumen ist für das deutsche Trauma die ideale Nahrung. Die Patin Merkel machte 14 Jahre lang ein Angebot, das das traumabeladene Deutschland nicht ablehnen konnte.

Symbolpolitik –
eine zweischneidige Waffe

Angela Merkels Kernkompetenz

Die Symbole der Macht erleichtern den Einstieg von Dilettanten, die schnell nach oben wollen. Statussymbole liefern den wortlosen Subtext der *closed shops*, in denen die Angekommenen einander erkennen: Gebärdensprache, Kleidung und die mitlaufende Skala an Grußritualen regeln metasprachlich den Umgang. Newcomer brauchen einen Türöffner, um hier Einlass zu finden. Statussymbole und Ämter sind solche Türöffner. Sie erleichtern den Zugang zu Zirkeln, die daran gewöhnt sind, Rangordnungen über Ämter zu definieren. Die politische Oberklasse reagiert also ohne Zögern auf die Zugangstickets, die ein Aufsteiger mitbringt: Ämter verweisen immer auf ihre Spender, die in der Rangordnung höher stehen als der eben beförderte Günstling.

Angela Merkel hat kurz nach ihrem Wahlsieg über Gerhard Schröder bemerkt, dass sie sich fassungslos plötzlich im Kreise jener Toppolitiker wiedergefunden habe, zu denen sie vorher aufgeschaut habe.

Merkel kam als Dilettantin im mehrfachen Sinne: ungeübt in den Usancen der Westpolitik und gewöhnt an die totalitäre Glanzlosigkeit der DDR-Chefs. Mangels Erfolg in der faktischen Politik setzte die Führungsriege der DDR im Schlagschatten des Großen Bruders in Moskau auf Zeichen, Bilder und Worte: eine Schwundstufe von symbolischer Machtentfaltung. Die Macht der Zeichen und Bilder, so mag die junge Angela Kasner auch damals gelernt haben, führt Menschen zusammen, unabhängig von der Ideologie, die über ihren Köpfen das Lebensklima verändert. Als Chefin der gesamtdeutschen CDU hat die Politikerin Merkel die Macht der Zeichen, Gesten und Bilder als das tauglichste Werkzeug zum Machterhalt zu schätzen gelernt. Angela Merkels Transformation der Politik in Deutschland und Europa folgt ihrer Erfahrung als Dilettantin in einem *closed shop* der Profis westlicher Prägung.

Überholen konnte sie diese Routiniers mit der verteufelt virtuosen Polit-*brainware* des eben noch Klassenfeinds nur mit einem Erfolgsmodell, in dem die Feinde von gestern nur mittlere Qualifikationen mitbrachten: symbolische Politik.

Jede Turbokarriere am Welthimmel der Popstars läuft über usurpierte, also im Sturm genommene Bastionen der symbolischen Selbstwahrnehmung herrschender Klassen. Merkel hatte ihre Überlegenheit im großformatigen, emotionsfreien Testblick auf Chancen und Risiken konträr operierender Systeme schon in der DDR-Dämmerung vor dem Mauerfall wahrgenommen und verfeinert. Ihre unterkühlten Reaktionen auf Einladungen zu den Montagsdemonstrationen, »Das bringt doch nichts«, zeigen eine Metaperspektive auf das eine wie das andere System. »Kurz vor Toresschluss« brauche man doch nichts zu überstürzen, äußerte sie sich beiläufig. Nicht, dass sie bleiben wollte, aber Veränderung stand doch nun ohnehin an. Die noch moralisch aufzuladen, sah sie keinen Anlass.

Dem Zeittrend nicht unklug in die Parade fahren, das war schon in ihrer DDR-Zeit ihre fatalistische Haltung. Der Auftakt im Westen, Veränderung, die man wieder zum eigenen Vorteil oder Nachteil wahrnehmen kann, lief nach dem bereits erprobten Modell: dabei sein, wo Veränderung den Pulsschlag eines weltpolitischen *Turnaround* als Taktgeber für die eigene Karriere lieferte.

»Veränderung« als ihr Lebenselixier hat die Kanzlerin Merkel erst gegen Ende dieser symbolpolitischen Karriere bei einer Gelegenheit bekannt gemacht, die den Prototyp symbolpolitischer Aktionen idealtypisch anbot: Als Solistin eines eigensinnig geplanten Finales, losgelöst von jeder *political correctness*, ausgestiegen aus Parteiritualen und metademokratisch über den Normen der Trivialpolitik Europas schwebend, wählte sie einen Auftritt in jener Nation, die wie keine andere den zu Boden gezwungenen Schwerverbrecher Deutschland aufgerichtet und im Namen eines beispiellosen Sendungsbedürfnisses in den Kreis der souveränen Nationen zurückgeholt hatte. Die deutsche Kanzlerin besuchte aber nicht diese großartige Nation als Ganzes, sondern sie kam als Gast in jenen Teil der USA, der Revier der Präsidentengegner dieser Jahre ist. Die deutsche Kanzlerin war eingeladener Gast und Kandidatin für eine traditionelle Ehrendoktorverleihung der Universität Harvard. Aber die Symbolpolitikerin Merkel machte mehr aus diesem Anlass: Die Undercover-Spezialistin Merkel arbeitete in voller Deckung. Ohne den Namen des Präsidenten der Vereinigten Staaten zu nennen, der in diesen Jahren Donald Trump heißt, fuhr sie im Stil moralischer Präpotenz made in Germany vernichtende Attacken gegen den gewählten Präsidenten des Gastlandes, die weltweit als unverhüllte, schwere Angriffe auf den amtierenden Präsidenten verstanden wurden.

Symbolpolitisch erfüllte dieser Überfall auf die Regierung des bewährtesten Freundes der Deutschen gleich mehrere Funktionen. Neben der Schmähung eines Abwesenden und der Schändung aller diplomatischen Standards blamierte die Kanzlerin das Land, dem sie ihren Amtseid geschworen hatte, ohne jede Rücksicht und ohne Absprache. Der verwerfliche Charakter dieser Attacke triumphierte aber in dem Versuch, ausgerechnet die strategische Vertauschung von Wahrheit und Lüge als ein

Laster des amerikanischen Präsidenten anzuprangern. Symbolpolitik ist multifunktional, und die Gelegenheit schien günstig, vor einem begeisterungsfähigen Publikum den Transfer von Vorwürfen zu versuchen, die im fernen Deutschland der Multiehrendoktorin Angela in eigener Sache treue Begleiter sind.

Symbolpolitik stärkt eine Politik der Tat

Ein Politiker der Tat wie Willy Brandt hat in der jüngeren deutschen Geschichte den Beweis geliefert, dass Symbolpolitik die Vitalität des Handelns potenzieren kann: In den Köpfen und Herzen der Zeitgenossen im polnischen Warschau und im deutschen Berlin war mit dem Kniefall des deutschen Kanzlers am Ort schwerster Schuld für beide Völker das verlässliche Versprechen besiegelt, dass diesem Kniefall Taten folgen würden, die in Verträgen festgelegt waren. So erstarkt die Politik der Tat, wenn symbolpolitische Instrumente nicht losgelöst von politischer Substanz ausgebeutet werden, um Stimmungsmanagement zu betreiben. Wer der Politik freier Völker die Seele austreiben will, der folgt dem leeren Maskenspiel, das ein willfähriges Publikum zum Jubeln bringt, wie unter Merkel in Harvard geschehen.

Kohl und Mitterrand, die einander an den Händen fassten, um zu zeigen, was die Sprache transzendiert: Die Entschlossenheit und das Treuebekenntnis zu einer neuen Freundschaft unter Völkern zu bekräftigen, genau das leistete die Geste der wortlos einander ergreifenden Hände. Warschau und Verdun sind in diesen wortlosen Augenblicken internationaler Politik zu Wachttürmen einer europäischen Verständigung geworden, die nun schon länger ohne Beispiel in der symbolpolitisch ausgelaugten europäischen Landschaft stehen.

Symbolpolitik, die faktengesättigt nach innen und nach außen wirkt, gibt der Innen- und Außenpolitik einen Schub Glaubwürdigkeit, der sich ohne hochkarätige Anlässe nicht einfach simulieren lässt.

Und doch lässt sich die symbolpolitische Metaphorik in Täuschungsmanövern so maskieren, dass aus Luftschlössern Fakten werden – in Augen und Ohren der Betrachter. »Scheitert der Euro, dann scheitert Europa« ist gnadenlose Symbolpolitik; Faktentransfer nahe null; Angstpotenzial in Drohgebärde der Macht umgeschrieben. Wer sich diesen Satz als politische Führungskraft von EU-Vertriebsprofis auf den Leib schreiben ließ, lässt es an Verantwortungsbereitschaft für die eigene Politik – oder ist es überhaupt die der andern? – fehlen.

Auch die verspätet vorgetragenen Entschuldigungen von Staatschefs für die Verbrechen der Vorfahren sind Symbolpolitik. Inszeniert werden diese Demutsakte oft erst unter dem Druck von Wiedergutmachungsforderungen, die man durch imponierende Wortarchitekturen domestizieren möchte.

Wo nur noch Worte fehlen, die zum Zeitpunkt des Unheils verweigert wurden, um Täter- und Mittäterrollen abzuschütteln, hat auch verspätete Symbolpolitik keine Chance mehr. Prototyp für solche schwerwiegenden Fluchtversuche aus der Führungsverantwortung ist in jüngster Zeit das Attentat am Breitscheidplatz in Berlin geworden. Die Politik floh sofort aus der Mitverantwortung für eine Gewalttat, die ohne den Alleingang der deutschen Kanzlerin am 5. September 2015[4] für die deutsche Öffentlichkeit nicht denkbar und ohne dessen unkalkulierbare faktische Folgen auch nicht möglich gewesen wäre. Warum verweigert die Kanzlerin die Verantwortung? »Es gibt eine Erklärung, die immer gilt, wenn Menschen sich mitschuldig fühlen, sodass die Toten wie Kläger vor den Angeklagten stehen: Hier versagt die Trauer. Man möchte fliehen. Tatsächlich wagt man nicht zu trauern, wenn man mitschuldig ist. Scham und Reue zerstören die Fähigkeit, aufrichtig zu trauern. Also liefern die Trauerverweigerer von Berlin unter der Hand ein aufrichtiges Bekenntnis.[5]

Wer sich verspätet entschuldigt, den Tatort meidet und auf die heilende Zeit vertraut, wie es das Team um Angela Merkel tat, erlebt die Zeit als mächtige Göttin, die den Opfern beisteht, statt die symbolische Politikpräsenz nach einem langen ungenutzten Jahr zu belohnen. Angela Merkels symbolpolitisch abgesicherter Ruhm mag ihren Irrtum erklären, Symbolpolitik könne als Passepartout über die Wirklichkeit gelegt werden, um die ruhmgewohnte Täterin vom Faktendruck zu befreien. Aber Deutschland in Merkel-Hand lässt die Herrin der Ereignisse und ihrer Folgen unversehrt vom Ort der Tat entweichen. Beliebig oft.

Symbole versöhnen nur da, wo die Fakten und Taten dem Ritual die Glaubwürdigkeit liefern. Symbolpolitik als leeres Zeichen feiert dennoch Erfolge in der Welt der Statuswettbewerbe, wo Präsenz über fehlende Potenz hinwegtäuscht. Die Karriere der deutschen Kanzlerin lebte von einer Präsenzfrequenz, die sie zum Kristallisationspunkt in der politischen Gipfeltruppe der Statuswettkämpfer machte. Überall dabei zu sein, nährt den Eindruck, überall unentbehrlich oder ko-optiert zu sein. Die Präsenz der deutschen Staatschefin brachte kaum jemanden auf die Idee, sie besuche vielleicht ein paar Konferenzen zu viel in Brüssel und anderswo. Im Gegenteil erweckte die zuverlässige Omnipräsenz der deutschen Kanzlerin die allgemeine Annahme bei den Kollegen, dass ohne Merkel nichts ginge. So wurde ihre Signatur in der Geheimarchitektur der Eurorettungskürzel auch unter Dokumenten vermutet, die andere entworfen hatten.

Die Kanzlerin setzte in ihrer politischen Vita konsequent auf Omnipräsenz, um den Eindruck der Omnipotenz zu erwecken.

Wer allmächtig ist, wird von allen, die es noch werden wollen, mit Schmeicheleien verwöhnt. Wer obendrein ein Image mitbringt, das alle Handicaps zur Aura einer beispiellosen Bescheidenheit verdichtet, wirkt damit umso mächtiger. Kein äußerer Glanz, sondern viele offene Fragen verhindern über anderthalb Jahrzehnte die naheliegende Frage, wie viel Merkel in einer Europapolitik vermutet werden müsse, die von einer Politikerin dominiert wird, die Europa eher transzendieren als reformieren möchte. Merkels Spezialgebiet, Strafaktionen in Südeuropa, wird von der Kanzlerin ebenso wenig nachhaltig verfolgt wie die Analyse der Fluchtbewegungen osteuropäischer ehemaliger Sowjetsatelliten aus dem alternativen autokratischen Milieu der EU.

Symbolpolitik versagt, wo Taten fehlen

Symbolpolitische Befriedungsreisen nach Polen und Ungarn bleiben leere Zeichen, und genau das wird billigend in Kauf genommen, wenn die symbolische Politik die Politik der Taten ersetzen soll.

Wer auf Symbole in der Politik setzt, hat diese bereits zu Werkzeugen gemacht. Instrumentalisiert, leistet ein symbolisch stark befrachtetes Image, wie es Angela Merkel pflegt, Beachtliches für eine stabil auf dem erreichten Niveau verharrende Akzeptanz. Je ritualisierter die Gebärdensprache wird, je monotoner die Mimik, desto entspannter wartet das Auditorium auf den Moment, in dem die Machtvirtuosin undercover ihren Sprachbaukasten öffnet und die Buchstaben über das Rednerpult in den Saal rollen. Alles wie erwartet, keine Überraschungen. Und genau dieses Markenzeichen »keine Überraschungen« stabilisiert die Annahme von Berechenbarkeit und Verlässlichkeit.

Selbst bei ihren amokhaften Ausbrüchen in Richtung Intensivtäterin konnte Merkel sich bisher auf die Duldsamkeit ihrer ruhiggestellten Anhänger verlassen. Erst seit sie die Folgen ihrer übergesetzlichen Höhenflüge an den Kampfstätten Energie und Migration nicht mehr symbolisch einfangen kann, weil die Fakten sich Bahn brechen, ist Unruhe entstanden. Aber im Kern ihres großen Projektes »Multilaterale Community« für ein ballastfreies Leben im evolutionären Quantensprung nach übermorgen ist Merkel mit dem symbolpolitischen Flankenschutz eine große Strecke vorangekommen. Die digitale Schiene bearbeiten Zuckerberg und seine Mitbewerber. Sie besitzen bereits evolutionär umgepolte Quasimenschen, die nur noch für ihre digitalen Codes leben und bestens betreut werden. Merkels Karriereziel ist es, die Übermacht für Veränderungen an die Veränderer weiterzugeben.

Ohne Symbolpolitik fehlen die Masken, mit denen sich die Zukunft vor der Gegenwart verstecken muss, ehe die Macht weltweit eindeutig in evolutionär präparierte Hände übergeht.

Hat Symbolpolitik ihre großen Geschichtsaugenblicke in Zeiten des Umbruchs und Übergangs wie heute? Ist der epochale Zerfallsprozess bewährter Lösungsmodelle ohne symbolische Verhüllung des Faktentrümmerfeldes gar nicht zu ertragen? Die Kanzlerin ist der Trendtypus par excellence für diese Weltsekunde. Ob sie so war oder so wurde, werden wir wohl nie erfahren. Jedenfalls *ist* sie so: mit eisgekühltem Herzen und staubtrockenem Verstand, wo die Chaostüchtigkeit abnimmt, die ihr offenbar erhalten geblieben ist. Vor allem aber muss sie nicht abwerfen, was den Westlern wie ein Stein auf den Schultern liegt; »unsere Werte« ist die Formel, die Merkel erst nach Jahren lustlos aufgrund der ständigen Ermahnungen ihrer Berater aufzusagen begann wie einen Refrain, an den ein fremder Club seine Gastfreundschaft bindet.

Niemand braucht Symbolpolitik so dringend wie die deutsche Kanzlerin. Sie ist ihr Schutzwall, hinter den sie in Deckung geht, ehe irgendjemand ruft: Die Kanzlerin interessiert sich nicht für Deutschland, sie interessiert sich auch nicht für Europa. Ihr Format ist die Welt. Sie fremdelt bei uns. Und wir fremdeln mit ihr. Seit Jahren. Aber Regierungsparteien sein, das ging für die früheren Gegner nur mit ihr, der Symbolpolitikerin. In ihrer metademokratischen Symbolwelt war es die ganze Zeit egal, ob sie zwei Parteien zermürbte, die früher kämpferische Wettbewerber gewesen waren. Merkel weiß seit Jahren jeden Tag: Sie werden ohnehin von dem Sturm, der den Globus peitscht, zerstört. Die multilateral regierte Welt braucht keine Parteien.

Die neuen Weltherrscher auf den Datentankern brauchen auch keine Demokratie. Ihr Geschäftsmodell geht nicht mit Demokratie. Merkels Geschäftsmodell ging auch nur provisorisch mit Demokratie. Inzwischen hat sie sich aus der Parteienwelt abgesetzt; sie holt noch die Ernte ein, die ihrer Person, nicht ihrem Land gilt, und kann, wenn sie Lust hat, nach den Sternen greifen.

Eine Vita unter dem geheimen Logo Symbolpolitik lebt mit jedem Auftritt von multiplen Öffentlichkeiten. Statusbedingt sind Medien immer dabei, wenn die Amtsträgerin erscheint. Symbolpolitik lebt von der Multiplikation durch die Massenmedien.

Wer überwiegend mit Symbolpolitik arbeitet, liefert einen Überschuss an Deutungsentwürfen, die von den Medien und den politischen Gegnern gern genutzt werden. Angela Merkels Element ist die Symbolpolitik genau deshalb geworden. Hier bleiben Deutungen offen, und die Senderin kann nicht haftbar gemacht werden. Merkel hat dieses ihr Hauptinteresse schon am Beginn ihrer Laufbahn betont: sich nicht festlegen, um – sie beschrieb die Gefahr, der sie als Migrantin zwischen verfeinde-

ten Systemen ausweichen will –»nicht erpressbar zu werden«.
Das geht nur, wenn immer Deutungen offenbleiben. Die Aufsteigerin Merkel hatte ihre Lektionen zu diesem Thema im Alltag der Diktatur gelernt. Mit ihren Untertanen in der westlich
geprägten Demokratie verkehrte sie von Anfang an verschlüsselt; da sollten keine Rechnungen offenbleiben. Rivalen erkennen und ausschalten war und blieb für alle Beobachter in ihrer
Nähe ein undurchsichtiges, symbolisch aufgeladenes Geschehen. Mit der Wahrheit, so Merkels Erfahrung, konnte man bei
der Planung von Niederlagen Dritter nicht planen. Für den
Machterhalt, das wusste die angehende Virtuosin im symbolischen Geschäft, sind die offenen Stellen im Storytelling der
Entourage das Wichtigste.

Symbole verdichten Wirklichkeit

So begleiten vielstimmige Deutungen die Regierungszeit der
Kanzlerin Merkel, Freund und Feind streiten als Verteidiger und
Ankläger über ihren Regierungsstil, und die Journalisten sagen:
Sie polarisiert. Die Kanzlerin managt auch das via Vieldeutig-
keit: international eine Lichtgestalt, national eine Spalterin,
europäisch eine omnipräsente Unberechenbare, die radikal und
beschwichtigend zugleich die meisten Fragen symbolisch ins
Provisorium schickt wie der Billardspieler seine Kugeln, deren
unerwartete Kollisionen auf dem grünen Filz er amüsiert beobachtet. Merkels multiple Anwesenheit wird, wie ihr Talent die
Menschen an ihre Präsenz zu gewöhnen, von einer zunehmen-
den Indifferenz der europäischen Kollegen begleitet, da es auch
»unter Merkel« Europa schlechter geht als vor Merkel, und
Deutschland mit Merkel schlechter als vor Merkel. Nach Merkel
wird die Weltzeituhr erst einmal angehalten – symbolisch. Welt-

weit beginnen die Merkel-Jünger, sich an ihre Überzeugungen in der Vor-Merkel-Zeit zu erinnern: Da ruft die *Washington Post* auf einem transatlantischen Umweg die Atomenergie zurück ins kollektiv geknechtete Gedächtnis der Merkel-Gemeinde: Atomenergie, so die Botschaft aus USA, ist saubere Energie. Die verspielten Jahre, in denen solche Sätze in der babylonischen Gefangenschaft eines deutschen Regimes mit dem gefährlichen Talent zum Größenwahn tabuisiert waren, kann niemand zurückholen.

Solche Zeiten zwischen *sleepwalking*, Schlafwandeln, und langsamem Erwachen erschweren den Ausstieg aus der nur symbolischen Politik. Die Traumwandler der Merkel-Ära wollen weiterträumen. Und die neue grüne Ideologie, symbolisch kreativ besetzt mit Emotionsjongleuren, fordert mindestens so viel Gehorsam wie die Merkel-Herrschaft. Wenn beide sich zusammentun, wird im Schlafsaal Rasen gesät, und die Weltöffentlichkeit geht zur lange vernachlässigten Tagesordnung über, ohne Deutschland.

Wer Fakten symbolisch verschlüsselt, kann das als Krisenmanagement rechtfertigen. Wer Unruhe fürchtet, wenn die Wähler anfangen, zu Tatsachen und Entwicklungen Stellung zu nehmen, entscheidet für symbolische Kürzel, die beides leisten: Auskunftsverweigerung und Weichzeichnung der Realität. Das Krisenlogo des Regierungslagers »Scheitert der Euro, dann scheitert Europa« war ein Versuch, Angst über Drohungen zu managen. Die symbolische Aufladung der Krisenstory sollte alarmieren und ruhigstellen mit zwei längst in schwerem Wetter flatternden Begriffen: Europa und Euro. Der in der Sache falsche Slogan hatte zu wenig Substanz, um zweifelnden Bürgern und Wissenschaftlern die Währung überzeugender und Europa attraktiver zu machen.

Symbolische Aufladung ist erfolgreich, wenn sie zur Verdichtung einer komplexen Wirklichkeit beiträgt. Merkels Drei-Worte-Fanfare »Wir schaffen das!« ging ebenfalls mit einem elementaren Handicap auf die Strecke ins symbolische Amphitheater der Willkommenskultur: Die Ideologie der drei Worte hatte zwei Gesichter. Der Kommando-Sound verriet die defensive Position der Willkommenskanzlerin, und das »Wir« verdichtete keineswegs ein Versprechen, sondern eher die Gewissheit der Bürger, mit der Überforderung alleingelassen zu werden. Es verging viel Zeit, bis die Kanzlerin ihren Beratern den Wunsch erfüllte, das Stakkato dieses leeren symbolischen Angriffs auf schuldlose Opfer ihrer tollkühnen Selbstüberschätzung zu stoppen.

Symbolpolitik mit Symbolpolitik erschlagen: Auch das funktioniert vorübergehend. Leer bleibende Symbole geraten dann unter die Räder der Realität. Auch die Weichzeichnung einer Massenimmigration nach Deutschland unter dem Label »Willkommenskultur« war symbolische Politik zum Zeitgewinn für die Chefetage. Parallelen liefert die sogenannte Energiewende: Symbole zum Verdecken der Wirklichkeit leisten eben nicht, was Symbolpolitik kann: Verdichtung, die Komplexität reduziert und den Zugang zum Sinn einer Tat, eines historischen Ereignisses, einer Begegnung zu begreifen hilft.

Verdichtung hochkomplexer Botschaften ist in den Ritualen aller Machtsysteme abgesichert. Der Eintritt in hohe Staatsämter ist wie der Abschied aus diesen ritualisiert und symbolisch aufgeladen. Die Kanzlerin Merkel hat denselben Eid geschworen wie ihre Vorgänger. Sie hat die Option auf den christlichen Bezug wahrgenommen: »so wahr mir Gott helfe«. Kein Kanzler vor ihr hat den Amtseid so strapaziert wie Angela Merkel. Die Folge: Der Spielraum für ihre Nachfolger vergrößert sich.

Die deutsche Kanzlerin hat symbolische Politik zu ihrem Markenzeichen gemacht. Die Kollegen haben sich daran gewöhnt, dass Merkel Überschüsse an Omnipräsenz produziert, wo andere eher die Beschlussvorlagen als Ziel ihrer Reisen sehen. Merkel wird genauso wahrgenommen, wie sie es mit dem multifunktionalen Instrument der Omnipräsenz beabsichtigt: Die Medien verzeichnen ihre Anwesenheit. Statements folgen einem Standard, der als »ihr Fach« auf der Weltbühne der Politik seit Jahren festgelegt ist: Mit Merkel geht nichts wirklich daneben. Dafür fehlt dann auch die Brillanz beim Gelingen. Merkels Bilanz schönt jedes Scheitern. Merkel segelt zwischen Grundsatzpositionen ihrer Kollegen durch die Empfangssäle und zu den Verhandlungstischen: Ihr symbolpolitisches On-dit schützt sie vor hohen Erwartungen. Jeder weiß, dass Merkel als Verpackungskünstlerin unterwegs ist, die sich nur selten für den Inhalt der Abschlusspakete interessiert, die sie als Erfolge an die Medien verkauft: verpackt wohlgemerkt. Symbolisch versiegelt und für Außenstehende entschärft. »Als-ob-Politik« nennen die Forscher diese hohe Schule der Symbolpolitik. Für Merkel ist sie das todsichere Konzept, als Dilettantin und ohne ein demokratisches Credo zwischen den leidenschaftlichen und zynischen, den aufrichtigen und verschlagenen Kollegen symbolpolitisch unschlagbar zu bleiben.

Die Spur der maskierten Löwin

Die Löwin als Lamm

Ihre hochbrisanten Alleingänge, die als internationale Pauken-schläge durch Europa hallten, konnte die Kanzlerin auf der Basis ihrer wohlkalkulierten Reputation riskieren: Das Merkel-Image verzeichnete Soft Skills als dominante Profilfaktoren der deutschen Kanzlerin. Die drei Großprojekte der Kanzlerin zeigen parallele Merkmale. Sie helfen, den Stellenwert der drei Großangriffe auf den Politikstil der Westeuropäer als eine Trias zu begreifen. Merkels Anspruch als Trendleader an der Epochenschwelle vom *market driven century* in die *data-getriebene* Weltgesellschaft gilt. Ihre Machtdemonstration markiert an drei deutsch-europäischen Kernthemen einen Problemlösungsanspruch internationalen Zuschnitts.

Die deutsche Kanzlerin rammt drei Pfeiler mit zeitlicher Fernwirkung und unabsehbaren ökonomisch-sozialen Folgen ein, die Deutschland und Europa seither zu schaffen machen. Die Kernthemen sind erstens »Rettung« der EU-Währung Euro durch Geldtransfers und Souveränitätsverluste in Südeuropa; zweitens Atomausstieg, Verstaatlichung der Energiewirtschaft und planwirtschaftliche Umsteuerung der Energiequellen, und drittens unkontrollierte Zuwanderung von Tausenden Migranten über die deutschen Grenzen, um einen Stau in Budapest aufzulösen. Alle drei Aktionen waren und sind weiterhin Sprengstoff in Europa. Wer die Schalldämpfer für die Räum-

kommandos lieferte, versucht niemand zu klären. Die Minen-
felder liegen noch – mitten in Europa. Vor allem in Deutschland.

Die Kanzlerin hat die Startzonen ihrer Alleingänge schon
bald nicht mehr zu ihrem Jagdgebiet gezählt. Wo kein Glanz
entsteht, taucht die Kanzlerin nicht mehr auf. Generell läuft alles gut, lässt sie ausrichten. Je deutlicher die Langzeitwirkung
des Löwen-Footprints wird, desto erstaunlicher wirkt der tollkühne Zug, den alle drei Coups teilen: Die Kanzlerin startet
diese Schockprojekte allein, weil sie zweierlei voraussetzt. Erstens: Einen Verbündeten von gleicher Radikalität findet sie in
ihrem Kabinett nicht. Und zweitens: Alle Vasallen in ihrer Nähe
werden sie da raushauen, weil sie deren Freiheit rechtzeitig kas-
siert hat. Merkel hat bei allen drei Gelegenheiten, die sie für sich
nutzen wollte, kleinere Anfragen gestreut und auf diese Weise
widerstrebende Kollegen in Komplizenrollen gedrängt. Sie alle
werden dichthalten. Was aber sagen diese Szenarien? Sie sprechen eine deutliche Sprache – und bringen uns der abschlie-
ßenden Erklärung für die Ära Merkel näher: Der Souverän hat
versagt.

Merkel liefert der Geschichtsschreibung im Grund ein Dop-
pelgesicht: Angriffsimmungeschaltet durch ihre internationale
Starrolle, konnte die Kanzlerin sich auf ihre Reputation verlassen, die sie als globale Diplomatin mit präsidialen Zügen unter
Soft Skills abgespeichert weiß. Ein gewisser Eigensinn wurde
auf das Konto Deutschland umgebucht, Merkel blieb die Botschaft. Ihre drei Großangriffe auf das gesamte Regelset im
Spielfeld Europa erfuhren so zunächst einen schalldämpfenden
Effekt aus dem Soft-Skills-Milieu: Ein Amoklauf konnte das
nicht sein, was sie da als Kolonialpolitikerin in Griechenland,
Portugal und anderswo anrichtete. Fukushima kurzerhand
nach Mitteleuropa zu holen, veränderte zwar die Landkarte

schlagartig; aber der Respekt vor der Weltkanzlerin legt auch hier den Schalldämpfer über die Stimmen der Zwischenrufer. Die Kanzlerin hatte sich für diesen multifunktionalen Rundschlag mit mehreren Zielen auch wärmer als sonst angezogen: Sie blockte die Kritiker durch einen Wechsel ihrer Starrolle ins tragische Fach ab: wenn andere weniger betroffen reagieren, so ihr Statement, sie, Angela M., sei aber sehr stark getroffen. Damit war der Megacoup ein Selbstläufer, zumindest verbal, denn der Überraschungseffekt des schauspielerischen Fachwechsels schaltete die Nachfrager auf stumm. Beim dritten Großprojekt, das in einer bereits alarmierten Öffentlichkeit Angst und Unruhe auslöste, war die Beschwichtigung schwieriger. Eine Million Menschen aus fremden Kulturen einlassen, und Identitätskontrollen nicht einfach aufschieben zu können, das konnte nicht einfach im Namen der Gastfreundschaft attraktiv gemacht werden. Wer sollte die anonym Eingewanderten wieder dazu bewegen, sich Ämtern anzuvertrauen, die ihre Herkunft, ihr Alter, ihre Ziele kennen müssten, um zu helfen? Wie viele von den anerkannten Zuwanderern vom 5. September 2015 bis heute, fast fünf Jahre danach, unerkannt in Deutschland oder anderswo leben, erfahren die registrierten Bürger Deutschlands nicht. Ob zuständige Behörden etwas darüber wissen, könnten Parteien im Bundestag erfragen. Die offenen Grenzen halten die Unruhe wach. Um die Akzeptanz der Merkel-Aktion vom 5. September kümmerten sich Kabinettskollegen und die regierungsnahen Medien. Auch hier bot die paradoxe Aura der Kanzlerin eine tragfähige Basis für nationale und internationale Fluchtbewegungen aus dem kontroversen Flüchtlingsthema in die Beletage deutscher Vortrefflichkeit: Ein beispielhafter Akt vorbildlicher Humanitas, so die europäischen Nachbarn, die damit den Seufzer der Erleichterung überspielen konnten. Auch national befreite eine euphemistische Lesart der

Aktion die erschrockene Bevölkerung von Ohnmachtsgefühlen: »Willkommen in Deutschland«, so das traumabeladene Gewissen vieler deutscher Bürger, sei doch ein Motto, das jede offene Grenze für wen auch immer rechtfertige.

Ego naiv oder kalkulierter Stresstest?

Die deutsche Kanzlerin lieferte zu der Würdigung ihrer tollkühnen Tat ein eigenes Statement nach, das ihren Machtanspruch mit einer unbekümmerten quasi naiven Metaphorik verbindet, die prototypisch für ihr metapolitisches Sendungsbewusstsein steht. Das Statement belegt eine Risikofreude, die gefährlicher werden könnte als der fahrlässige Idealismus, der es kennzeichnet. Die Spur der schweigenden Löwin ist damit noch nicht enträtselt.

Sie trägt eine Maske? Vielleicht besitzt sie mehrere und wechselt die Masken anlassbezogen? Oder auf offener Strecke? Alle drei Hochrisikoprojekte, die sie wie ein Amokläufer angeht, tragen den Footprint der bestens getarnten Löwin, die mit der Diplomatenmaske vor ihr Publikum treten wird, wenn das Projekt uneinfangbar rollt. Jedes dieser Projekte war nebenbei ein Anschlag auf das System, in dem Merkel Kanzlerin geworden und geblieben war. Sie hatte die Spielräume ausgetestet. Die Demokratie von innen, das wusste sie nun, ist wie das Bauchfell eines Säugetiers der verwundbarste Teil des Organismus. Regelbasierte Systeme können nur von innen wehrlos gemacht und dann wund geschossen werden.

Jedes Merkel-Projekt wurde angesichts der Verspätung aller Einsprüche zum Garanten der Unsinkbarkeit des Gesamtsystems Deutschland erklärt. Wenn das Führungspersonal betroffen ist wie bei allen drei Merkel-Projekten mit globalem Format, wendet genau dieses Personal, einverstanden oder nicht, alles, was das Regelwerk gerade noch zulässt auf, um nachträglich die Legalität des Eingriffs in Recht und Gesetz zu legalisieren. Merkels Großprojekte zeichneten sich nicht nur durch Abstimmungsverweigerung aus. Sie verletzten sämtlich geltende Gesetze und die Spielregeln parlamentarischer Kontrolle. Es dauerte nicht lange, bis Merkels Unabhängigkeit von Normen und Werten erkannt war. Es dauerte nur wenig länger, bis diese Nonchalance gegenüber der demokratischen Verfassung stillschweigend toleriert wurde. Da Merkels selbst entworfene Sonderkonditionen auch im Regierungsalltag berechenbar wurden, sickerten sie als Optionen in den Handlungsrahmen ihrer nahen Untergebenen ein. Das Virus *everything goes* festigte die wechselseitige Beistandsbereitschaft für den Ernstfall.

Es dauert etwas länger, bis in der Wolle gefärbte Demokraten Rechtsbrüche nicht mehr dramatisieren, sondern als Zukunftsmusik begrüßen. Aber die Stunde rückt näher, in der auch der Störfaktor Parlament als Bremse für hochkarätige Innovationsentscheidungen erkannt und diskutiert wird. Von morgen möchte schließlich jeder sein, dessen Karriere noch Zukunft braucht. So muss die Kanzlerin nicht erklären, wie sie dazu kommt, die Belastbarkeit der vorgefundenen Regelwerke zu testen und vor jeder kontroversen Entscheidung die Umwege freischaufeln zu lassen.

Merkel weiß: Eine gewisse Konsequenz in der Geringschätzung von Rechtsvorschriften trainiert die Kritiker zu einer neuen Variante von Behördenfitness: Vom Staunen ist es nicht weit zur Erwägung, unter Hinweis auf die Chefmanieren einer Kanzlerin auch einmal den schnellen Erfolg via Rechtsbeugung dem langsamen untadeligen Rechtsweg vorzuziehen. Auch Überflieger geben ein Beispiel. Die ehemalige FDJ-Angestellte Angela Kasner weiß auch das. Nur ihre Unbefangenheit im

Umgang mit den Lizenzen, die sie im korrupten Staat bei anderen studiert hat, lässt im wertevernarrten Westen noch auf sich warten.

Hybris oder Realitätsverlust?

Dass Merkel auf Veränderung setzt, ist auch in der Tabugesellschaft Germany inzwischen im Bereich des Sagbaren angekommen. Sie hat entschlossen ideologisch umgesteuert. Die Presse wurde bald nach dem Amtsantritt der Kanzlerin Merkel mit einem Lenkungsanspruch konfrontiert, der Konditionen mitbrachte, denen sich kein Medium entzog. Der Racheengel im Kanzleramt, Signatur BB, garantiert bis heute diese wasserdichten Deals.

Der regierungsamtliche Ausschluss kritischer Stimmen lieferte die Basis für eine Tabukultur, gern verharmlost als *political correctness*, die der Kanzlerin aus der DDR-Diktatur bekannt gewesen sein müsste. Im Labyrinth der neuen Tabus wurde die ideologische Labilität der Deutschen wiedererweckt. Dass der Souverän, im Bunde mit der Presse, als Kontrolleur der Regierung unterwegs sein sollte, die ihre Mandate vergibt, gerät bei ideologischer Anfälligkeit schnell in Vergessenheit. Autoritätsgehorsam ist einfacher als Selberdenken und ins autoritär verminte Risiko zu gehen. Machterhalt gelingt zuverlässig über ein Brevier der Schwächen, das der Machtinteressent aufschlägt und abarbeitet. Merkels *mission statement*, das sie fern der europäischen Heimat in Harvard abgeliefert hat, lässt einen Blick auf das zu, was man, hoch gegriffen, ihre Philosophie nennen könnte. Die deutsche Kanzlerin, die aus der totalitären Kälte kam, setzt eben nicht auf das Gegenteil, die Wärme westlicher Werte. Sie setzt auf Veränderung, ohne ein Ziel zu nennen. Ihr

Appell, an Veränderung mitzuwirken um jeden Preis, klang vor den Absolventen akademischer Bildungsprozesse so »alternativlos«, dass niemand die Frage nach konkreten Zielen wagte. Merkels Regierungsstil feierte hier mit dem Prinzip, alles offenzulassen, vor allem das Ziel disponibel zu halten, bei der Jugend noch einmal Triumphe.

Natürlich hatte die deutsche Kanzlerin diesen Ruf auch transatlantisch als ihr Geschäftsmodell auf die Reise schicken wollen. Dass es sich bei der Verabsolutierung von »Veränderung« um die Kernbotschaft ihres Amtsverständnisses handelte, haben die tabugeschulten Medien in Deutschland und Europa mit Schweigen übergangen. Die Attacke gegen die Trump-Regierung erschien den deutschen Medien wichtiger.

Die Akzeptanz der deutschen Kanzlerin im traumakranken Deutschland beruht auch auf dem Paradox, das sie immer wieder bestätigt, ohne den Effekt zu kalkulieren. Sie nutzt ihn nur, weil sie spürt: Die Deutschen wählen mit Merkel auch die Spiegelung ihrer eigenen, unbewältigten Widersprüche. Zerrissene Seelen tolerieren eine widersprüchliche Amtsführung, so das Fazit. Die als »Amokläufe« angemessen beschriebenen Ausbrüche von risikosüchtigem Aktionismus stehen nur auf den ersten Blick in unversöhnlichem Kontrast zu dem eher schläfrigen Habitus der Amtsträgerin. In Wahrheit zeigen die Gewaltausbrüche der Schlafsaalgouverneurin Angela nur die andere Seite der Münze Merkel, mit der Deutschland immerhin fast anderthalb Jahrzehnte national und international überwältigende Erfolge auf Merkels Spezialgebiet einfährt: mit Symboltransfers im Gewand großer Politik.

Merkels Talent, Widersprüche und Grenzüberschreitungen auf jedem Gebiet zustimmungsfähig zu machen, wird von der deutschen Bevölkerung belohnt, weil es »die deutsche Lage«, ebenfalls in jeder Hinsicht, historisch, geografisch und ethisch widerspiegelt. Auch die Laster sind in diesem geheimen Deal mit abgedeckt: Berechnung, Erpressung, Fake News im Namen des Guten. Merkel steht damit glaubwürdig für Veränderung, wenn sie quasi alles zur Disposition stellt. Viele ihrer Wähler möchten so weit nicht gehen und planen den Aufstand, aber nicht jetzt. Die Klügsten sehen in der Kanzlerin der Widersprüche eine Traumatherapeutin, deren Qualifikation die Diagnose ist: Sie adoptiert das Trauma. Aber sie geht anders damit um. Angela Merkel hat sich für die Flucht aus beiden Systemen entschlossen, in denen sie Deutsche war. Ihr Job, seit sie an der Macht ist: Zukunftsagentin. Ihre innere Distanz zu den kollabierenden europäischen Systemen der Politik erlaubt ihr die Ausbeutung aller demokratischen Systeme mit dem Effekt, Destabilisierung in die Regelwerke zu tragen. Sie rechnet mit den *trouble shootern*, die nach ihren Angriffen auf Gesetz und Recht im Zuge ihrer drei Großprojekte Euro, Energie und Migration mit *Soft-Law*-Prophylaxe die nachträgliche Legalisierung der Rechtsbrüche einleiten.

Merkels Schulung in einem politisch korrupten Staat macht sie ihren Vorgängern überlegen, wenn es um die Ausweitung von Spielräumen zwischen Legalität und Illegalität geht. Ihr gelingt Unglaubliches: beiden Systemen hochdekoriert zu entkommen. Das reicht, scheint sie sagen zu wollen, wenn sie »kein politisches Amt mehr« anstrebt. Aber die Zweifler und Auguren bleiben auf der Lauer. Angela Merkel beweist vom zweithöchsten Amt der Republik aus die Verwundbarkeit des demokratischen Systems. Systemknackerin Angela beweist auch, wie manipulierbar Systeme sind, in denen Menschen ihren persönlichen Erfolg organisieren wollen, ehe sie einen Blick auf das gemeinsame Ganze werfen. Die Kanzlerin Merkel hat genau davon profitiert, dass ihre Untertanen auch ihr eigenes Wohl verteidigen, wenn sie die Kanzlerin schützen. Merkel zögert nicht, ihren Status auszubeuten, weil ihre Reputation als Humanitas-Weltstar praktisch grenzenlos belastbar ist. Eine Kanzlerin von diesem Kaliber hat Deutschland zum ersten Mal gesehen. Der deutsche Souverän hat in dieser Amtszeit so viel über sich selbst erfahren, dass er die Bearbeitung dieser Ausbeute bislang ablehnt. Aber »Merkel forever«, der Megahit für die internationale Abschiedsparty, ist auch noch nicht geschrieben.

DEUTSCHLAND IM MERKEL-STRESSTEST

Eine deutsche Reise

Die Reise zu uns selbst

Kanzlerin Merkel hat von Anfang an auf deutsche Schwächen gesetzt: Anpassungsbereitschaft, Ehrfurcht vor Autoritäten, Statusgehorsam, das Geltungsbedürfnis, das schon in früheren deutschen Höhenflügen ohne Fallschirm eine Rolle gespielt hat. Dieses Geltungsbedürfnis zu verteidigen fällt den Deutschen leicht: Sie wollen nicht der Underdog sein, deshalb suchen sie Vorreiterrollen. Um diese Präpotenz international belohnt zu sehen, entwickelt man bei den Themen Klimawandel und Migration Sprachbaukästen für den Selbstbetrug, die schon national zur Beruhigung beitragen, international aber wie Forderungen auf Top-Platzierungen in der Statistik vorgetragen werden.

Diese streberhafte Selbsttäuschung trübt das Heldenporträt der tüchtigen Deutschen auf genau den Feldern ein, die unter Merkels Leadership überhaupt erst entstanden sind. Sie selbst hat sich aber nach eiligen Rückzügen von den kontaminierten Orten dieser Großtaten rechtzeitig aus der Schusslinie genommen. Als gescheitert stehen nun ihre Vasallen und die Mitspieler der Megaprojekte mit Wind und Sonne da, die unter Kanzlerregie an lohnende Investments glaubten.

Der Name Merkel fällt nur noch selten, wenn die Unbeherrschbarkeit ihrer Jahrhundertprojekte beklagt wird. Scheitern steht nicht in der Arbeitsplatzbeschreibung für deutsche

Kanzler. Rechenschaft ablegen müssen dagegen die Manager der Wirtschaft, und Regressforderungen wegen Rechtsbrüchen durch die Politik erleben Topmanager der Marktwirtschaft. Gegen gesetzwidrige Eingriffe in ihre Rechte und in die Verträge von Zulieferern, Kunden und Aktionären wehren sich nach dem planwirtschaftlichen Rundumschlag der Kanzlerin gegen die Energiewirtschaft die meisten betroffenen Unternehmen nicht juristisch. Sie wissen, dass ihr Schicksal auch künftig mit Unfriendly Take-overs durch die Politik verbunden sein könnte, und sie fürchten den Entzug von Subventionen. Wo waren die Hüter der Marktwirtschaft, als die Politik in die Misswirtschaft via kollapsgefährdete Subventionsverträge für Solar- und Windkraftanlagen einstieg? Wo waren die Staatsrechtler, die Rechtsbrüche im Dutzend hätten verhindern oder revidieren können? Sind auch sie eher angepasste Vasallen der Politik? Wo waren die klugen Ökonomen dieser Republik, die als Anwälte der Marktwirtschaft sofort vom drohenden Kollaps des kostentreibenden Vorhabens hätten abraten können? Wo waren die Gerechtigkeitspolitiker der SPD, die in der Regierung einem wirtschaftlich gar nicht genehmigungsfähigen Projekt im Namen des Schutzmandats für die Bürger mit Verweigerung ihrer Zustimmung hätten drohen können? Liefen alle mit, obwohl es, wie sich heute zeigt, keine belastbaren Beweise für den Klimanutzen des leichtfertigen Griffs in die Staatskassen der Zukunft gab?

Beide Großprojekte der deutschen Kanzlerin tragen Züge von Größenwahn, wie wir ihn aus Diktaturen kennen, die vom Scheitern bedroht sind. Das demokratische Augenmaß versagte im Flüchtlingsprojekt. Der gründlichere Blick auf die Schicksalsmacht, die Deutschland sich über Millionen von Leben zutraute, blieb aus, als ginge es nur um ein Nachbarschaftsprojekt, bei dem wir unser Wohlergehen einfach an die Nächsten weiterreichen und damit ihren Lebenserfolg managen.

Der fortschreitende Unernst, der den Größenwahn beider Projekte begleitet, konfrontiert uns mit der schmerzhaften Lehre, die das Wirken der Kanzlerin uns zumutet: Angela Merkel hat die »Kanzlerdemokratie« in einen Stresstest geschickt, dessen Subtext hieß: »Ich oder die Demokratie.« Ein ähnlich hybrider Anspruch zeichnet ihre Botschaft an ihre Kritiker im September 2015 nach dem illegalen Einzug Hunderttausender ins gelobte Deutschland aus: *»Wenn wir jetzt anfangen, uns noch entschuldigen zu müssen dafür, dass wir in Notsituationen ein freundliches Gesicht zeigen, dann ist das nicht mehr mein Land.«*[6] Die paradoxe Metaphernwahl zeigt zweierlei. Erstens: Das Ich der Kanzlerin steht über der völkerrechtlichen Katastrophe, und zweitens: Die Kanzlerin erleidet bei ihren Megaprojekten offenbar einen Realitätsverlust. Das würde vieles erklären.

Mit diesem Statement 2015 öffnet die Kanzlerin ein Fenster zu ihrem Selbstbild als Scheinriesin im Wettbewerb der Weltstars in Sachen Menschenrechte, das eine abenteuerliche Fehleinschätzung der Verantwortung zeigt, die Merkel mit diesem Politikstil auf sich lädt, um sie dann an andere zu delegieren. Das »freundliche Gesicht« des Selfies mit dem jungen Araber ist als Logo für das tollkühnen Take-over von Millionen Menschenschicksalen ein Beweis für die überhebliche Selbstschau, mit der die Kanzlerin Schicksal spielt: Kein Gedanke an die kulturelle Entwurzelung des jungen Flüchtlings, der für die Kanzlerin-Promotion lächelt. Einfach ein freundliches Gesicht gezeigt, so ihr naiv getarntes Statement. War da sonst noch was? Eine Million Schicksale in unserer Hand? Ab auf die Festmeile! Willkommenskultur! Bis heute ist die Fernwirkung jener Entscheidung von 2015 kein Gegenstand der Regierungspolitik.

Die Kanzlerin war zufrieden mit dem Deal zum grenzenlosen Deutschland, den sie quasi allein beschlossen hatte, weil der Kollateralnutzen stimmte: Die inneren Grenzen Europas sind seit jenem September 2015 praktisch offen. Die nolens-volens-Mittäter jener Septembernacht sind nicht mehr auf ihre unfreiwillige Komplizenrolle ansprechbar. Mit ihrer Formel vom »freundlichen Gesicht« wechselt Angela Merkel nicht nur die Diskussionsebene in Richtung Weichzeichnung bleischwerer Fakten. Sie gibt auch Auskunft zu einem deutschen Dilemma in der Flüchtlings-, Asyl- und Migrationspolitik, das ihre Handschrift trägt.

Angela Merkel bringt ein verändertes Menschenbild in die deutsche und europäische Zeitgeschichte. Dieses neue Menschenbild überrascht durch Entsprechungen, die offiziell nicht auf der Agenda der Kanzlerin stehen. Es ist das universalistische Menschenbild des digitalen Aufbruchs in die multipolare Weltordnung, die ökonomisch nicht mehr Marktwirtschaft und in ihren ethischen Standards nicht mehr demokratisch sein wird.

Politik als Abenteuerspielplatz

Merkels tollkühne Annahmen zur Integrierbarkeit von Menschen, deren Herzschlag in ganz anders organisierten Kulturen programmiert wurde, mit einer von der unsrigen stark abweichenden Rangordnung der Menschen und der eigenen Wertvorstellungen, beruhen auf einem neuen Menschenbild, das auch für die mitteleuropäischen Länder, so der evolutionäre Plan, verbindlich werden soll. In Merkels Masterplan zur Migration als Menschenrecht müssen also mobil oder immobil lebende Menschen ihr vertrautes Ich eintauschen gegen ein Daten-Ego, das verkäuflich und kalkulierbar, also ihr Kapital, ist. Merkels Geringschätzung angesichts der Kulturschocks, die beide Seiten bearbeiten müssen, Migranten wie ihre Gastgeber, beruht auf diesem stark vereinfachten Selbstporträt eines Zukunftsmenschen, der die Marktwirtschaft hinter sich gelassen und das Leistungslimit der Massendemokratie vor Augen hat. Den Völkermix mit einem »freundlichen Gesicht« zu moderieren, so die Kanzlerin auf diesem Hintergrund, heiße doch einfach, einen guten Job zu machen. Angriffe auf die Rechtskultur in Deutschland, wie Merkel sie in den beiden Großprojekten zum Energie-Take-over durch den Staat und zur dauerhaften Grenzöffnung ohne Identitäts-Auskunft der Einreisenden durchsetzte, schlugen eine breite *Soft-Law*-Schneise durch Deutschland und Europa. Übergriffe dieser Tragweite bleiben nicht ohne Folgen für das Rechtsverständnis und die Rechtstreue der Bürger. Die Kanzlerin legt mit ihren Stresstests für die demokratischen Rechtsnormen eine andere Rangordnung vor, die den Satz von der Gleichheit aller vor dem Gesetz außer Kraft setzt – weil sie ihn wieder und wieder für sich selbst außer Kraft setzt. Ihre Großprojekte zur Energie- und Migrationspolitik legen davon Zeugnis ab. Vor den Großangriffen auf Vertrags- und Eigentumsrecht, auf Aktienrecht und einen Fundus von Garantien, die den Umgang der Politik mit der Dritten Gewalt, der Wächterin der Bürgerrechte, regeln sollen, gab es eine Fülle von scheinbar nebensächlichen Positionsmeldungen der Kanzlerin zu ihrem Rechtsverständnis sowie zu ihrem Verständnis von Rechtsstaatlichkeit und Politik.

Die deutsche Öffentlichkeit tolerierte Merkels unbeschwerten Umgang mit Parteibekenntnissen und Identity Statements. Dass sie das Parlament eher als Stolperstein erlebte und die Demokratie generell auf der Abschussliste sah, gehörte von Anfang an auf die Liste der Tabugedanken. Wer hätte die Entscheidung für eine Kanzlerin Merkel dennoch vertreten können, wenn die außerparlamentarische Position dieser Kandidatin bekannt gewesen wäre? Helmut Kohl hatte sich zugetraut, das DDR-Talent umzupolen auf westliche Werte und ein Ja zur Marktwirtschaft. Dafür blieb ihm zu wenig Zeit. Und tatsächlich machte Merkel ja in den Anfangsjahren des neuen Jahrtausends den Versuch, einen Trend zu bedienen, der schwarz-gelbe Mehrheiten, also Union und FDP, in Reichweite brachte. Wie viel Kalkül in Merkels überraschender Wandlung zum Ludwig-Erhard-Fan mitspielte, lässt sich abschätzen, wenn wir den Turbodurchlauf des hoch qualifizierten Paul Kirchhof in Merkels Kandidatenpark betrachten. Der Parteitag 2003 zeigte eine bestens integrierte, aussichtsreiche Kandidatin für jeden Aufstieg, der verfügbar würde. Wer die abrupten Kehrtwenden danach beobachtete, konnte wissen: die Politnovizin, die sich hier als Wendehals nach oben arbeitet, ist eine Vagantin. Sie durchstreift die politischen Lager und demontiert gewachsene Standards, um die Kontrollmechanismen auszuschalten, mit denen Demokraten sich vor Regelbrechern schützen. Merkel greift radikal in die Rechtsgefüge ein, die kollektiv abgestimmtes Handeln sichern und maßvolle Entscheidungen begünstigen. Merkels »Erfolg« mit ihren hochgradig zustimmungs- und abstimmungsbedürftigen Eingriffen in geltende Gesetze zeigt eine verwundete Demokratie, deren Immunsystem nicht mehr anspringt, um die individuell geplante Tat einer kollektiven Prüfung der Tatfolgen durch die betroffene Community zuzuführen. Wenn Merkel kein Parlament braucht, wenn sie konkurrierende Parteibotschaften durch Planierung vernichtet, dann ist diese Haltung ein Vorzeichen, das leicht zu lesen wäre, wenn man denn lesen wollte. Die Alleingänge der Kanzlerin beweisen, wie gefährlich Alleinherrschaft werden kann, wenn sie sich mehr und mehr Lizenzen beschafft, um schließlich »alternativlos« zu erscheinen.

Merkel war ein Stresstest für die deutsche Demokratie. Dass sie, wie viele andere weltweit, ein Kind der Zukunft war, die keine Demokratien mehr braucht und die Welt zu einem Datenshop umbaut, steht hier nicht zur Debatte. Merkel liefert schlagende Beispiele für die Verwundbarkeit der Demokratie. Sie beweist, dass eine einsame Entscheidung »von oben« gegen die wertgesicherten Standards der Demokratie die Erfolgsketten marktwirtschaftlich organisierter Politik zerschlagen kann. Kein Team hätte den Kostenvoranschlag für ein Projekt wie den neuen Turmbau zu Babel (Take-over der Energiewirtschaft) als Klimarettungsidee durchgehen lassen. Kein Team hätte eine Freigabe von Grenzen ohne Registrierung der Grenzgänger genehmigt, die nicht aus der Nachbarschaft kamen und bekannt waren, sondern einem Lockruf ins Gelobte Land gefolgt waren, das sie ebenfalls gar nicht kannten. Kein Team hätte entschieden: O. k., das ist genau das Megaformat an Verantwortung, das wir stemmen wollen. Die Kanzlerin Merkel hat Zukunftsbilder geliefert, die den Amoklauf für die gute Sache zum Vorspiel für Verliererpositionen machen. Teams liefern Korrekturen bei der Flughöhe; genau deshalb flog Merkel in ihre übergesetzlichen Höhen ohne Team. Die Merkel-Ära stärkt unser Wissen, dass auch Größenwahn, Verschwendung und Selbstüberschätzung im Team auf ein Maß reduziert werden, das der Verantwortung hoher Ämter entspricht.

Die deutsche Kanzlerin hat sich erstaunliche Ausnahmen nachträglich genehmigen lassen. So wurde die simulierte Übertragung des Fukushima-GAUs auf Deutschland, der zu Merkels planwirtschaftlichem Amoklauf führte, nachträglich notdürftig »legalisiert«.[7] Aber die Tsunamiwoge der sogenannten »Energiewende« türmte sich auf per Kanzlerwort und rollt über Land und Meer. Die nachträgliche Legalisierung erfüllte auch bei der Freizügigkeits-Entscheidung am 5. September 2015 das Soll an Beschwichtigung, das die Mahner zum Rückzug zwang. In der Sache unterblieb jeder Heilungsversuch.

Neben diesen folgenreichen Alleingängen der Zukunftsmacherin Merkel waren und sind andere, gut getarnte Methoden weiter verfügbar, von denen die Kanzlerin immer wieder Gebrauch macht: Es sind die »Soft Skills«, die via Soft Law über die Schwelle zum Gesetzesrang transferiert werden, nachdem die Aufmerksamkeit der Öffentlichkeit sich längst anderen Objekten ihrer Neugierde zugewandt hat. Soft Law ist in Umbruchzeiten der adäquate Weichspüler für die Evolution aller Lebenskonzepte. Die digitalen Weltmächte im Datenhandel revolutionieren so *en passant* unser Menschenbild.

Noch ein Geheimprojekt mit Putin

Die weltweit umstrittene Pipeline Nord Stream 2 könnte zum dritten Großprojekt mit Kanzler-Tabu werden, wenn die Auskunftsverweigerung der Kanzlerin andauert. Das Passepartout ihrer Abwehrstrategie, es handle sich bei der Polen und die Ukraine umgehenden Gasleitung von Russland nach Deutschland um ein privatwirtschaftliches Industrieprojekt, liefert keine Antwort auf die Frage, welche Absprache zwischen Putin und Merkel der Aussparung von Polen und der Ukraine aus dem Trassenverlauf zugrunde liegt.

Die Widersprüche von deutscher Seite häufen sich: Schon ohne das Pipelinethema war die Doppelstrategie der EU unter Merkels Federführung doppelzüngig. Umso mehr erzwingen die monoton wiederholten Scheinbekenntnisse der deutschen Regierung und der EU, die Ukraine nach Europa holen zu wollen, geradezu eine Offenlegung der wahren Motive für den Trassenverlauf. Die Einseitigkeit der schon vor Nord Stream 2 Russland-lastigen Gasversorgung Deutschlands unter russischer Regie wird damit erneut aktuell. Auch die Umgehung Polens beim Trassenbau bleibt erklärungsbedürftig. Am 30. Oktober 2019 hat auch Dänemark den Bau der umstrittenen Pipeline in dänischen Gewässern genehmigt: Alle Hindernisse für das erst in den Zukunftsfolgen zu entschlüsselnde Merkel-Putin-Projekt sind jetzt beseitigt.[8]

Welche *hidden agenda* fahren die beiden Staatschefs von Deutschland und Russland, die sich schließlich aus der Satellitenvergangenheit von Merkels früherem Heimatstaat wechselseitig bestens einschätzen können? Was wissen beide über ihr Projekt, das Dritte nicht wissen sollen? Und schließlich, immer wieder: Warum lässt die deutsche politische Führungsriege auch in diesem Fall eine zweifelhafte Regie in der Hand der Kanzlerin? Oder anders gefragt: Was wissen die Mitwisser, falls es sie gibt, und warum teilen sie dieses Wissen nur mit wasserdichten Komplizen? Wenn Merkel und Putin aber ein Motiv für den neuen Pipelinebau mit dieser Trassenführung für sich behalten, dann müsste die deutsche Kanzlerin dennoch dieses Motiv offenlegen. Merkel weiß, dass sie nicht mit deutschem Bedarf argumentieren kann. Die gesamte Fachwelt hat bereits widersprochen. Die Kanzler-Demokratie hat jedenfalls viel Stress mit der ausladenden Nutzung dieses Geschäftsmodells durch die Kanzlerin dieser Jahre. Wir haben viel über den deutschen Autoritätsglauben erfahren, während Merkel davon profitiert hat. Dass wir nicht nebenbei, sondern vor allem ein deutsches Trauma zu bearbeiten versuchen, kann niemand mehr bestreiten, der uns länger zusieht oder zu uns gehört.

Führungskräfte mit Weltranganspruch haben es nicht besonders schwer bei uns. Wir mögen Größenwahn, gut bekommen ist uns dieses Gönner-Gen bis heute nicht. Wir sind etwas, aber nicht viel vorsichtiger geworden, wenn es um Selbstüberschätzung geht. »Führer, befiehl, wir folgen Dir!« hat immerhin sprachlich keine weibliche Variante bekommen, obwohl die Projekte der Kanzlerin Merkel ökonomisch und vom transzendenten Anspruch her – Euroretter, Klimastopper, Migrantenprofi, Trendsetter beim Multilateralismus – über die Jahrhunderte gerechnet bisher kaum übertroffen wurden.

Traumakinder unterwegs, dieser Zugang zur deutschen Hybris, die den deutschen Streber antreibt, eben dieser Zugang könnte uns aus der selbst errichteten Tabuwelt befreien. An diesem Tabuknast hat auch die Einheitskanzlerin aus dem anderen Sozialisierungsprogramm der DDR eifrig weitergebaut. Merkels Auftritt ist und bleibt voller Widersprüche. Da erkämpft sie sich das Label »bescheidenste Staatschefin der Zeitgeschichte« – oder aller Zeiten? – und bricht die größtkalibrigen Projekte vom Zaun, tollkühn, undurchdacht, zielungenau, unabgestimmt, mit einem anarchischen Hochmut, Turmbau zu Babel als Privatunternehmen, Baubestimmungen nie gelesen, Rechtsgrundlagen außer Kraft gesetzt. Die Deutschen mögen Grenzüberschreitungen, könnte ein besorgter Beobachter denken. Reicht ein kollektives Trauma als Entschuldigung für solche Maßlosigkeit aus? Und: Hatten wir das nicht eben erst? Genauer: Hatten das nicht unsere Groß- und Urgroßeltern gerade erst gemacht: Größenwahn toleriert? Applaudiert? Wieso schon wieder? Weil die Themen attraktiver sind? »Dieser Kuss der ganzen Welt«, mit Beethoven die Vaganten aller Kontinente umarmen, dem Weltklima ins Handwerk pfuschen, warum nicht? Alles im Namen der Humanitas. Ist es dieses Set von selbstverliebten Motiven, mit dem wir uns Höhenflüge über alle Vernunft genehmigen? Oder spielt auch mit, dass die Frau, die Europas Sterne vom Himmel holt, aus dem Osten kommt? Aus Putins Nord-Stream-2-Reich, wo der deutsche Zwerg zum Riesen wird, weil er im Machtplan eines der Größten mitspielt ...

Trauma-Deutschland ist labil, wenn es darum geht, auch im Guten Maß zu halten.

Die deutsche Reise ist alternativlos

Von Deutschland nach Merkel-Deutschland – und zurück?

Je länger die Kanzlerschaft das Siegel Merkel trug, desto klarer wurde etwas, das es eigentlich in demokratischen Zeiten nicht geben darf: Es gab kein Rückfahrticket. Die Reiserichtung war »alternativlos« – aber wie hieß das Reiseziel?

Die Kanzlerin, so dachten die unterwürfigen Deutschen, wird ihre Gründe haben, darüber zu schweigen. Und wenn die Etappenziele allesamt alternativlos waren, dann galt das sicher auch für das Endziel.

Das Endspiel jedenfalls hat im Frühjahr 2019 begonnen. Die Kanzlerin Merkel arbeitet an ihrem Vermächtnis. Es ist ihre eigene Reise, ein Alleingang ohne Partei und ohne Parlament, also ein Trip in metademokratische Gefilde, die ihre Vorgänger nie besucht haben. Es könnte sein, dass diese höchstpersönliche Reise das Endziel ist, von dem die Alleingängerin genauso wenig berichten konnte wie im Vorfeld ihrer Alleingänge während der Kanzlerschaft als Vorsitzende einer Partei. Die beiden großen Solo-Abenteuer in Sachen Energie und Migration erscheinen im Lichte dieses letzten Aktes wie Testläufe im unbetretenen Gelände, mit dem Vorsatz, als hochkarätiger Spielverderber die Endlichkeit der demokratischen Ordnungen zu beweisen.

Die alternativlos gültigen Spielregeln für das Wählerkollektiv, das Merkel mit der Kanzlerschaft auszeichnete und in schwindender Vollzähligkeit über 14 Jahre im Amt hielt, waren nur in einem Punkt eindeutig: Kanzlernähe kostet. Wer im Funktionärsteam an der Spitze mitspielen wollte, konnte sich nicht mit seinem Amtseid für kritische Nachfragen zu Entscheidungen der Chefin rechtfertigen. Nibelungentreue oder Abschied, so das ungeschriebene Gesetz für die Kerntruppe um die Herrin. Wer opfert schon seine Karriere für seine Meinungsfreiheit? Kaum jemand in den oberen Rängen. Schon im Mittelfeld der eine oder die andere. Am besten kommt man gleich ohne ein Mindset, das vielleicht der Chefetage nicht passt. Wer eine politische Karriere anstrebt, verinnerlicht dieses Erfolgsgesetz mühelos. Die Entourage der Kanzlerin wurde Jahr für Jahr homogener. Ausreißer, die sich eine eigene Meinung zutrauten, lernten das Kapitel »Merkel und die Macht« umso gründlicher zu buchstabieren.

Von Deutschland nach Merkel-Deutschland fuhr nur der Merkel-Zug, weil die Tickets nach neuen Konditionen verkauft wurden. Einmal Merkel und zurück gab es nicht. Am schnellsten begriff die Berufsgruppe das neue Spiel, für die der Kanzlerkontakt lebenserhaltend ist, die neue Codierung ihrer Beziehungen zum Kanzleramt: die Journalisten. Demokratische Debatte auch in den Medien? Kritisch? Streitig? Fehlanzeige. Eigensinnige Köpfe rollten geräuschlos, und die Geköpften vegetieren keineswegs kopflos als verstoßene Intellektuelle im Internet. Auch ihrem Schicksal gilt die Frage, die täglich aktueller wird: Ob es auch für Verstoßene einen Rückweg aus den Katakomben von Merkel-Deutschland nach Deutschland gibt?

Auch auf den letzten Kilometern des langen Marsches von Merkel-Deutschland nach Deutschland gibt es keine verlässlichen Daten zur Anzahl der Reisenden, die ein Rückfahrtticket, wenn es angeboten wird, lösen würden. Auch eine andere Frage kann niemand beantworten: Ist es denkbar, dass Merkel-Deutschland sich wieder in Deutschland verwandelt, wenn die

Kanzlerin ihr dreijähriges Abschlusssolo beendet hat und nicht mehr Kanzlerin ist? Muss man gar nicht zurückreisen, um wieder in Deutschland anzukommen? Oder steht jenes Deutschland nicht mehr, das die Deutschen unter Merkels Führung verlassen hatten?

Einstweilen scheint Deutschland entschlossen, das Kapitel Merkel einfach zu den Akten zu legen und nicht zu bearbeiten. Ganz so, wie die Kanzlerin es immer vermieden hat, Wahlergebnisse selbst kritisch zu bearbeiten. Die Denk- und Sprechverbote werden überleben, wenn Merkel die politische Bühne verlassen hat. 14 Jahre Merkel-Training haben die *brainware* aller, die im Merkel-Mainstream mitschwimmen wollten, umgepolt. Die Herzen ihrer Jünger schlagen schon seit anderthalb Jahrzehnten im Merkel-Takt, zwangsläufig: Politische Karrieren gehen nicht *split minded*. Ganz mitspielen oder gar nicht. Nur Dummköpfe und Träumer versagen.

Merkel wusste aus ihrer Zeit in einem freiheitsschluckenden System, dass eine politische Führung, die nicht überzeugt, auch bei ihren Gegnern auf Gewöhnung setzen muss. Nicht die Ideologie ist es, die die Menschen zusammenhält, sondern die Gewöhnung an schwindende Spielräume. Merkels Indifferenz gegenüber Werten und Normen der westlichen Kultur ist doppelt abgesichert in Vergangenheit und Zukunft. Die DDR wirkte über Jahrzehnte alternativlos auf ihre Bürger. Die Merkel-Republik entwickelte eine *hidden agenda*. Schulter an Schulter mit den Leitmedien, um Merkel-Kritiker zu entmachten. Wer als Publizist nicht mehr publizieren darf, findet einfach nicht mehr statt. Die bürgerliche Öffentlichkeit vermisst die plötzlich verstummten Stimmen, hat aber schnell begriffen, wo die Taburäume anfangen, in denen man die eigene Meinungsfreiheit gefährdet.

Seit das uneingestandene Bündnis zwischen Medien und

dem Merkel-Staat besteht, flüstern die braven Bürger, wenn sie einen ihrer Lieblingsintellektuellen auf der Straße sehen. Die Merkel-Republik war ein Lehrstück über uns Deutsche, das wir als die Riesenchance verstehen sollten, das Stückwerk unserer Selbsterkundung endlich in ein schlüssiges Narrativ zu verwandeln, das uns schlagartig helfen wird, auch unser bislang ungeklärtes Verhalten gegenüber Merkels Kahlschlägen in der Charta unserer Grundrechte, dem Grundgesetz, zu verstehen. Wer sind wir, was gefährdet uns, wer kann uns wie auf Fährten locken, wo unser eigener Footprint uns später so peinlich wird, dass wir gesamte Ereignisketten uns vom Leibe schreiben, um nicht mehr die zu sein, die wir offenkundig sind.

Wer sind wir Deutschen, dass eine Kanzlerin Eingriffe in unsere sakrosankten Werte- und Normenschutzsysteme wagen konnte, ohne dass die Dritte Gewalt sie stoppte? Merkels *lion track*, der Fußabdruck der Löwin, die Beute macht, findet sich an Tatorten, die ihr höchstpersönlich durchgesetztes Sendungsbewusstsein dokumentieren – ohne Rücksicht auf Verluste, wie auch ihre Abwendung von den beiden Großprojekten Planwirtschaft für Energie und Masterplan für multilateralen passiven Imperialismus, im Fachjargon »Migration«, beweisen.

Der Lehrer soll uns mögen

Die Kanzlerin hatte das Mitläufergen der Deutschen auf ihrer Rechnung, da sie es aus drei Systemen kannte: der totalitären Machtergreifung durch Hitler, der Unterwerfung von 16 Millionen Deutschen auf dem Territorium Mitteldeutschlands unter ein kommunistisches Regime und aus ihrer eigenen Regierungszeit im wiedervereinigten Deutschland, wo größte Verstöße gegen die Rechte der Parteien und des Parlaments sowie gegen bürgerliches Recht und Disziplinarrecht der Wissenschaften (Fall Guttenberg[9]) nicht etwa zu fragenden Blicken ihrer nächsten Untergebenen geführt hatten. Die Kanzlerin konnte sich sicher fühlen, als sie, auch zeitlich relativ weit vom Anlass entfernt, ihre eigene Fukushima-Legende voller Fake News und Appelle an die Schwäche der verträumten deutschen Seele inszenierte. Das Kalkül in Richtung deutsche Seele reicht aber nicht aus, um den Kern des Tatmotivs freizulegen.

Das Septemberereignis des Jahres 2015, ein anonymer Einlass für ca. 890 000 Migranten in Deutschland, war ein Alleingang nach vergeblichen Kontakten für Flankenschutz durch Kollegen. Dieser Alleingang wurde immerhin auch die Startrampe zur Grenzenlosigkeit Europas als Langzeitprogramm ohne rechtliche Grundlage. Auch dieses »Ereignis« ist eine Tat der allmachtsgewissen Kanzlerin, die erneut vorführt, dass die Demokratie so wehrlos zusieht wie die Demokraten, die sie nicht verteidigen. Auch im Falle dieser humanitären Großtat für multilaterale Neuordnung der Völkerbeziehungen spielt neben der deutschen Seele das Psychogramm der Akteurin eine Rolle, die zu klären unseren Blick auf uns selbst schärfen wird.

Wenn Deutschland eine vertretbare Zukunft entwerfen will, um den eingehandelten Megaverpflichtungen gerecht zu werden, muss unser Selbstbild von Manövern des Selbstbetrugs und der Selbstüberschätzung freigeschaufelt werden.

Auch wer sich weigert zu erkennen, dass schon das Menschenbild der Angela Merkel vom Menschenbild der meisten Deutschen abweicht, wird die Ära Merkel nicht ganz ohne Selbstzweifel zu den Akten legen können.

Merkels *kairos* ist auf dem Hintergrund der digitalen Revolution, die scheinbar zufällig mit demselben Menschenbild unterwegs ist, das Angela Merkel als *hidden message* in ihren Angriffen auf die Normen der Demokratie versteckt, ein Leuchtzeichen, mit dem sich die Historiker noch beschäftigen werden. Die Evolution legt an Tempo zu: Klimawandel, Größenwahn der führenden Köpfe weltweit im Zorn der Unterlegenheit, evolutionäre Neufassung des Menschenbildes in der weltweit dominierenden Industrie des Datenhandels mit Quasimenschen als Datenprodukten.

Alle diese parallel und kaum abgestimmt verlaufenden neuen Spuren im Flugsand der Geschichte laufen metademokratisch. Eine Trendleaderin in diesem globalen Drama ist die deutsche Kanzlerin dieser Jahre, die den Leerlauf der Kraftquellen verkörpert, die Demokratie erst möglich machen: Werte und Normen, in Gewaltenteilung einander überwachend. Die Kanzlerdemokratie ist mit Angela Merkel am Ende, auch wenn sie noch ein paar Versuche zum Weiterleben liefern wird.

Die Lernsekunde der Ära Merkel für uns Deutsche kann gar nicht hoch genug eingeschätzt werden – wenn es uns gelingt, das Tabusystem dieser Kanzlerschaft zu knacken, um den Sprung in die Schutzlosigkeit des innovativen Dialogs zu wagen.

Merkel hatte nicht die Absicht, uns mit uns selbst bekannt zu machen. Und es vergingen Jahre, ehe die Flüsterdebatte über Merkels Amtsverständnis Nebensätze wie diesen zuließ: Warum widerspricht ihr keiner? Ein Tiefpunkt der deutschen Toleranz gegenüber Grenzüberschreitungen ist völlig unbeachtet geblieben: Im Streit um O-Ton Kanzlerin: »Hetzjagden und Zusammenrottungen« (Chemnitz, 25. August 2018, Ausschreitungen anlässlich der Tötung von Daniel H. durch Asylbewerber) wurde die offenkundig als Konfliktziel vorgesehene Ablösung des Verfassungsschutzpräsidenten Hans-Georg Maaßen in der Presse nachdrücklich mehrfach mit der Begründung gerechtfertigt, dass er »der Kanzlerin widersprochen« habe. Die Tendenz dieses Satzes ist durchaus ein Beleg für das Herrschaftsklima, das die Kanzlerin nicht klärte, sondern zuließ.

Dass Journalisten in der Demokratie eine solche Begründung für die Entlassung eines Wächters der Verfassung unkritisch übernehmen und niemand widerspricht, wirft Fragen auf. Sie gelten einem politischen Führungsstil, der bestimmte Berufs-gruppen, die öffentlich sichtbar handeln müssen, in die Knie zwingt. Merkel-Zeit als Lehrstück für ihre Schutzbefohlenen heißt auch Selbstbefragung des Souveräns. Der Souverän herrscht über die von ihm vergebenen Mandate. Er hat, seit Merkel regiert, die singuläre Chance, stark zu werden, *weil*, nicht *obwohl* die Kanzlerin auf seine Schwächen setzt.

Bilanz deutsche Reise

Deutsche wollen der Führung gefallen

»Deutschland wird sich verändern«, sagte die Kanzlerin, ehe sie Deutschlands Rolle als offenster aller Gastgeber mit der Marginalisierung von Grenzen zu realisieren begann. Was sie nicht sagte, weil sie arglose Mitläufer brauchte, ist inzwischen eingetreten und als Thema unter Merkel-Tabu gestellt: »*Ihr* werdet euch verändern.« Der Merkel-Plan für einen multilateral vernetzten Player nähert sich der Vollendung. Der Entwurf für den evolutionären Sprung in eine neue Selbstbeschreibung des *homo sapiens* über das Industriekapitel als *homo oeconomicus* hinaus in eine neue Transzendenz des *homo digitalis* ist von vielen Teams weltweit vorbereitet worden. Die Intelligenz der Maschinen reicht längst aus, um alle Konzerne mit den Lebensbedingungen des *homo digitalis* zu versorgen, die das neue Menschenbild für ihr Geschäftsmodell entworfen haben.

Zuarbeiten können auch Staaten wie Old Germany, das sich als Spezialist für Arglosigkeit und Gehorsam der Bevölkerung besonders qualifiziert hat. Deutschlands Verspätung beim Verpacken digitaler Schicksale auf seinem Hoheitsgebiet in handelbare Datenbündel sorgte für ahnungslose Gelassenheit der Bevölkerung. Merkels China-Besuche zahlten sich aus.

Der deutschen Kanzlerin gelang der Rückbau überholter Werte geräuschlos, und ihr Transfer von »Verantwortung« alter

Ordnung in die folgenlose Sphäre der Symbolpolitik zeigt die Wehrlosigkeit der Demokratie.

Das persönliche Image der Kanzlerin ist eine Meisterleistung, die globale Glaubwürdigkeit weit über die nationale Halbwertszeit garantiert: Weltstar ohne Glamour, geadelt durch Handicaps, die für Ungefährlichkeit und symbolpolitische Virtuosität stehen. Angela Merkels Glamour-Cocktail übertrifft alles, was die europäischen Wettbewerber in Richtung Zukunftsfitness erreicht haben. Österreich und Frankreich entschieden sich, die Sehnsucht nach jugendlichen Helden an der Staatsspitze zu erfüllen. Der liberalsozialistische Franzose Emmanuel Macron verspielte seinen Startbonus durch Anleihen bei Ludwig XIV.: Glanzvoll und volksnah zugleich zu sein, konnte so nicht mehr gelingen. Der österreichische Jungstar Sebastian Kurz traute sich die Bändigung der Ultrarechten zu. Er scheiterte – vorübergehend, wie er glaubt – an der kriminellen Energie seines Koalitionspartners. Aufbruchsstimmung hatten beide, Macron und Kurz, ihren Bürgern geschenkt. Kanzler Kurz bestach obendrein durch eine überlegene Vernunft in der Flüchtlingspolitik, die seine Vorgänger kreiert hatten.

Das deutsche Kanzleramt fuhr während dieser Helden-Starts den grauen Weltstarstil der Kanzlerin weiter, freilich mit einer Bevölkerung, die traumatisch gehandicapt keinen Herrschaftsglanz mehr ertrug. Die Alleingänge der Kanzlerin bei der Demontage der Werte- und Rechtsordnung entfalteten ja keinen Glanz, sie liefen so mit. Gelegenheitstaten, je nach Bedarf bei Merkels Großprojekten echoarm und kommentar-immun platziert, änderten nicht nur die Lebenswelt der deutschen Zivilgesellschaft, sondern auch die *brainware* der hier lebenden Menschen. Anstelle imponierender Heldenauftritte gibt es neue Taburegionen, in denen konfliktscheue Bürger gar nicht erst auftauchen. Bisschen viele Denk- und Sprechverbote, maulte eine satte Mehrheit, als die Allensbacher Mai-Umfrage sie erreichte. Ob die Kanzlerin an dieser Verdichtung der Verbotszonen für Denken und Sprechen beteiligt sein könnte, fragte Allensbach vorsichtshalber nicht: Tabuzone! Wer wird schon einen Regierungsbonus durch falsche Fragen verspielen. Auch ohne Allensbach wissen wir: Einige Spielregeln der Macht, die in der DDR galten, konnte die Kanzlerin Merkel weiter verwenden. Da das Regime links war, stand der Feind rechts. Klare Kante gegen rechts, das passte nach der Linksdrift der CDU auch in Gesamtdeutschland. Das totalitäre Erfolgsmodell, Kritiker geräuschlos abzuschalten, gelingt ebenfalls nach DDR-Muster: medial kaltstellen. Die Medien spielen mit.

Die schleichende Überwachung einer Halbschlafgesellschaft kann auf die Kooperation der meisten Bürger rechnen. Unbekümmerte Nationen lassen sich nicht so einfach von einem Gefängnis ins nächste führen. Deutschland findet keine Therapie für sein kollektives Trauma, weil seine Führungsteams entschlossen sind, das Trauma zu bestreiten. Sie verhalten sich damit wie Süchtige. Suchttherapeuten kennen das Phänomen: Auch geheilte Süchtige, die ihr Selbstbild nicht mit der Entgleisung in die Sucht in Einklang bringen können, meiden jedes Geständnis und fliehen vor der rettenden Scham. Ähnlich unentrinnbar zeigt sich das kollektive Gewissen über Generationen, wenn es um Taten geht, die ganze Völker vor dem Selbstbildnis so erschrecken lassen, dass »Vergebung« illusorisch ist. Die Flucht vor Taten, deren Schreckenslast eine Gesellschaft nie wird tragen können, misslingt dann meist. Der tüchtige Deutsche, so fragen die tüchtigen Deutschen von heute, war für solche mörderischen Projekte zu gewinnen?

Bleibt er »gefährdet«, wie Helmut Schmidt, der deutsche Kanzler, im Alter gesagt hat? »Die Deutschen sind ein gefährdetes Volk«, sagte er, hielt inne und fügte an: »waren immer ein gefährdetes Volk«. Solche Sätze markieren die Richtung, in der Trauma-Deutschland Heilung suchen könnte.

Vielleicht haben wir Deutschen überhaupt etwas gegen Helden – zumindest dann, wenn sie als Bewerber für politische Topjobs auftreten. Da hatte Merkel natürlich gute Karten. Es ist ja nicht so, als hätten wir nicht versucht, unsere Fehler nicht zu wiederholen. Denselben Unfug verbreiten wir aber heute noch, wenn wir einen unwiederholbaren Griff in die Staatskasse wie Merkels Megaparty-Einladung an alle Wanderer dieser Welt im Jahr 2015 ungeschehen machen wollen mit der Idee, noch einmal würde die Täterin M das wohl nicht tun. Richtig: Ein andermal tut sie etwas anderes: Leitmotiv bleibt die Grenzüberschreitung, auf allen Gebieten.

Als Merkel zur deutschen Polit-Community stieß, hatte dieser Eintritt nichts von einer Wiederholung. Aber wir waren noch weit von der Erkenntnis entfernt, dass es immer um neue, andere Fehler gehen muss, wenn wir wacher werden wollen. Während deutsche Zeit identisch wurde mit Merkel-Zeit, nahm die Wachheit der ersten Merkel-Jahre mit zunehmender Amtsdauer der neuen Kanzlerin ab. Die CDU hatte keineswegs »laufen gelernt«, zumal das Merkel-programmatisch auch gar nicht passte. Die Kanzlerin machte es wie eine Mutter kleiner Kinder, die das Kinderzimmer abends aufräumt, wenn die Kleinen schon eingeschlafen sind und nicht mehr rebellieren, wenn Lieblingsbauwerke in dunklen Schubladen verschwinden: Morgen ist ein neuer Tag, und das Aufbegehren von gestern ist vergessen.

Von Deutschland nach Merkel-Land, das sahen anfangs nur wenige und sehen am Ende fast alle, ist ein Weg, so weit, wie bisher keiner in Nachkriegsdeutschland von einer Regierung zur nächsten. Zwischen Kohl und Merkel liegen Kontinente. Keiner ihrer Vorgänger hat so ideologisch zugelangt wie Angela Merkel. Sie lieferte einen Kurswechsel, wie er mit den bis dahin in Regierung und Opposition wechselnden Parteien nicht möglich gewesen wäre. Ob Rot-Schwarz oder Rot-Gelb, ob Christliche Union mit Christsozialen aus Bayern und mit Freien Demokraten, ob Sozialdemokraten mit Freien Demokraten, ob drei oder zwei von den beim Wähler bekannten Parteien und von ihm, dem Souverän, in unterschiedliche Konstellationen geschickt, um sein Wohl zu verteidigen, es gab nie diese ins Anderswo weit hinaus geöffnete Tür, durch die Weltluft mit einem fremden Sound hereinwehte.

War es das, was den neuartigen Pakt mit der Abgesandten aus Stalins, Gorbatschows und Jelzins Reich beim Überschreiten einer Jahrtausendschwelle von der bipolaren zur multipolaren Weltordnung bei den einseitig gebrieften Westdeutschen einen Hauch von Abenteuer verlieh? Auf jeden Fall wurde im vereinigten Deutschland die neue Weltsekunde reale politische Praxis, und diese Weltsekunde trug Angela Merkels Züge. Wie strategisch Merkels Einsatz im gestern noch Feindesland geplant war, wie dilettantisch sie sich gab, und wie viel Tarnkleidung sie zu welcher Maske trug, bleibt dem Debattenfieber ihrer Fans und Feinde überlassen. Eindeutig bleibt die somnambul weggedrückte, aber verfügbare Wahrnehmung, dass mit Merkel ein Kurswechsel unter Kanzler-Regie begann, der viele das Staunen, einige Analytiker mit zu viel Durchblick das Fürchten lehrte. Schnell wurde die arglose Öffentlichkeit mit der Rächerin Angela bekannt, die »keine Götter neben mir« zum lethargisch absolvierten *mission statement* ihres Geschäftsmodells machte.

Deutsche mögen Unernst und Führungsabenteuer

Es war ein Systemwechsel reinsten Wassers, den die Kanzlerin aus der wirklichen Wirklichkeit im Ostblock Schritt für Schritt über das gesamte dem Kanzler zugeordnete Personal wie ein feines Netz ausbreitete: Alle blieben scheinbar auf ihren Plätzen – wenn man die bald entsorgten Joker abzieht: die Fraktionen des Bundestages, die vom Bürger gewählten Mandatsträger im Parlament, die Minister des Kabinetts. Alle blieben auf ihren Plätzen, aber ihre Macht schwand unmerklich dahin. Parteigrenzen lösten sich auf, Parteiprogramme interessierten die neue Staatschefin kaum. Ideal wurde die Situation, die im Merkel-Idealfall bis ins Jahr 2021 anhalten sollte: Regierung und Opposition im Einheitsboot. Kaum jemand kommentierte, was die Kanzlerin aus dieser Konstellation machte. Außer der Entmachtung der SPD durch die Merkel'sche Linksdrift der Kanzlerpartei CDU reservierte die quasi parteilose Kanzlerin für sich selbst schon im ersten GroKo-Jahr 2005 den Solistenplatz in der Mitte. Es fiel nicht wirklich auf, dass sie damit ihr Programm offenlegte, das sie, losgelöst von der Parteiendemokratie, in den Jahren 19, 20 und 21 als Systemüberwinderin multilateral verankern will.

Weil immer mehr Menschen in Deutschland die Weltlage für ernst halten, aber immer noch im Merkel-Wunderland mit Sonderkonditionen, prägt ein abenteuerlicher Unernst die politische Debatte. Die Kanzlerin bestätigt überfallartig ihr Desinteresse an Schulen und Bildung durch den ermunternden Zuruf an Klimaschüler, sich gegen gesetzliche Schulpflicht und für die Klimawende zu entscheiden, die in niemandes Hand liegt. Grün wird zur Epochenfarbe, von der jede Partei einen kräftigen Schluck ins eigene Programm mischt. Der Popstar Robert Habeck weiß warum: Zur Einlösung grüner Klimaversprechen werden sich nicht die Propheten von heute aus den Gräbern erheben, um den Nachkommen der Grünwähler von heute ein »Sorry, war nur so eine Idee« zuzurufen.

Die Massendemokratie feiert sich selbst. Gleichviel mit welchen Botschaften Menschen aller Länder »auf die Straße« gehen: Hauptsache: Sie gehen auf die Straße, und sie werden immer mehr. Politik und Medien sind immer an ihrer Seite, das wissen die Demonstranten inzwischen. Wer wofür oder wogegen demonstriert, darf immer öfter unklar bleiben. Hauptsache: viele Menschen auf der Straße. Polizei darf auch dabei sein, muss aber besser schützen als früher: Demonstranten eröffnen neue rechtsfreie Räume, wo man besser nicht in Polizeiuniform erscheint. Was online schon länger läuft, ein Spiel ohne Regeln, das schwappt auf die Straßen über. Die politische Führung wird immer sparsamer mit Positionsmeldungen. Die Straße meldet: Die Tabukultur der Kanzlerin wirkt nur bei Leuten, die etwas zu verlieren haben – ihren Job im Ernstfall. Die Macht der Straße ist genau deshalb unberechenbar. Sie übt die Entmachtung der Staatsgewalt ein, seit die politische Führung Gesetz und Recht immer häufiger außer Kraft setzt.

Merkel-Deutschland wird so nicht nur zum Erntehelfer der internationalen Community der freien Staaten im Kampf gegen Terrorismus. Deutschland hat auch mit der Romantisierung der interkulturellen Kollisionen im Migrationsmanagement Sonderrollen beansprucht, die jetzt auf den Straßen ein kritisches Echo finden.

Wer ideologisch umsteuert, mag Tabuzonen vergrößern, aber er wird auch schlafende Hunde wecken. Wer das Storytelling einer Gesellschaft in die Schweigespirale schickt, könnte selbst verwundbar werden; weil die Zuarbeiter das Schweigen für sich entdecken.

Tabukultur als Staatsräson — und ihre Folgen

Die Freiheitsschlucker

Politisches Freiheitsmanagement
in Merkel-Deutschland

Was uns fehlt, geben wir jeden Tag verdeckt zu Protokoll: Es ist das, worüber wir am meisten reden. Wir reden vor allem dort, wo Handlungshemmung herrscht: Freiheit zum Beispiel. Meinungsfreiheit, sagen, was man denkt. Meist vergessen wir nach diesen schönen Sätzen den entscheidenden, der ins Zentrum führt: denken, was man sagen möchte. Freiheit nur noch zu denken, während die Spielräume verloren gehen, von Freiheit zu reden, weil die Spielfelder verschlossen wurden, wo man in Freiheit handeln konnte; Freiheit nur noch als ein fernes Echo im Kopf, das wir stoppen müssen, um nicht davon zu reden, weil uns das Davonreden schlecht bekommt: Dann stoppen wir das freie Denken lieber.

Der Weg von Redeverboten zu Denkverboten ist kurz. Und die Tarnung für Redeverbote ist die *political correctness*, ein edler Look für Meinungsdruck mit angeschlossenem *brainwash*. Unkorrekt denken ist fast so verwerflich wie unkorrekt reden, lautet die feinsinnige Botschaft. Dazugehören fängt im Kopf an. Es sind die ungeschriebenen Gesetze, sagen 63 von 100 deutschen Bürgern im Mai 2019 auf die Frage: »Gibt es viele ungeschriebene Gesetze, welche Meinungen tabu sind und welche akzeptabel?« Die *political correctness* werde übertrieben, meint fast jeder Zweite.[10] Dass sie sich deshalb diesem Druck verweigern, sagen die Befragten nicht.

Der Raum für Meinungsfreiheit wird kleiner, so der Befund der Meinungsforscher aus Allensbach. Weil das so ist, wird Tag für Tag die Meinungsfreiheit als eines der unverlierbaren Verfassungsgüter beschworen und als Faktum mittels *political correctness* als Behauptung mit autoritärer Drohgebärde unter Schutz gestellt. Meinungsdruck zum Schutz der Meinungsfreiheit – geht das auf die Dauer gut? Wer hat das Schrumpfen des Freiheitsraums für Reden und Denken zu verantworten? Fragen, die jenseits der von Allensbach und anderen im Schlagschatten der *political correctness* offen gelassen werden. »Das Recht auf freie Meinungsäußerung«, so die Mehrheit der befragten Deutschen, politisch korrekt am Konsens interessiert, sei »im Großen und Ganzen« gesichert – allerdings »mit Einschränkungen«. Die »große Mehrheit«, so Renate Köcher (Allensbach), sieht einen Unterschied zwischen öffentlicher und privater Redefreiheit, und fast zwei Drittel der deutschen Bürger sagen, »man müsse sehr aufpassen, zu welchem Thema man sich wie äußert«: Und schon sind wieder die »ungeschriebenen Gesetze« im Spiel. Diese ungeschriebenen Gebote, die offenbar jeder kennt und befolgt, regeln, »welche Meinungen akzeptabel und zulässig sind«.

Dieselben Bürger, die sich diesen Regeln unterwerfen, sagen auf Nachfrage, dass sie den Meinungsdruck »übertrieben« finden. Wird er deshalb bald unwirksam? Und wie konnte er so dominant werden? Seit wann ist das so? »Heikle Themen«, zu denen man sich nur »vorsichtig« äußern dürfe, erscheinen in der Rangordnung vom Mai 2019 wie ein Stichwortverzeichnis zur Flüchtlingspolitik der Regierung Merkel. Mit weitem Abstand hält das Flüchtlingsthema Platz eins auf der Liste der »heiklen« Themen. Auf nachgeordneten Rängen folgen Muslime, Islam, die Nazizeit und Juden.

Knapp die Hälfte der von Köcher befragten Bürger nennt auch Rechtsextremismus und AfD als riskante Gesprächsthemen. In der Rangordnung der Tabuthemen machen »Patriotismus« und »Vaterlandsliebe« eine steile Karriere ins streng tabuisierte Gelände: Noch 2003 sehen nur 26 Prozent der Deutschen ein Gesprächstabu auf beiden Begriffen. Ab 2007 geht es dann steil bergan: über 31 Prozent in 2007 auf 41 Prozent in 2019. Vorsicht im Gespräch zahlt sich dann nicht einmal mehr bei den 41 von 100 Diskussionspartnern aus, die vermitteln könnten. Der Effekt: Die 41 meiden das Thema. Tabus torpedieren meist auch die sachlichen Argumente. Wenn der Patriot sich humorvoll für »Heimatliebe« einsetzen würde, fände er kaum ein mitleidiges Lächeln: Tabus zerstören auch den Humor. Kein Wunder, dass eine Mehrheit den Allensbacher Demoskopen mitgegeben hat, man finde das Ausufern der Korrektheit übertrieben.

Wer ist für die Verengung der freigegebenen Denk- und Redeerlaubnis denn eigentlich verantwortlich? Wenn sich die Bürger nicht als glühende Verteidiger der immer dichteren Grenzzäune des folgenlos Sagbaren und freimütig Denkbaren zeigen, sondern eher als Opfer von immer mehr »ungeschriebenen« Denk- und Sprechverboten sehen: Wer ist der Schreiber des Ungeschriebenen? Wer hat die Macht und handfeste Gründe, Gesetze ungeschrieben in Kraft zu setzen und ihre Durchsetzung in den Köpfen zu erzwingen wie ein gültiges Kommando, dem sich zu entziehen so nachteilig ist, dass niemand das unternimmt?

Wer geschriebene Gesetze bricht, wird mächtig durch »ungeschriebene«

Das mitlaufende Paradox: Während die Verletzung und Übertretung geschriebener Gesetze schon fast einen Gewöhnungseffekt in der Bevölkerung erzeugt, weil das politische Führungspersonal in Berlin und Brüssel hierbei eine zunehmende Nonchalance an den Tag legt, erleben wir eine virtuelle Machtergreifung im Meinungsmarkt, die Ungeschriebenes zur massenhaft verankerten *brainware* macht, die handlungsleitend und denkverbindlich wird. Während die Verfassung munter wie ein Katalog von Einladungen am Rechtsgeschehen teilzunehmen, oder auch nicht, die Medien beschäftigt, ist die Autorität der Rechtsprechung im Namen der geschriebenen Gesetze in schweres Wetter geraten. Wer führt Regie bei dieser Verlagerung der Zuständigkeit der Durchsetzungsautorität im sensibelsten Bereich unseres Gemeinwesens, das sich aus ebendiesem Grunde mit der stolzen Formel »Rechtsstaat« in der Geschichte bewegt?

Die Regie bei der Entmachtung des Rechtsstaates können nur Amtsträger durch einen rasanten *Turnaround* ihrer Vorbildrolle im Umgang mit Rechtsnormen führen, die den Schutzraum des Rechtsstaates, die Demokratie, sehenden Auges riskieren oder freigeben wollen.

Die deutsche Bundeskanzlerin hat ihr Rechtsstaatsverständnis an spektakulären Wendepunkten in eigener Regie nachgewiesen: Fukushima sollte ihr Kronzeuge für einen beispiellosen Eingriff in Rechtsgüter sein, ein simulierter »Notstand« wurde als Flankenschutz ausgerufen. Noch kühner fiel Merkels nie revidierter Eingriff in Europas und Deutschlands Grenzen aus, der im Jahr 2015 zum Startsignal für die tollkühne Idee einer multilateralen Einladungsgeste an die Völker der Welt verstanden wurde und weiterwirkt.

Vergrößerte Freiheitsspielräume für globale Völkerverständigung in Zeiten terroristischer Bedrohung schlucken Freiheit im Nationalstaat. Weltbürger zu werden, wie Merkel und ihre digital gepolten Verbündeten im Trendleader-Lager wissen, ist für die Bewohner komfortabler Zonen in Mitteleuropa ein Verlustgeschäft im Sektor Freiheit. Polizei und Staatsschutz sind überfordert; der Stellenabbau beim Friedensspezialisten Deutschland kostet Tempo und Qualität im Umgang mit einem neuen Mix an Herausforderungen: Kulturschocks bei Migranten und ihren Gastgebern lassen sich nicht nebenbei wegmanagen. Kulturgewohnheiten und Mentalitäten reisen mit, wenn Menschen sich um den Erdball bewegen.

Die dramatische Unterschätzung der Herausforderungen stand und steht auf der Agenda der Weltreisenden in eigener Sache, Angela Merkel, von Orden zu Orden. Wo der Rechtsstaat nach neuen Kategorien für fremdes Rechtsempfinden sucht, verzögern sich die Abstimmungen zwischen weit auseinanderliegenden Kulturerfahrungen der Völker, die einander plötzlich auf engstem Raum und um Verständnis ringend oder mit Angst und Wut kämpfend begegnen. Dieser gar nicht harmlose Kulturentreff kostet Freiheit auf beiden Seiten.

Eine Verantwortung für die Freiheitsverluste ihrer Schutzbefohlenen hat die deutsche Kanzlerin nie anerkannt. Als Initiatorin spektakulärer Verwerfungen in der rechtsstaatlichen Ordnung wechselte sie rasch in die Moderatorenrolle: so nach der Verstaatlichung der Energieindustrie, so auch nach ihren tollkühnen Gesetzesverstößen in der Flüchtlingspolitik. Regelmäßig verabschiedet sich die Kanzlerin, die offenbar über dem Gesetz steht, vom Tatort. Auch wenn ihre hybriden Projekte in schweres Wetter geraten, kehrt sie nicht an die Orte der Tat zurück. Deutschland widerspricht nicht. Deutschland gewöhnt sich an die Relativierung des Rechts. Merkel-Deutschland wird zu spät bemerken, dass genau dieses *Laisser-faire* Freiheit kostet. So kann eine Kanzlerin quasi Recht setzen, indem sie geltendes Recht ignoriert.

Merkel-Deutschland bietet die Erfahrung, dass Angriffe auf das rechtsstaatliche System nicht etwa Freiheiten *en masse* verfügbar machen, die bisher eingesperrt waren in Gesetzen und

Verboten. Wir lernen, dass die Verunsicherung der Hüter des Rechts, mit der wir kämpfen, die Bürger deutlich fühlbar Freiheitsgrade kostet. Und wir erleben, dass sich das Bedauern dieser Freiheitsverluste in Grenzen hält. Also kann jeder, der den Freiheitsdurst der Demokraten nicht mehr stillen kann oder will, auf das Eingewöhnen in weniger Freiheit setzen. In totalitär regierten Regionen dieser Erde ist dieser Gewöhnungsprozess weit fortgeschritten. Die Erinnerung an Freiheit verblasst, und die Überregulierung des Lebensalltags wird zum bequemen Kokon, in dem man sich auch das Entscheiden abgewöhnt: kein Bedarf.

In Deutschland üben sich sogar die Volksbefrager in neuen Kategorien über Tabus und Freiräume zu reden, weil sie eingeschränkte Freiräume bereits voraussetzen. Es sei »nicht per se ungewöhnlich oder kritisch«, so Renate Köcher vom Allensbacher Institut für Demoskopie, »dass eine Gesellschaft die zulässigen Meinungsäußerungen zu bestimmten Themen durch Normen begrenzt«. Köcher nennt als Angelpunkte solcher Einschränkungen »Identität einer Gesellschaft«, »grundlegende Werte einer Gesellschaft« und »Zusammenhalt« der Gesellschaft. Alle drei Begriffe sind in der Spätzeit der Kanzlerin Merkel unter dem Druck globaler und nationaler Umbrüche und Turbulenzen Gegenstand heftiger Debatten. Es sind also umkämpfte Felder, auf denen heute die Vollbremsung durch Denk- und Sprechverbote wirkt, radikalisiert in neuen Tabus. In Umfragen trifft man auf lauter Betroffene, die sich durchaus als Opfer neuer Ge- und Verbote sehen. Die Täter scheinen in Sonderzonen zu leben, sie sind jedenfalls nicht in den repräsentativen Gruppen, die von Umfrageinstituten formatiert werden.

Wer gibt das Kommando, bestimmte Begriffe als kontaminiert zu ächten? Welche Ziele hat dieses Wegsortieren von Wörtern und Gedanken, wenn es nicht nur ein Akt der besorgten

Schonung sensibler Zeitgenossen ist, die häufig erst durch das Nutzungsverbot von der Ächtung eines Begriffs, einer Denkrichtung erfahren? Neben den Zonen der einvernehmlichen Ächtung, in denen die Hitler-Diktatur mit ihren schweren Verbrechen tabugeschützt aus dem Verkehr gezogen ist, gibt es junge Stoppschilder und frisch kooptierte Tabus, über die keine Einigkeit herrscht. Hier wirken die Freiheitsverluste subjektiv deutlich bei den »Opfern« neuer neurotisch oder hysterisch besetzter Sachgebiete.

Wer in Kollektive gerät, die zu den Innovatoren im Verbotskult der Klima-Ideologen oder der Genderprofiler oder gar der Elektroautolobby gehören, verliert schnell jede Unbefangenheit, weil der eiserne Griffel der Ideologen jedes querschlagende Wortungetüm in ein Gesinnungsurteil umschreibt. Wenn sich, wie in diesen Jahren, die Tabublockaden häufen und die entsorgten Wörter und Gedanken jedes Alltagsgespräch zum Ritt über den Bodensee machen, verstummen sensiblere Menschen schnell. Oder sie flüstern. Nie gab es so viel geflüsterten Gedankenaustausch im Supermarkt, in der Warteschlange am Postschalter oder beim Zeitungskiosk wie heute, meint ein Westberliner. »Nie?«, fragt der Nachbar in der Lottoschlange am Kiosk. »Hier, auf diesen Straßen, in dieser Stadt haben wir das erst vor 30 Jahren gestoppt. Und jetzt haben wir es schon wieder.«

Die Demoskopen haben kein Interesse daran, Ross und Reiter zu nennen. Renate Köcher ist hochgeschätzte Nachfolgerin der legendären Gründerin von Allensbach, Elisabeth Noelle-Neumann, die uns die »Schweigespirale« zeigte, in der sich der kontaminierte Diskurs unter dem Diktat politischer Eliten im Kreise dreht, ohne irgendwo anzukommen.

Tabuzonen umgeht der konfliktscheue Normalverbraucher, sobald er von Neugründungen dieser Spezies in Deutschland erfahren hat – oder nachdem er als Tölpel hineingestolpert ist.

71 Prozent der Deutschen nennen den Fragestellern von Allensbach Tabuzonen um das Flüchtlingsthema: »nur mit Vorsicht äußern« empfehlen die Befragten. Eine »überwältigende Mehrheit«, so Köcher, bestätigt, dass »man sich unmöglich machen kann« mit Äußerungen über Juden, die Nazizeit und den Islam. »Sich unmöglich machen«, wenn man diese mehrheitlich geschützte Norm verletzt, heißt Stillstand für jeden Versuch, die tabugeschützten Traumata zu heilen. Setzt man auf die mächtige Heilerin Zeit?

Am Beispiel des deutschen Traumas, das heute immer weniger Wissenschaftler bestreiten, sehen wir aber erschrocken, wie lange die heilende Zeit offenbar ohne jeden Heilungs- und Versöhnungserfolg unterwegs ist. Da die meisten Autoren zu dem deutschen Trauma schweigen, während sich die ungeklärten Fragen an unsere kollektive Kompetenz als Mitspieler in der Geschichte häufen, wird uns die Beschäftigung mit dem Tabuthema »Deutsches Trauma« wohl nicht mehr lange erspart bleiben. Es sei denn, wir wollen mit steigender Fehlerbilanz aufgrund metademokratischer Fluchtversuche aus der Geschichte noch eine Weile weitermachen. Mit Quasi-Einheitspartei, ohne politischen Wettbewerb, als Weichspüler mit Seitenhieben, wie die Kanzlerin ihr Amt neu definiert hat, als sie den amerikanischen Präsidenten *in absentia*, aber in seinem eigenen Land, unter Anklage stellte. Merkel first. Sind wir das wirklich?

Das Tabulabyrinth ausbauen

Den deutschen Bürgern bleibt es nicht verborgen, dass ihrer Denk- und Redefreiheit engere Grenzen gesetzt werden als notwendig. Meinungsfreiheit im öffentlichen Raum, das wissen die Deutschen inzwischen, ist zum knappen Gut geworden. Wer nicht öffentlich auftritt, spürt aber etwas anderes, was Meinungsmultiplikatoren nicht wahrnehmen können: Der Staat, so deuten die Bürger das Wachstum von Tabuzonen, wo vor wenigen Jahren noch streitig debattiert werden konnte, nimmt seinen Souverän, den Mandatsverteiler für politische Karrieren, nicht ernst genug.

Die Bürger reagieren; sie entziehen dem Staat, wer immer das sein mag, ihr Vertrauen. Kein Bürger glaubt, dass der Konsens zu heißen Themen wie Islam, Migration, Antisemitismus sich einfach von selbst verschiebt. Die Bürger sehen Widersprüche, sie bemerken die Spaltung, wenn Themen aus dem Gespräch gezogen werden, wenn Gewaltbereitschaft oder Rechtsbeugung durch Hüter und Wächter des Rechts mit Einspruchsverbot verriegelt werden, während das Rechtsempfinden der Menschen in Stadt und Land Alarm schlägt. Wer nicht fragen darf oder keine Antwort erhält, der spürt, dass ihm vorenthalten wird, was der Staat verspricht: Meinungsfreiheit, die nicht in die Sackgasse der Ohnmacht gedrängt wird. Redefreiheit, wenn ungelöste Fälle sich bei überlasteten Staatsanwälten und Richtern stapeln. Redefreiheit auch, wenn verurteilte Straftäter frei herumlaufen oder erneut zur Tat schreiten.

»Identität«?, »Werte«?, »Zusammenhalt«? Fetische, die das Einmauern schreiender Widersprüche, Überlastungen und Selbstüberschätzung einer regierenden Klasse rechtfertigen sollen, kosten Bürgerfreiheit. Bürgerzorn kann zur gefährlichen Waffe werden, wenn so vieles unbewältigt, ungeklärt und uneingestanden herumliegt, dass keinem mehr angemessen geholfen werden kann. Den Alltag in Deutschland zu bewältigen kostet Freiheit von allen, den Deutschen und den Zugewanderten. Die Freiheit wird derweil zur Beute von Rechts- und Regelbrechern.

Ein Staat, der Gewalt nicht konsequent verfolgt, schränkt Freiheit ein. Was kann er stattdessen liefern? Kurz nach der Wiedervereinigung gab es eine Güterabwägung zwischen Freiheit und Sicherheit. Die DDR-Bürger, soeben befreit vom totalitären Regime, votierten auf die Frage »Was ist dir wichtiger, Freiheit oder Sicherheit?« mehrheitlich für Sicherheit. Die sicher im Westen Lebenden entschieden für Freiheit. Die Alternative zwischen beiden Werten ist inzwischen außer Kraft gesetzt. Während wir Freiheit verlieren, geht zugleich Sicherheit verloren. So erstaunlich das Westler-Votum pro Freiheit ist, das ja hieß: »Bitte noch mehr davon!«, weil man der Freiheit das Potenzial zutraute, auch Sicherheit nicht einfach wegzuschlucken, sondern womöglich gar zu produzieren, so enttäuschend konnte man nach dem Mauerfall die Verliererposition der Freiheit in den DDR-Köpfen und Herzen finden. Wurde hier eine Güterabwägung à la DDR-Regime zugrunde gelegt im Sinne von »Man kann nicht alles haben«? Nimm erst mal das Solide, die Sicherheit. Aus dieser gesicherten Position kannst du dann vielleicht später etwas für deine Freiheit tun. Die Neugier auf schlüssige Antworten zu dieser Enttäuschung für alle Liebhaber der demokratischen Freiheiten war 1989 offenbar gering. Kein Demoskop wollte es genauer wissen.

Die Freiheit in Merkel-Deutschland ist auch durch selbst gewählte politische Entscheidungen für die Überforderung aller Institutionen durch plötzliche Großprojekte der Kanzlerin unter Druck geraten. Solche Projekte sind die Verstaatlichung der Energiewirtschaft und die Einladung zur unkontrollierten Grenzüberschreitung nach Europa und innerhalb Europas, in aller Regel mit Idealziel Deutschland. Die sogenannte Eurorettung des Jahres 2011 hat den hoch verschuldeten osteuropäischen Ländern unter der bleiernen Währungsdecke Souveränitätsverluste gebracht, die für mehr als eine junge Generation in den per EU-Sanktionen »geretteten« Volkswirtschaften dramatische Bildungsverluste bedeuten. Ähnliche, nirgends dokumentierte

Freiheitsverluste treffen auch die nicht sprachkundigen Migranten, die halb erwachsen nicht mehr schulfähig, aber auch wegen fehlender Schulabschlüsse schwer vermittelbar sind und bei steigendem Lebensalter kaum noch Dauerstellungen mit ausreichendem Einkommen erreichen.

Risiko beherrschen: mit Sprachbaukasten

Willkommensdeutschland trägt auch für diese scheiternden Biografien Mitverantwortung, ohne sich dazu zu bekennen. Das Willkommensprojekt war ein Großunternehmen der Kanzlerin Merkel, und die Strafaktionen im Zuge der »Rettungsschirm«-Kommandos aus Brüssel trugen ebenfalls die Handschrift der deutschen Kanzlerin. Sie plädierte für Schmerzhaftigkeit bei der Lähmung der Selbstheilungskräfte der Griechen und Portugiesen: »Es muss wehtun«, sagte sie 2010 dem damaligen Premier Giorgos A. Papandreou in Athen.[11] Inzwischen gehört das unschätzbar entwicklungsfähige Hafengelände Piräus den Chinesen. Multilateralismus?

Die Freiheit, so hätte die totalitär vorgewarnte junge Angela M wissen können, als sie den Westen ihres Vaterlandes (laut Allensbach ein Wort, das man meiden sollte) enterte, die Freiheit ist ein flüchtiges Gut, wenn ihre Wächter nicht mehr wachsam sind. Das Projekt Merkel war auf Freiheit gerichtet, allerdings in ganz anderen Kategorien als jene, in denen Freiheit im Westen bis dahin gedacht und bewahrt wurde. Mit ihrem Amtsantritt, der nolens volens im vorgefundenen Parteiensystem des deutschen Westens stattfand, begann Merkels Umbau der politischen Wirklichkeit in Deutschland. Freiheit von Parteiprogrammen und Schleifung der Parteigrenzen wurden als »Modernisierung« der traditionellen Volksparteien in Angriff genommen. Das Parlament wurde Schritt für Schritt mit filetierten Entscheidungsausschnitten ruhiggestellt,[12] wo parlamentarische Befassung unumgänglich war. Auch die Lockerung der Rechtsbindung im politischen Alltag trug Merkels Handschrift: Es gelang überraschend reibungslos, den Mandatsgeber, den Souverän, im Autoritätsgehorsam der Vor-Merkel-Zeit abzuholen und an die Relativität aller Normen zu gewöhnen. Auf dieser Basis konnte die Kanzlerin ihren Anspruch, quasi über dem Gesetz zu stehen, weichgezeichnet durch schnell noch gebeugte Notstandsklauseln durchsetzen.[13] Ihre metademokratischen Sprengungen in beliebigen Rechtsbereichen waren damit abgeschirmt. Schwacher Kollegen-Widerstand wurde kaum öffentlich bekannt. Auch in der Europapolitik fielen die Fesseln der Rechtsordnung in Merkels Regierungszeit ohne Geräusch. Enigmatische Abkürzungen schützten die neu geschaffenen Geldschränke vor den kritischen Blicken der Staats- und Verfassungsrechtler. Die Rettung des Euro wurde für Merkels Auftritte mit einem Fassadenspruch gegen Angriffe symbolisch aufgeladen: »Scheitert der Euro, dann scheitert Europa.« Wahrheitsgehalt kein Thema. Die Wahrheitskönigin im Anti-Trump-Land denkt daran nicht zurück. Ihr Weg führte konsequent ins Freie. Dass Deutschland eher um sie werben müsse als umgekehrt, machte die Kanzlerin mit einem Satz klar, der ebenfalls an der Sache vorbeiging, aber als absurde Vision seine Funktion erfüllte: Die Protokollchefin im Willkommenspark droht mit Kündigung. Wer soll nun all die Gäste finanzieren und deren Tatendrang in die Schranken weisen, wenn der Schutzengel weggeflogen ist?

Wieder einmal erfuhr das Auditorium: Ohne Merkel tritt die Geschichte auf der Stelle. Merkel räumt auf, Merkel öffnet Türen und Fenster in eine »multilaterale« Welt. Alle mit allen, ohne Ansehen ideologischer Gegensätze.

Nicht erst seit der Harvard-Rede wissen wir: Für die Kanzlerin Merkel war ihr gesamtdeutsches Befreiungsprojekt nur Durchgangsstation in eine parteienfreie, übernationale und wertneutrale eigene Zukunft, die das gesamte Instrumentarium des demokratischen Zwischenhochs der westlichen Welt hinter sich lässt. Damit ist sie eine Trendleaderin für die mächtige digitale Lobby, die mit ihren Mitteln den Abschied von der Demokratie und deren Menschenbild bereits ins Werk gesetzt hat.

Die Datenkonzerne haben den Menschen der eben auslaufenden Epoche neu definiert, als sie begannen, ihn als Datenbündel zum Produkt unter Milliarden anderer Produkte auf den Weltmärkten zu machen. Angela Merkel hat ihr wertentleertes Konzept mit einer Maske aus Werthülsen mehrheitsfähig in den verunsicherten Gesellschaften des Übergangs gemacht. Ihr Befreiungsschlag für eine endlich eigene Karriere als Prophetin eines neuen Zeitalters wurde für sie zum überschwänglichen Finale ihrer Flucht aus Konsensprogrammen einer erodierenden Wirklichkeit im alten Europa. In Harvard feierte Merkel sich selbst. Der Subtext ihrer Rede lautet: ICH, MERKEL.

Merkels langer Fluchtweg in die persönliche Freiheit von Parteiprofilen und Wählerstimmen hat tiefe Spuren in Deutschland und Europa hinterlassen. Sie hat sich, in US-Manier gesprochen, den Weg freigeschossen. Für Merkels Flucht in die persönliche Freiheit wurden in Deutschland die Bürgerfreiheiten zusammengestrichen und die Tabuzäune hochgezogen. Merkels Botschaft an die Jugend – nicht Deutschlands, sondern halb Amerikas – galt der Fortsetzung ihres eigenen Projektes: Ändert alles. Lasst keinen Stein auf dem andern. Merkels finales Credo war ein Bekenntnis zur Vorläufigkeit aller Systeme, in denen Menschen ihre verwundbare Würde schützen. Die Maske war gefallen. Der Jubel gab der Rednerin recht: Das Publikum wählte die Maske.

Der illiberale Schock

Spiel nicht mit den Steinzeitkindern

Kaum war die Mauer weg, wuchs eine neue. Der Bauplan kam aus dem Kanzleramt. Eine neue Partei im Sperrgebiet rechts von der Union knackte schon mit ihrem Logo ein Tabu: Als gäbe es in Merkel-Deutschland Alternativen unter einer alternativlosen Kanzlerin, nannte sich die eurokritische Partei »Alternative für Deutschland«. Keine Kontakte!, lautete das Codewort für alle, die unter der Gnadensonne der Kanzlerin noch weiter dabei sein wollten.

Nicht nur in Deutschland meldete sich eine heimatlose Rechte zu Wort; der »illiberale Rückschlag«[14] zeichnet eine raue Spur durch ganz Europa. Auch die AfD reagierte, wie es mit Tabu belegte Gruppen tun, als wäre sie einer selffulfilling prophecy der urteilsstarken Kanzlerin verpflichtet, mit mehr ideologischem Nachschub aus der rechtsstehenden Gesinnungsreserve, nachdem die Währungsdiskussion der Gründer aus dem frisch hochgezogenen Ghetto heraus keine Gesprächspartner fand.

Dem unsterblichen lateinischen Sprichwort *initiis obsta*, »widerstehe am Anfang« folgend, verspielte das Regierungslager die Chance, im Frühstadium der neuen Partei zu nutzen, was die »Hausdemoskopen« der Kanzlerin als »Chance für die CDU« beschrieben: Da Merkel die »Mitte« besetzen wolle, sei eine Auslagerung rechter Positionen in eine Wettbewerberrolle die überzeugendste Maßnahme. Die Kanzlerin dagegen entschied für die Dämonisierung der Bewegung rechts von der CDU. Psychiatrisch gesprochen: für die AfD eine Einladung zur Radikalisierung. Entschlossen, den illiberalen Schock und seine Folgen am Tatort Deutschland ohne Klärungswillen fahrlässig zu vernachlässigen, handelte Merkel sich ein Versäumnis an ihrer Amtsverantwortung ein, das im Interesse des Parlamentarismus indiskutabel ist. Auch das Fehlen jeder Erkenntnissuche, um Geschichte zu verstehen, die man mitgestaltet, verblüfft.

Für beide Versäumnisse gibt es eine Erklärung: Der illiberale Rückschlag hat mehrere Flügel. Merkel gehört zum Personal jenes Flügels, der die Demokratie überwinden will. Also ist sie in Sachen AfD hochgradig befangen. Sie kann nicht die Demokratie gegen die AfD verteidigen. Das ist der Schlüssel für Merkels Handlungshemmung gegenüber der AfD. Oft wird nach dem Erbe der Kanzlerin gefragt: Die Schocksymptome eines evolutionären Salto mortale des europäischen Kulturerbes einfach einzuzäunen und dieses tabuisierte Gehege dem Parlament zuzuschieben, ist Führungsversagen einer Symbolpolitikerin.

Kapituliert die deutsche Kanzlerin vor den Ausreißern, die ihren Kurs nicht akzeptieren, weil sie keinen Gesamtplan erkennen? Dämonisierung von Außenseitern bleibt nie lange ein Privileg der Macht. Die Spaltung Europas, die mit der »Eurorettung« begann, kehrt in den Nationalstaaten wieder.

Außenseiter in Parteienstärke sammeln sich nur scheinbar hinter aktuellen Ärgernissen der Tagespolitik. Die meisten von diesen Flüchtlingen aus der unberechenbar gewordenen Politik glauben zwar zu wissen, warum sie sich neuen Sammlungsbewegungen zuwenden. Sie kennen aber die Ursache ihres Unbehagens, ihres Zorns, ihrer Angst nicht. Sie können deshalb an der Lösung des Spaltungsproblems nicht mitwirken. Umso bedrohlicher wirkt die Verweigerungshaltung der Politik: Deutschland und die EU unterschätzen die Sprengkraft des illiberalen Rückschlags.

Die Meinungsführer in Politik und Medien verschärfen zwar die Sprachwerkzeuge, mit denen sie das Auseinandertriften von Anhängern und Gegnern ihrer Performance einfangen wollen. So werden aus Rechten Rechtsextreme, aus Populisten Rechtspopulisten, damit die Einseitigkeit der Fixierung klar bleibt: Es geht aber um die Ränder, rechts wie links, an denen neuerdings die Staatsmacht in allen ihren Ausprägungen mit einer neuen Gewaltbereitschaft konfrontiert wird. Die Inflation der Begriffe, mit denen die politische Führung ihren Abstand von den Ausreißern und Provokateuren beweisen will, kann fehlendes Handeln nicht ersetzen.

Die Kanzlerin luxuriert in Widersprüchen: offene Grenzen draußen, aber drinnen lauter *closed shops*. Die Dose der Pandora Merkel wird wohl auch nach ihren finalen Runden um den Globus ungeöffnet bleiben. Auch die AfD ist für Merkel nur als *closed shop* eine sichere Bank. Die Alternativen sichern Merkels Positionsbestimmung. Gäbe es sie nicht, gegen wen könnte eine transformierte Metapolitik, über die man wenig weiß, sich profilieren? Die AfD liefert das Feindbild, das für eine dauerhafte Ächtung gewählter Abgeordneter unverzichtbar ist. So erstarrt die parlamentarische Demokratie in Tabuzonen, in denen Sitzung für Sitzung der Diskurs in Feindseligkeiten entgleist. Und keiner versteht die eigene Lage von ihrem Ursprung her.

Auch wenn die Kanzlerin schlummert, wie der *Economist* schon 2013 mit »The Sleepwalkers« titelt,[15] die Wissenschaft schläft nicht: Inzwischen können Rechtspopulisten und ihre Gegner etwas über ihre kulturelle, archaische Basis erfahren, und die Zukunftsagentin Angela, kühl bis ans Herz hinan, könnte beginnen, den illiberalen Rückschlag als eine todernste, vielleicht für das alte Europa sogar tödliche Botschaft zu begreifen. »Deutschland wird sich verändern«, ein Merkel-Satz, der an Schicksalsmächte delegiert, was Entscheider lostreten, mag unter Merkel-Deutschen so einschüchternd wirken, dass die stillen Revolutionäre, zu denen Merkel gehört, in Ruhe weiterarbeiten können: Parteien auflösen, Klima-Ideologie gewähren lassen, um beim Datensammeln ungestört zu bleiben.

Die Akteure des illiberalen Rückschlags delegieren die öffentliche Aufmerksamkeit an ideologische Brennpunkte, die für kollektiven Rausch so attraktiv sind, dass sich dort Mehrheiten sammeln: auf den Heimwehplattformen rechts von der Mitte. Auch der grüne Traum gehört zum illiberalen Rückschlag, ebenso wie die Undercover-Autokratie der deutschen Kanzlerin und die Weltreligion der Datenhändler. Für diese bunt gemischte *Fronde* zur Umwandlung Europas ist die Isolation der Neuen Rechten einstweilen unverzichtbar, weil das Flutlicht gegen rechts den Schlagschatten liefert, in dem eine Evolution des Menschenbildes gelingt, die immun macht gegen rechts und links.

Weil diese Diagnose stimmt, gehört das Gesetz des Handelns morgen denen, die heute begreifen, wer oder was die Flucht so vieler Europäer aus dem fahrenden Zukunftszug antreibt. Wer Flüchtlingen aus anderen Kulturen Zuflucht bieten möchte, sollte nicht selbst auf der Flucht aus der eigenen Kulturgeschichte sein. Dass Europa in den Merkel-Jahren nicht stärker, sondern schwächer geworden ist, hängt auch mit der Flucht der Gipfeleuropäer vor Durchblick zusammen: Warum unterhält die deutsche Regierung ein Ghetto für Andersdenkende, das inzwischen Parlamentszugang durch Wähler geltend machen kann? Warum fehlt den führenden Politikern in Deutschland der Erkenntnisdurst, der sie aus der Opferrolle im Sturm des Wandels befreien würde? Die Antwort ist leicht: Weil sie das Feindbild rechts für ihr Selbstbild brauchen. Zu wissen, warum wir vor Lösungen der wechselseitigen Dämonisierung ausweichen, wäre der Befreiungsschlag, der auch die Rettung der *Assets* unserer Kultur in Reichweite bringen kann. Der illiberale Angriff aus dem Inneren der Demokratie hat eine längere Vorgeschichte. Seit 2007 ist das demokratische Modell auf dem Rückzug. Das Carnegie-Institut in Stockholm sieht die demokratische Substanz in Europa aktuell auf den Stand von 1978 zurückgefallen, als der kalte Krieg die Feindbilder lieferte. In Mittel- und Osteuropa schwand die Attraktivität des demokratischen Modells im Takt der Regulierungserfahrungen bei der EU-*Rettungs*aktion für die starre Währung. Aus Mitspielern eines Befreiungsschlages aus der Umklammerung durch den Großen Bruder wurde eine neue Opferrolle im autokratischen Zugriff der EU. Die deutsche Kanzlerin plädierte für Härte gegenüber den traumatisierten Bewohnern jener Ostblock-Satelliten, deren repressives Lebensklima sie ein halbes Leben lang geteilt hatte.

Die Rettung der Demokratie steht aber auch nicht auf Merkels *hidden agenda*. Warum, so mag sie gedacht haben, sollte sie Aussteigerländern helfen, die Demokratie zu retten? Ihr Ziel lag ja jenseits der herrschenden Verhältnisse, und ihr Job war die Arrondierung eines autokratisch zu regierenden Reiches, der Europäischen Union. Das ergab Kollateralschäden beim Integrieren von ost- und mitteleuropäischen Ländern. Nochmals wird deutlich: Merkel ist Akteurin in der sehr verteilt agierenden Crew für den evolutionären Befreiungsschlag, einer Crew, deren Teampartner das gemeinsame Werk aus je eigener Perspektive sehen und nur ausschnitthaft verstehen. Warum aber verhärten sich die Fronten zwischen Mitspielern und Gegenspielern eines radikalen Kurswechsels weltweit im Zuge dieses gravierenden Wandlungsauftrags für unsere Erde, den sich *homo sapiens* und *homo digitalis* gemeinsam vornehmen?

Closed shops mit Lagerkoller

Die Camps der Neuen Rechten sind nur das Symptom. Sie reden, wie Symptome reden: in Unkenntnis über das Krankheitsbild, für das sie Therapeut sein wollen, nicht ahnend, dass sie, wie die etablierten Gegner in gleicher Lage, einen Therapeuten brauchen. Was beide Seiten verbindet, ist der Lagerkoller.

Also wird es Zeit, dem Virus auf die Spur zu kommen. Zuerst trennen wir uns von den falschen Medikamenten und trügerischen Diagnosen. Populismus ist eine Diagnose, die beides leisten soll: Täter einfangen und die Ankläger auf die richtige – nicht die rechte! – Seite stellen.

In der Geburtsstunde dieses Schmähwortes ging es um die Herrschaft über eine latente Kränkung der herrschenden Klasse: Die Sammlungsbewegungen in europäischen und anderen Regionen wurden und werden von der Ausstrahlung einzelner Agitatoren zusammengehalten. »Zusammenhalt« ist nicht zufällig das Zauberwort der deutschen Kanzlerin, eine Beschwörungsformel, auf deren Inhaltsangabe wir noch warten. Denn was Menschen zusammenhält, spielt schon eine Rolle, wenn man möchte, dass sie wiederkommen.

Statt neugierig zuzuhören, welches Führungsgen die Anführer rechts neben der offiziellen Spur so mächtig machte, versuchte die Lobby der Machtbesitzer es zunächst mit einer Sofortmaßnahme: Herabsetzung der faszinierenden Verkünder neuer Botschaften durch ein erniedrigendes Etikett. Populisten sind Spielverderber, die den Etablierten die Show stehlen, so die elementare Kränkung. Also wurde der Verdächtigungsturbo angeworfen. Populisten sind gefährlich, weiß inzwischen jedes Kind. Sie geben einfache Antworten. »Wie schön! Endlich!«, möchte der fremde Zugereiste sagen. Er wird schnell eines Besseren belehrt: Stopp! Tabubegriff! Du musst Böses denken, wenn dieser Begriff irgendwo auftaucht: Populisten. Die mächtigsten Veränderer profitieren von dieser Fokussierung der Debatte. Sie arbeiten geräuschlos, wie Merkel, am Sieg eines neuen Menschenbildes für die digitale Welt der Zukunft. Mark Zuckerberg ist kein Populist, sein Imperium ist durch Handeln, nicht durch Reden entstanden. Staatsführer wie Angela Merkel trainieren die *brainware* für das zukünftige Weltreich ohne moralische Querschläge und ethische Gewissensbisse. Die Neue Rechte arbeitet im Rettungsbusiness an der Verlustbilanz.

Und tatsächlich sprachen auch die Sammler von Sympathien, die nun im Populistenghetto kaserniert sind, nicht einfach von der Therapie, die sie empfehlen, sondern eher so wie der Blinde von der Farbe. Sonst würden sie den gespaltenen Gesellschaften des verklagten westlichen Geschäftsmodells sagen: Was uns verbindet, ist der schwankende Boden unter unseren Füßen. Er schwankt, seit wir immer mehr von dem gewohnten Halt verlieren, der von kollektiven Spendern der Selbstgewissheit ausgeht; die Forscher nennen diese Selbstgewissheit »Identität«. Immer mehr von den Stiftern kollektiver Identität – Wer bin ich? Woher komme ich? Wer schützt mich? Welche Versprechen gelten? – verlassen uns. In einer sozialen Klasse zu leben, einer Kirche anzugehören, eine Staatsangehörigkeit zu besitzen, das alles spendet kollektive Identität.

Seit keiner von diesen Identitätsmarkern mehr störungsfrei zu haben ist, stoßen wagemutige Menschen in neue Räume vor, die andere, neue, unverbrauchte Identitätsmarker[16] anbieten. Wer charismatisch über diese Alternativen zum erodierenden Vertrauten zu uns redet, dem würden die meisten von uns erwartungsvoll zuhören. In Deutschland fehlt dieser Typus des Evolutions-Botschafters. Gemeinsam erkennen, was los und nicht mehr zu halten ist, die rettenden Räume im illiberalen Rückschlag eben nicht zumauern, sondern zur Erkundung freigeben, diese Gelassenheit fehlt in einem Land, das sich angewöhnt hat, den Tabuverordnungen aus der politischen Führungsetage zu folgen und, schlimmer noch, nicht einmal mehr zu denken, was man ja doch nicht sagen darf. Vereinfacher nutzen die Gunst einer Stunde, in der das Spaltungsdenken die Radikalisierung aller Lager vorantreibt.

Neue Identitätsmarker zu zeigen, das wäre der Auftrag der Stunde für alle Forscher und Denker, die den erschrockenen *homo sapiens* auf der Rüttelstrecke des Testgeländes für eine neue Epoche nicht als Objekt im Datenhandel, sondern als stolzes Subjekt einer neuen Selbstbestimmung sehen. Was ihn ängstigt und auszeichnet, ist seine Verwundbarkeit. Was ihn zum Sieger der Evolution gemacht hat, ist seine Weigerung, inkompatible Wünsche aufzugeben. Was ihn unschlagbar macht, ist die Entschlossenheit, sich diese Wünsche immer wieder zu erfüllen: den Aufbruch ins Ungewisse – und die Suche nach Geborgenheit. Kein Evolutionsschub wird uns diese Identity des Siegers wegschlagen. Das gilt auch für den laufenden Evolutionstrip in den digitalen Überwachungskapitalismus. Was die Forscher Identity Marker nennen, ist das *survival kit*, mit dem wir erfolgreich bleiben werden, weil es Ratio und Emotion zum wechselseitigen Beistand verbindet: Steinzeit und Neuzeit kooperieren, um das gewonnene Terrain bewohnbar zu machen.

Neue Identitätsstifter können eben nicht für jedermann surreale Räume sein, die wir nie betreten werden. Wagenburgen im virtuellen Raum, Finanzströme oder die Weltmeere der Datenkonzerne, Milliarden Menschen leben bereits mit einer oder mehreren virtuellen Identitäten. Sie schließen Freundschaften mit »Usern« wie sie selbst, die sie nie als Wesen aus Fleisch und Blut sehen werden. Sie haben Macht, sie führen ein Gefolge.

Und sie werden selbst geführt von den Topmanagern ihrer virtuellen Heimat; Onlinequartieren, deren Adresse sie mit Millionen anderer Nutzer teilen. Aber auch diese Mehrfach-Existenzen wenden sich im realen Leben neuen Helden zu, die ihnen mehr versprechen als den Überwachungskapitalismus, den die totalitären Paten aus Fernost mit Menschen erproben, deren Gehirne für die Unterwerfung trainiert wurden.

In Europa beschleunigt die Spaltung die Erosion bewährter Identitäten. Das Versiegen dieser Quellen von Selbstvertrauen wird wie ein Naturereignis kommentiert, und niemand sucht Schuldige – bis auf die Ausreißer, die jemanden stellen möchten, der oder die schuld ist am Verlust des schwankungsfreien Bodens. Niemand ruft nach Herolden des Neuen, und keiner verlangt ein Geständnis von den heimlichen Revolutionären, denen diese Zerstörung von Grundvertrauen nützt. Dass die traditionellen Identitäten von Familie, Kirche, Nachbarschaft und Freunden, Region und Vaterland durch eigene Achtlosigkeit einfach unterwegs ins digitale Gelobte Land verloren gingen, will niemand glauben. Die Zornigen finden Verbündete, die ihren Leidensdruck teilen möchten. Wer sie jetzt isoliert, verliert sie für lange Zeit. In Parteistärke parlamentarisch Zeichen zu setzen, gelingt in einem Klima der Befangenheit nicht. Und die Frage nach neuen Identitätsmarkern interessiert niemanden im gespaltenen Land.

Wer Populisten überholen will, der muss sie übertreffen

Der illiberale Rückschlag wird gespeist von jungen Parteien, die auf dem Revival der verblassenden Identitätsstifter bestehen. Nicht einmal den Verlustschmerz wagt die Mainstream-Community auf dem Mehrheitsufer einzugestehen, weil die politische Führung Tabuschilder aufstellt.

In den Gesellschaften des Westens zeichnet der illiberale Rückschlag eine verhängnisvolle Spur, weil es für die führenden Gruppen des ablaufenden Geschichtskapitels um den Raub von Lebenssinn geht. Das Tempo der kulturellen Umbrüche überfordert die verdienten Eliten und begünstigt den Aufstieg populistisch dynamisierter neuer Parteien. Die Agitatoren dieser neuen Mitspieler im populistischen Machtpoker plädieren für überkommene Werte und arbeiten als Provokateure am Verfall der parlamentarischen Sitten. Die politischen Neulinge bewirken also ein Paradox. Als Anwälte des Bewährten beschleunigen sie den Verfall des Wertekanons der politischen Praxis in der Spur jener Eliten, die zu stürzen sie angetreten sind.

Die populistische Szene der westlichen Nationen sieht sich als Raubtierjäger oder zumindest als Löwenbändiger. Aber wie weckt man nebenbei und ungewollt ein paar schlafende Hunde? Es sind die Wachhunde der von digitalen Überfliegern besetzten »alten Welt«, die noch anschlagen, wenn der Wind dreht und die Rituale des Alltags in die digital überformte *brainware* einspielen, bis Emotionenwogen das fit getrimmte Gehirn mit letzten Gewissheiten überfluten: Identitätsmarker sind längst in unserer *brainware* verankert. Wer sie killen will, wird mehrere Leben brauchen; das eine, das ihm gehört, hat seine Identitätsmarker längst in seinen Genen eingeschrieben für die nächste Generation.

Emotionale Kompetenz für die Politik wäre also das Mittel der Wahl, wenn die Politik nicht weiter Menschen verlieren will, die im populistischen Dauergewitter auch nicht glücklicher werden. Der Powermix von Ratio und Emotion empfiehlt sich aber auch, um auf der immer höher steigenden Welle emotionaler und antirationaler Politikangebote von den Rändern des politischen Spektrums, bei Grünen und AfD mitzusurfen, um dort Wähler via Emotion zurückzugewinnen. Die Europawahl lieferte abgeschwächt, was in Deutschland den Umfang neuer Volksparteien erreicht: Grüne und AfD wetteifern mit emotionsgesättigten Angeboten um gefühlsstarke Wähler. Die traditionellen Parteien verblassen in den Gefühlsstürmen, die schon in der Themenwahl garantiert sind:»Klimapolitik«, wie sie die Grünen in Deutschland vertreten, ist eine Mischung von Drohgebärden, Verbotsversprechen und Zukunftsträumen, die als Erfolgsgarantien verkauft werden. Der grüne Rausch hat die Vernunft in Geiselhaft genommen. Die Wirtschaft schweigt, und die Klimakanzlerin ist im grauen Rauch der Sage weggetaucht, ein ferner Schatten.

Wer die Populisten überholen will, muss sie übertreffen. Er muss sie mit ihren Waffen schlagen, und die schärfste Waffe sind die einfachen Antworten. Die Regierung hat sich bei allen komplexen Problemen anders entschieden: Merkel-Deutschlands politische Führung gibt keine Antworten auf komplexe Fragen. Und die Bürger spielen mit. So lange, bis die gefühlsgeladenen Fragen von gefühlsmächtigen Antworten erledigt werden. Die Kanzlerin selbst scheint in diesen anspruchsvollsten Teil ihrer Amtspflichten nicht mehr einsteigen zu wollen: einfache Antworten auf sehr reale Fragen zum Identitätsverlust zu geben.

Da sie zum inneren Zirkel der Veränderer gehört, hat sie den Identitätsverlust als Kollateralschaden längst auf ihrer Rechnung. Darum hält sie sich immer mehr raus: Sie arbeitet nur noch an den globalen Systemen. Für die Menschen kann sie nichts mehr tun. Solange beides auseinanderfällt, der Verlustschmerz der Menschen und der Fortschritt der Maschinen, wird sich die Woge der falschen Antworten nicht an neuen Ufern brechen. Antworten aber überhaupt schuldig zu bleiben, Tatorte endgültig zu verlassen, an denen man trendkonformen Leichtsinn in Gang gesetzt hat, im Namen ferner Tsunamis und vorwärtsdrängender Migranten, wiegt das weniger schwer als populistische Verharmlosung von Großproblemen? War es nicht ganz einfach Populismus mit anderen Mitteln, der Angela Merkel bewogen hat, hybride und fahrlässig am Wohl der Menschen vorbei Karrieredeals zu machen?

Ideologie – Das wahre Talent der Deutschen

Fakten verstimmen. Ideen verbinden

Die Ära Merkel ist kein politisches Kapitel. Merkel und Deutschland, das ist ein bleischweres Kapitel Ideologiegeschichte. Nur Politik und Wirtschaft, gewürzt mit etwas Kultur, das machen die Deutschen nicht lange mit. Sie wollen Ideengeschichte schreiben, sie brauchen Helden, die zu Hauptrollen bereit sind, und sie verzichten auf eine Message und eine Story, wenn das Heldenprofil originell genug ist, um auch international den Ruf von Deutschland als Musterland, gleichviel wofür, zu festigen. Mit Merkel beginnt in Deutschland eine Transformation von Politik in ein »on the Job«-Training der neuen Chefin.

Die neue Linie ist unverkennbar, wenn man unbefangen hinschaut. Wer aber war dazu überhaupt in der Lage nach dem Sturz des letzten Kanzlers der Alten Welt, und angesichts der exotischen »Moderne«, die das Mädchen aus Mangelland ins Wohlstandszentrum Westdeutschland trug? Die neue Agenda, so spürte man dennoch bald, ging an die Substanz. Was ihren Vorgängern im höchsten Staatsamt von Ulbricht bis Honecker nicht gelungen war, das gelang Merkel im Handumdrehen und gleich für beide deutsche Staaten, die jetzt im Package Geschichte machen sollten, DDR und BRD.

Ziemlich schnell wurde auch klar, dass mit Angela, der engelgleichen, die quasi über Nacht zum Superstar des Yellow Business der Medienhäuser wurde, ein nie gesehener Typus der Superheldenklasse auf die Weltbühne trat, dessen Aura in fast allen Punkten gegen den gnadenlosen Kodex für Medienmacht verstieß. In Merkel, so die philosophische Conclusio der absurden Lernkurve der Magazine und ihres Katalogs der Star-Profile, wurde der Heldentypus durchsetzbar, der noch Monate vor ihrem Auftauchen nur Gelächter oder Anteilnahme ausgelöst hätte. Was war da los? Wer steuerte den Steilflug einer Madonna, von der es nicht einmal kluge Statements gab?

Angela vom anderen Stern. Merkel, der Superstar, der alle Starklischees überwand. Die absurde Karriere einer hoffnungslos überschätzten Dilettantin, die aus jedem Handicap einen Glamourfaktor machte. Ihr Spitzenplatz in US-Rankings der Topmagazine wurde zum Abonnement über Jahre. Ihre Rechtsverstöße mehrten ihren Ruhm. Jeder ihrer spektakulären Regelbrüche wurde unter Merkels Deutungsanweisung zum humanitären, ökologischen oder friedensstiftenden Sieg erklärt. Das Talent der Laien-Politikerin führte sie im politischen globalen Business auf den idealen Platz: zur Symbolpolitik.

Die Ideologiegeschichte der Bundesrepublik Deutschland unter der Kanzlerin Merkel umfasst mehr als ein Jahrzehnt Symbolpolitik. Wer in diesem Fach virtuos agiert, fährt Weltruhm ein, der in Risikozonen der Politik nicht zu haben ist. Merkel wurde zum gern gesehenen Gipfelgast schon wegen ihrer vermittelnden Sprachbausteine, die sie immer routinierter einzusetzen lernte. Ihr Kriterium für eine Karriere ohne Aussetzer hat die Kanzlerin relativ früh mitgeteilt: Nichts versprechen, um nicht erpressbar zu werden. Nullsummensätze *en masse* auf Reisen mitnehmen. Mehrdeutig bleiben. Und vor allem: wiederkommen. Öfter als alle anderen an Konferenzen, Symposien und Gipfeln teilnehmen. Und, schon im Startkapitel ihrer Laufbahn von ihr selbst formuliert: So lange bleiben wie die Letzten, auch wenn es spät wird. Ihre Begründung: Wenn ich früher gehe, reden die andern über mich. – Wirklich? Der Merkel-Clan war eigentlich recht bald so organisiert, dass jeder vor jedem und immer auf der Hut war. Merkels Sonderrolle in der Machtgeschichte von Europa ist nicht wegen ihres politischen Einflusses, der schwer einzuschätzen ist, unbestritten. Ihre Sonderstellung hat mit der Exotik ihrer vermuteten Eignung für höchste Ämter zu tun und mit dem hohen Anteil an destruktiven Aktionen, die den Rahmen ihres Amtseides sprengten und die rechtsstaatlichen Normen, die für alle Demokraten gelten, immer wieder missachteten. Dennoch bleiben die Erklärungen unvollständig, wenn wir das ideologisch hochexplosive Deutschland betrachten, das unter Merkels Regierungsverantwortung – oder trotz Merkel, oder einfach nur zeitgleich mit Merkel? – entstanden ist. Wir müssen diese Fragen beantworten, um mit Deutschland wieder auf einen einvernehmlichen Kurs zu kommen – oder nicht?

Man kann die These wagen, dass Deutschland unter der Regierung Merkel schwer erkrankt ist. Alle Ärzte, Diagnostiker und Therapeuten sind mit erkrankt. Die Merkel-Phase ist ein ideologisch geladenes Kapitel, das dem deutschen Talent für ideologische Irrflüge zwei Alternativen bietet: ein nationales Revival der eben erst kollabierten Polarisierung zweier Blöcke oder einen Sturzflug in die Selbsterkenntnis: Wer sind wir? Was wollen wir von dieser Kanzlerin, die aus der Welt der Blöcke kommt? Zuerst aber: Wer ist sie? Merkel ist der Versuch der Deutschen, ihre eigene Ideologie-Anfälligkeit durch ein Schutzprofil aus dem gegnerischen System in Schach zu halten. Dabei übersehen wir, dass Merkel selbst aus einer ideologischen Schulung kam, die links lag. Schon in der DDR herrschte ein Denk- und Redecode gegen rechts.

M ist die Droge

Merkel lieferte ein Verwirrspiel: Sie schob die CDU nach links, eine Richtung, die sie aus der DDR kannte, und eröffnete die Denkschule »gegen rechts«. Und »rechts« rüstet auf. Wer die deutsche Kardinalversuchung der Ideologisierung durch die soft-linke Merkel heilen wollte, musste bald erkennen: Mit der Retterin Merkel kommt ein ideologisches Carepaket vom Feinsten. Merkels Trend-Leadership beim Antirechtstrip der deutschen Gesellschaft ist der Auftakt zur inneren Spaltung – kurz nachdem die globale Spaltung überwunden scheint. Ist die innere Spaltung der Preis, den die Deutschen für ihre Ideologieanfälligkeit zahlen?

Merkels Spaltungspackage ist, wie alle Kernbotschaften, verschlüsselt. Ihre *life attitude*, wie das die Briten nennen würden, ist tatsächlich die einer Schlafwandlerin, die am liebsten schweigend über die Dächer wandern würde, wenn die Deutschen schlafen.

Warum der Aufstand gegen eine Sleepwalkerin, die ihre Schutzbefohlenen derart in Ruhe lässt wie keiner ihrer Vorgänger? Noch ehe Merkel ihr Kontrastprogramm, die Sprengsätze in Eigenregie jenseits aller demokratischen Usancen und Gebote, gestartet hatte, kam Unversöhnlichkeit auf: Wenn sie eine Revolutionärin war, warum dann so leise? Der Ideologiehunger der Deutschen verlangte nach Bekenntnissen, um den Feind zu erkennen, der im Tarnkleid der Schweigsamkeit schwer lesbare Zeichen setzte: Statements zwischen Gleichgültigkeit und schläfriger Auskunftsverweigerung mit neuen Abwehrformeln wie »alternativlos« schürten ein Debattenfieber, das in Irritation und Frust explosiv an den Rändern des politischen Spektrums weiterköchelte.

Merkel polarisiert, meinen Journalisten. Sie spaltet, fühlen

Traditionalisten. Sie verweigert Erklärungen zu ihren Zielen, klagen die Wähler. Rechts sammelten sich die selbstbewussten alarmierten Bürger. Sehr bald wurde Merkels internes Gebot bekannt: Zaun um die Rechten. Kontaktverbote. Egal, wie sie sich selber nennen, sie werden *in toto* als rechtsextrem verdächtig anzusehen sein. Das Ghetto steht. Es wurde wahlergebnisbedingt in den Bundestag verlegt. Beide Seiten tun alles, um die Spaltung zu verfestigen.

Ideologie als Lebenselixier, das ist der Suchtfaktor, der beide Fronten verbindet. Deutschland verpulvert Kräfte im Pro- und Anti-Merkel-Krieg. Deutschland erschöpft seine besten Kräfte im ideologischen Grabenkrieg um die beachtliche Verlustbilanz einer Kanzlerin, die den Zugangscode zu ihrer Agenda fast anderthalb Jahrzehnte beharrlich verweigert hat. Was von Wahl zu Wahl immer weniger nach »Mehrheit« und »Regierungsauftrag« aussah, verlängerte die Laufzeit des schwer deutbaren Deals zwischen den Deutschen und ihrer Kanzlerin. »Wenn alle wählen, was keiner will«, dann helfen nur psychiatrische Kategorien weiter. Es handelt sich um eine wechselseitige Abhängigkeit, und die fast amüsante Frage drängt sich auf: Wer ist hier der Junkie, und wer ist die Droge? Oder realistischer: Welche Droge liefert Angela Merkel den Deutschen, dass diese sich nicht von ihr trennen wollen?

Unter den Vitaminen für Beziehungsmanagement gibt es eins, das das oft zitierte Ferment »Vertrauen« übertrifft, und mit diesem Vitamin für stabile Beziehungen arbeitet Angela Merkel, seit wir sie kennen: Die Wirkungsmacht von Vertrauen wird in Machtbeziehungen übertroffen von der Wunderdroge »Gewöhnung«: Wenn Merkel einen ihrer Sprengsätze an den Wurzeln des Verfassungsstaates zündet, dann kann sie sicher sein, dass die *brainware* »Gewöhnung« bei den erschrockenen Bürgern sofort für eine ergebene Akzeptanz sorgen wird, weil der Hintergrund stimmt. Diesen Hintergrund liefert Angela Merkel tagtäglich mit ihren Nullsummensätzen, die alle zum Slogan »Alles in Ordnung, Sie kennen mich« im Wählerhirn zusammenfließen. Gewöhnung schlägt Vertrauen: Das ist ein Beispiel aus dem Logbuch der Tankerkommandantin Angela, wie man die Werte der Ewiggestrigen austauscht gegen ein obercooles Alphabet der digitalen Junkies. Denn »Gewöhnung« ist auch ein Neuwert aus der Welt der Abhängigen, die an ihre Lieferanten gebunden bleiben, weil die Dosis ihrer Droge steigen muss. In der Dealersprache ist das Suchtverhalten der Wähler, die von ihrer Lieferantin nicht lassen können, auch deshalb unschlagbar, weil das tägliche Bekenntnis aller Süchtigen einen Wortlaut hat, den die Merkel-Wähler ebenfalls einsetzen, wenn ein Merkel-Kritiker sie nach der Chefbeziehung fragt: »Ich könnte jederzeit aufhören. Eigentlich stehe ich schon lange nicht mehr auf diesen Dealer – sorry: zu dieser Politikerin.«

Die Dosis steigern

Vielleicht sind wir mit dem Phänomen der »Gewöhnung« auf der richtigen Spur: Gewöhnung an Drogen. Die Droge M ist die Droge, von der fast anderthalb Jahrzehnte eine Wählermehrheit nicht lassen konnte. Im Rausch der Droge M begann die Traumatherapie, immerhin ein Versuch: Das »gute Deutschland« wurde geboren. Nicht mehr der Killerstaat, sondern die humanitäre Supermacht, der Willkommenscoach, beliebt wie die Kanzlerin Merkel. Die Droge M, so der schöne Traum, könnte das deutsche Trauma in Luft auflösen. Dass es die Luft der Symbolpolitik war, in der die Reputation der Kaiserin von Europa auf ihre Anhänger überging, stellt sich erst später heraus. Aber die Gewöhnung an die Droge ließ einen radikalen Schwenk schon längst nicht mehr zu.

Merkel und ihre Anhänger sind verbunden in dieser schillernden Mehrdeutigkeit, und die kasernierten aktiven Merkel-Feinde haben noch ein größeres Problem: Sie stehen für die psychologisch erhärtete Tatsache der Aggressionsforschung, dass Menschen sich am liebsten über Feinde definieren. Menschen wollen Feindbilder, um ihre eigene Position verteidigungswürdig zu finden. Unter einer Bundeskanzlerin Merkel, die weltweit zu Potentaten reist, guten und bösen, ohne diese Gastgeber, die auch ihre Gäste waren und sein werden, als Freunde oder Feinde zu bezeichnen, fällt eine Welt in Scherben, die noch erlaubt hat zu sagen: Hier will ich sein. Diese Menschen sind meine Freunde. Mit ihnen gemeinsam verteidige ich unser Revier. Wir können uns aufeinander verlassen. Wir schützen unsere Grenzen, um Aggressoren abzuweisen.

Die Kanzlerin Merkel verweigert ihren Schutzbefohlenen, den Wählern, Feindbilder. Sie steigert diese Weigerung auch durch eine kaum zustimmungsverdächtige Zurückhaltung in Sachen Menschenrechte, wenn sie Despoten aufsucht, die es damit nicht so genau nehmen. Sie schont die Feinde der Werteordnung, in der wir gemeinsam leben. Merkel schont die Menschenrechtsverletzer auch dann, wenn deutsche Bürger unter deren Opfern der Rechtsstaatsverachtung sind. Dass deutsche Bürger und Kollegen in der Politik diesen latenten Verrat am gemeinsamen Bekenntnis zu Verfassungsrechten tolerieren, beruht auf Gewöhnung. So ist M nun mal, ein bisschen gleichgültig beim kostbarsten Versprechen unserer Verfassung an uns: »Die Menschenwürde ist unantastbar.« Wer die antastet, wer sie grob verwundet, wer sie mit Füßen tritt, kann mit einem freundlichen Verleugnungsvorschuss bei der Besucherin und Gastgeberin Merkel rechnen. Nein, das fällt nicht unter Symbolpolitik, eine Kernkompetenz von Angela Merkel.

Die Kanzlerin hat nicht grundsätzlich etwas gegen Feindbilder. Sie zeigt auf den Feind im eigenen Haus: Sie zäunt ihn ein, sie erteilt Kontaktverbote. Sie ächtet. Und die Geächteten zahlen mit gleicher Münze: Die Kanzlerin, so ihre Weltsicht, ist der Feind im Haus. Merkel hat früh riskiert, dass die Konfrontation mit der AfD unheilbar wurde. Keine Versöhnung in Merkel-Deutschland. Politikversagen. Hier fängt der Aufstand an. Dass sie die Feinde auf der Linken, längst eingemeindete Sparringspartner, nicht wahrnimmt, ist ein Kindheitsreflex: Die ganze Republik, in der sie aufwuchs, war links. Alle Institutionen waren links, die Einheitspartei war links, und Merkel war links. Wer nicht links war, hatte es schwerer. Der DDR-Staat war strikt gegen rechts. Insoweit war Merkels *brainware* passend vorsortiert: Rechts ist, wo der Feind steht. Der Feind steht rechts. Wer gegen Merkels Regierung antritt, ist rechts. Verdachtsmanagement ist willkommen: Wer sehr rechts steht, könnte rechtsextrem genannt werden. Lieber ein paar zu viel verdächtigen und medial abschalten, als einen übersehen. Trotz dieser Pauschalkonzepte blieb Merkel international der Humanitasstar. Nicht weil man ihrer Flüchtlingspolitik vertraute, sondern weil sie den Nachbarn so viele Flüchtlinge abnahm.

Der Feind steht rechts

In der Merkel-Zeit begann etwas, das eigentlich nicht ins System gehörte – bis dahin: Kanzlerin-Kritiker wurden abgeschaltet. Meinungsfreiheit war von da an nur denen vorbehalten, die niemand hörte. Für ehemalige Westdeutsche war die Flüsterkultur der Merkel-Nichtversteher etwas Neues. Für die Kanzlerin war die Stummschaltung von Gegnern vielleicht ein legitimes Werkzeug zur Vereinheitlichung der Machtstrukturen: Warum sollen Gegner das begonnene Werk der gewählten Staatschefin mit Zwischenrufen zum Schillern bringen? »Law and order«, so hätte die Regierungszentrale argumentieren können, sicherten doch wohl auch die Entstörung des Regierungshandelns, wenn Gegenrede die Bürger zu verunsichern drohte? Seit die intelligentesten und kreativsten Kritiker eine Online-Community bilden, reden die oberirdisch Herrschenden häufiger über Meinungsfreiheit. Das wird von Tag zu Tag weniger riskant, weil die wirksamste Droge nicht entschärft werden kann: die Gewöhnung. Merkel-Klima macht Denk- und Sprechverbote zur *brainware* aller, die stressfrei »dazugehören« möchten. *Tempora mutantur*, sagt ein unbekannter Bildungsbürger in einem Kaffeehaus in Berlin, und eine Unbekannte unter den Gästen vervollständigt den wunderbaren Hexameter: *et nos mutamur in illis.*[17] Der eine geht, die andere bleibt, sie kannten einander nicht. Was sie austauschten, war ein metrisch geordneter Vers aus der Antike, der mühelos die Jahrtausende überflogen hat, um überall im Alten Europa zu landen: »Die Zeiten ändern sich, und wir ändern uns in ihnen.« Es hätte Merkels Wahlspruch werden können, wenn man ihr das vorschlagen würde. Genau davon geht ihre *laisser-faire*-Politik aus: Laufen lassen, was man nicht halten kann; beschwichtigen, wo Leute meinen, man könne etwas bewahren oder ändern, um die größten Verluste zu verhindern.

Merkels Politikentwurf scheint diesem Prinzip des fließenden Mainstreams zu folgen: Alles ist vorläufig. Feinde von heute können die Freunde von morgen sein. Falsch und richtig tauschen im Zeitverlauf oft die Plätze, so ihre Erfahrung. Was gestern falsch war, könnte morgen die Lösung der Wahl sein. Was heute richtig scheint, könnte morgen ein Fehler sein. Merkels wolkige Statements, wenn alle Beobachter auf klare Sicht warten, dienen dem naturwissenschaftlichen Ziel, »nicht falsifiziert« zu werden, wenn die Lage oder auch nur die Stimmung der andern sich ändert.

Diesem Machterhaltungsprinzip opfert sie auch politische Ziele, die sie eigentlich durchsetzen wollte, sobald sie erkennt, dass kein Zustimmungsklima erreicht werden kann. Deshalb geschieht nichts im Verteidigungshaushalt oder beim inzwischen strittigen Parlamentsvorbehalt für bewaffnete Einsätze der Bundeswehr. Die Kanzlerin macht also Kompromisse, die für den Wähler nicht als solche lesbar sind. Sie hält sich raus, wo nichts geht, auch wenn es dringend gehen müsste.

Die Erfinderin der Willkommenskultur wie der »Energiewende« hat längst ihre Blickrichtung geändert. *Tempora mutantur?* Soft-Politmanagement sieht anders aus. Dennoch gelingt es der deutschen Kanzlerin, ihr Image als sanfte Überfliegerin im gnadenlosen Wettbewerb der globalen Politelite immer dominant zu halten, selbst beim langsam verdampfenden Respekt vor ihrer Position als ein Weltwunder der Konsenspolitik rund um den Globus. Merkel ist überzeugt: Reale Präsenz ist das Entscheidende. Ja, die reale Anwesenheit bei allen Konferenzen, häufige Besuche bei allen gleichzeitig Mächtigen, ganz im Sinne der Wendezeit-Fitness, die Merkel vielen Staatschefs voraus hat. Diese Unvermeidlichkeit von Merkel-Präsenz für alle ähnlich Beschäftigten im politischen Weltmanagement macht Handlungsstärke überflüssig. Deklarationen zuzustimmen, wenn sie vorliegen, das reicht immer. Beim Entwurf Berge versetzender Entscheidungen auch der EU die Hand zu führen, ohne in der Folgenverantwortung jemals anzukommen, das ist ein entscheidendes Talent von Angela Merkel, der »bescheidensten« Toppolitikerin der Welt. Da sie von Freund-Feind-Unterscheidungen nicht viel hält, zögert sie auch nicht, dem Diktator im internationalen Geschäft von nebenan das Papier zu einem bahnbrechend gedachten, später dann nachlässig gemachten Flüchtlingsdeal auf den Brüsseler Konferenztisch zu schieben, obwohl die Initiative eigentlich der Gegenseite gehörte.[18] Der Deal war Macht erhaltend, weil er die Umlenkung großer Migrantenzahlen an Deutschland vorbei garantieren sollte. Der neugeborene Diktator Erdoğan, türkischer Staatschef, schaute auf die Zahlenkolonne bei Euro, nicht bei Menschen, und sagte Ja. Der Türkeideal ist im Machtpoker für Merkel ein Handlungstreiber. Ansonsten reicht Omnipräsenz, das zentrale Motiv ihrer Amtsführung. Die deutsche Kanzlerin hat ihrem Amt im Laufe der Gewöhnungsjahre ihrer Anhänger zunehmend autokratische Züge verliehen. Sie regiert weitgehend am Parlament vorbei und hat das Profil ihrer Karriere-Basis, der CDU, ins Schwimmen gebracht. Längst ist klar, dass Merkel, als Agentin einer parteilosen Zukunft, Parteien zum Regieren nicht braucht. Auch hier entwickelt sie Geduld; die Deutschen sind noch nicht so weit, ihre eigene, digital völlig anders buchstabierte Identität anzunehmen.

Der Rechtsstaat –
Ein sinkbarer Tanker

Die Demokratie ist verwundbar

Merkels Undercover-Revolution

Wenn die Bilanz des Wirkens der Kanzlerin Angela Merkel gemacht wird, dann wird ein Gewinn an Erkenntnis zu verzeichnen sein, den wir nicht ernst genug nehmen können: Die Regentschaft dieser Kanzlerin hat die Verwundbarkeit des Rechtsstaats und die Verletzlichkeit der Demokratie so erlebbar gemacht, dass unsere Vorstellung vom »wehrhaften Staat« in schweres Wetter geriet. Seither zitieren wir ihn häufiger als früher, den wehrhaften Staat.

Ein Heilungserfolg ist von diesen verbalen Beschwörungen nicht zu erwarten, wohl aber die Erkenntnis, dass die Komfortdemokratie nicht immun ist gegen Störungen und Attacken, die von außen kommen. Unser Lernergebnis aus der Ära Merkel ist, dass Demokratie am verwundbarsten ist, wo wir es am wenigsten vermuten. Wer Demokratie zerstören will, hat die größte Erfolgschance als Bewohner dieses sensiblen Systems von Verabredungen und Versprechen. Die jüngste Geschichte lehrt, dass im Schatten der Selbstverständlichkeiten von Demokratie leichter von innen als von außen die Axt an die Wurzeln des demokratischen Systems gelegt werden kann. Der Wandel demokratischer Strukturen in Richtung autokratischer Dominanz bis hin zur Diktatur ist häufiger erfolgreich als ein Umsturz von außen.

Die fortschreitende Verwundung einer Demokratie durch

Rechtsbeugung oder Regelverstöße lässt sich mit einer Infektion vergleichen. Niedrig dosierte, verteilt angreifende Erreger ermüden, täuschen und überrumpeln schließlich das Immunsystem des betroffenen Organismus. Der funktionierende Organismus Demokratie ist darauf angewiesen, dass die Mitspieler, die vom Schutzversprechen des Systems profitieren, die verabredeten Regeln einhalten. Fein dosierte Regelbrüche kann sich in diesem gemeinsam bewohnten Kosmos nur eine Führung leisten, die mit der Unaufmerksamkeit oder Fahrlässigkeit der Mitglieder rechnet.

Angela Merkels Trendleadership im europäischen Einigungsgeschäft mit nationalen Volkswirtschaften in stabilen und labilen Demokratien zeigt die deutsche Kanzlerin in einer Doppelrolle zwischen verschiedenen Erwartungen. Die starke Ökonomie Deutschland wird in EU-Führungskreisen als Führungsmacht wahrgenommen, die im Namen von Europa nationale Souveränitätsansprüche zurückdrängen soll. Merkel hat im sogenannten Rettungsschirm-Prozess gnadenlos in diese Richtung gearbeitet. Südeuropas EU-Schuldnerländer sollten Souveränität an die EU abgeben.

Merkels Führungsrolle bei der Einschüchterung südeuropäischer Partner vernichtete nicht nur Tausende von jugendlichen Bildungschancen; sie brach auch das Entfaltungs- und Freiheitsversprechen an die Jugend der verschuldeten Länder im Namen einer neuen Rangordnung der Werte: Die »Eurorettung« rangierte von nun an über der Rettung von Bildungschancen. Die verlorenen Jahre der Jugend an den »Eurorettungs«-Fronten in Südeuropa wurden in der Kolonialpolitik der »Retter« als Kollateralschäden eingestuft. Das neue Geschäftsmodell sah für die Verlierer im Namen des neuen Geschäftsmodells keine Chancen vor, seit aus Partnern Gläubiger geworden waren. Dass die deutsche Kanzlerin für Bestrafung der verschuldeten Länder votierte, ist unbestritten. Tabu blieb dagegen die Vorgeschichte: Der Euro als verordnete Einheitswährung ohne Abwertungschancen für die schwächeren Volkswirtschaften passte für die Starken, Deutschland an der Spitze. Die Schwachen waren eingeladen, ihre Gefährdung in diesem Deal der Ungleichen zu unterschätzen. Die »Eurorettung« wurde zum willkommenen Versuchsgelände, um Souveränitätsrechte der »Schuldner« zu kassieren.

Die deutsche Kanzlerin fiel bei diesem Großprojekt zur diskreten Fehlerkorrektur der Euro-Heroen nicht durch Plädoyers für die Menschenrechte auf, die sie wenige Jahre später als Willkommenskulturchefin gegen alle besorgten Demokraten als globale Rechte ohne jede demokratiekonforme Begründung verteidigte.

Merkels Amtsführung lebt von Doppelrollen, die bei den Beobachtern meist als »Volten«, von ihr selbst gern als naturgegebene »Wenden« verstanden wurden. In Wahrheit war die Doppelrolle der bessere Zugang zu ihren oft in mehreren Farben schillernden Einsätzen im nationalen und internationalen wie im europäischen Geschehen ihrer Kanzlerjahre.

Die »Eurorettung« spaltet Europa

Auch bei der »Eurorettung« scheinen die mitlaufenden Verletzungen der Demokratie Merkel nicht zu beschäftigen. Sie agiert, wie in allen kollektiv abgesicherten Prozessen, tatsächlich in einer Doppelrolle. Niemand im flankierenden Begleitschutz der Journalisten wagte eine Entscheidung über die politische Position der Kanzlerin bei den EU-Entscheidungen, die in ebenso knappen wie unscharfen Slogans abgehakt wurden: Der finale Beschwichtigungssatz an die deutschen Sparer war als Fazit der deutschen Konsequenz aus der Welt-Finanzkrise ebenso politisch unausweichlich wie falsch in der Sache: »Scheitert der Euro, dann scheitert Europa« ist auch durch das Rettungsethos der EU-Lobby nicht vertrauensbildend geworden. Heute, im Jahr 2020, würde sich niemand mehr mit diesem Satz auf eine Bühne wagen: Europa hat Schaden genommen durch die Leichtfertigkeit, mit der demokratische Standards immer wieder geopfert wurden, wenn es um ein Zukunftsgeschäft ging: das größere Format.

Angela Merkels Amtsführung zeigt die Kanzlerin als eine Pioniergestalt beim Abräumen demokratischer Standards. Merkels Umgang mit den Institutionen, die sie im aufbrechenden Einheitsdeutschland vorfindet, zeigt schon mit dem ersten Schritt in diese demokratische Traditionslandschaft, dass sich hier eine neue Mitspielerin mit einer anderen Agenda bewegt, die das demokratische Regelset für abbruchreif hält und damit in einem Megatrend agiert, der in Deutschland-West noch gar nicht auf den inneren Bildschirmen angekommen ist. Einige ihrer EU-Kollegen, die sie regelmäßig in Brüssel trifft, haben mehr vom international rauen Wind gespürt als die Westdeutschen, die zunächst mit ihrer Dominanz als führende Demokraten beim Umstimmungsprozess der DDR-Bürger mit Ost-Syndrom beschäftigt sind. »Willkommenskultur« war bei der deutschen Wende nicht der Slogan, der Gewinnern und Verlierern einfiel.

Merkels Weststart nach einem kurzen Kapitel Ost in Einheitsdeutschland zeigt sofort die kühle Distanz zur Parteiendemokratie des untergehenden Westdeutschland. Dass mit der Laufbahn Angela Merkels eine welthistorische Trendwende nicht von außen, sondern von innen inszeniert würde, ahnten nur wenige Wendedeutsche in Merkels ersten Jahren als Generalsekretärin und Parteivorsitzende. Ihr Talent zu Doppelrollen beflügelte kontroverse Debatten zu der Frage, ob sie über- oder unterschätzt sei; ob sie »geführt werde« oder führe. Ob sie dem höchsten Amt, auf das sie sichtlich zusteuerte, gewachsen sei. Eine Doppelrolle wurde, genau genommen, schließlich auch ihre Kanzlerschaft. Angela Merkel zögerte nicht, ihre Macht einem System zu verdanken, das sie überwinden wollte: der Demokratie. Ob sie mit dieser Trendleadership in Richtung einer Zeitenwende für Deutschland die richtige Frau zur rechten Zeit am besten Ort war, sollten wir wissen wollen. Wir müssen zwischen zwei konträren Möglichkeiten wählen: entweder, wie häufig von arglosen Zuschauern zu hören, ihr Erbe mehren oder die von ihr beschlossenen Rückabwicklungen unseres Wohlstands und unserer Werte- und Normenordnung so weit wie möglich revidieren.

Wir reden dabei nicht über eine innerdeutsche Angelegenheit, sondern über eine internationale Trendwende im Interesse der mächtigsten Player weltweit. Unser Interesse ist nur in Teilmengen deckungsgleich mit den Zielen der digitalen World-Leadership-Community, zu der neben den mächtigen Datenkonzernen die asiatischen, totalitär regierten Aufsteiger ebenso gehören wie ein Newcomer im amerikanischen Selbstverständnis, Donald Trump.

Unter Merkels Führung ist Deutschlands Position schwächer geworden. Mit dem Finale dieser Amtsführung kann die Frage nicht weiterhin unbeantwortet bleiben, ob es unmöglich war, eine überlegene Vernunftposition statt, wie Merkel-Deutschland es vorzog, eine moralpolitische Führungsrolle anzustreben, die machtpolitisch keinerlei Vorteil brachte. Merkels Spiel mit der Unberechenbarkeit durch Doppelrollen hat dafür gesorgt, dass in all ihren Machtjahren der deutsche Journalismus, verlassen von den kaltgestellten Denkern, die mehr sahen, nicht zu unterscheiden vermochte, ob wir es mit einer angepassten Leisetreterin oder einer wortarmen Täterin zu tun hatten, die den Rechtsstaat durch unbekümmerte Rechtsbrüche im Kern geschwächt hat. Offenkundig stimmt beides. Neben den Beschwichtigungsreisen um die Welt, denen Merkel ihr Image als moderierende Entschleunigerin von Konflikten verdankt, stehen halsbrecherische Aktionen im Alleingang, wie die Verstaatlichung der deutschen Energiewirtschaft oder die Einladung zum illegalen, unregistrierten Grenzübertritt an Migranten im Budapester Bahnhof 2015.[19] Eine Einladung, die dank gefallener Grenzen zum Dauerprojekt wurde.

Merkels Projekt: Die Demokratie überwinden

Wenn Angela Merkel mit dieser Mischung aus Soft Leadership und einsamen Attacken auf die Substanz der Demokratie eine Trendsetterin für einen Jahrtausendcrash ist, der die westliche Welt mit ihren Erfolgsprinzipien und Normen zur Disposition stellt, dann ist auch die Debatte um Merkels Generalangriff auf das Parteiensystem und ihre Zug um Zug vollzogene Entmachtung des Parlaments ein Kernstück einer neuen Agenda, die einen Machtwechsel an den Schalthebeln der Industriekultur der jüngsten Jahrhunderte auf die Tagesordnung setzt.

Wie weit Angela Merkel ihre Alleinstellung im verdeckten Machtkampf mit den Polithelden der abgelaufenen Spaltungsära Deutschlands intellektuell überblickt, ist offen. Sie ist nicht als Strategin unterwegs, sondern eher ein im Blindflug mitten in Europa gelandeter Prototyp. Sie vertritt das in die europäische Krisensekunde eingeblendete neue Selbstbild der digital erwachten Community, die sich neu sortiert. Diese Sicht auf die Protagonisten einer Evolution könnte den giftigen Konsens aus allen Debatten dieser Jahre vertreiben.

Merkels Kahlschlag im Parteiensystem lässt sich dann als das Werk einer Überzeugungstäterin einordnen, die alles wegräumt, was national und regional das Denken und Handeln in großen Zusammenhängen behindert. Parlamentsmehrheiten für EU-Projekte zu organisieren, widerspricht dann plötzlich dem Grundsatz, über demokratiekritische Vorhaben der EU-Führung nicht so zu informieren, dass Handlungskompetenz im Parlament aufkommt. Eine große Zahl von EU-Entscheidungen, die mit dem Pathos der »Eurorettung« sanktionsfrei gestellt wurden, landete nie auf den Tagesordnungen der Parlamente.

Politik eher im Großen zu sehen, war für die Staatenwechslerin Merkel ein Zugewinn an Gelassenheit auf ihrem ungewöhnlich steilen Karrieretrip in die obersten Etagen der Macht. Die Relativierung des politischen Systems, in dem sie Kindheit und Jugend verbracht hatte, gehörte zum Westfernsehen und wurde nicht durch die Überwindung der Berliner Mauer gegenstandslos. Machtzentren kommen und gehen, das brachte Angela Merkel als Proviant an Grundwissen mit, als sie von einem System ins andere wechselte. Merkel arbeitet an der Relativierung der Demokratie, wenn sie Parteigrenzen auflöst, Parteiangebote verwechselbar macht und Parteiprofile in Bekenntnissen scharf zu halten eher überflüssig findet. Mit ihrer Aussage »Mal bin ich liberal, mal bin ich konservativ, mal sozial«[20] entwertet sie solche Passion-Statements gezielt. Ideal findet sie Parlamentsbeschlüsse, die mit hundert Prozent der Stimmen gefasst werden, hat die Kanzlerin öfter verlauten lassen. Was Westler an das Diktatoren-Geschäftsmodell »Einheitspartei« erinnert, wird in Merkels Mix-Modell für Parteiprogramme zum Ideal einer politischen Friedensarena, in der Demokratie überflüssig wird. Wozu Auseinandersetzung, wenn wir uns ohnehin einig sind?

Die Überwindung der Demokratie hat in Angela Merkel eine Vorbotin, die aus zwei Gründen unsere Aufmerksamkeit beim

Verstehen unserer Lage herausfordert. Erstens: Angela Merkel schwächt konsequent Parteiprofile. Sie tut das auch beim angeblichen Wunschpartner ihrer Regierung von 2005 bis 2009, der FDP, eine Koalition, in der sie dem kleineren Partner die Koalitionschance verdankte: Die Freien Demokraten brachten sensationelle 16 Prozent mit in das Regierungsbündnis. Merkel sorgte für gedankenloses Tempo beim Abfassen des Koalitionsvertrags und torpedierte anschließend in vier konfliktreichen Jahren die Mehrzahl der vereinbarten FDP-Projekte. Es geht also um Entmachtung der ehemals mächtigen Nachbarn im Parteienspektrum.

Wenn Machtgewinn Ziel Nummer eins für Merkels Projekt zur Überwindung der Parteiendemokratie gewesen wäre, dann bliebe die Frage akut, warum die Wähler den Kardinalverlust an demokratischen Wahlmöglichkeiten zumutbar fanden. Wir können daraus folgern, dass auch der Souverän, millionenfach als Wähler an der Macht beteiligt, die Auflösung der Parteienvielfalt nicht als Bedrohung der Demokratie empfand.

Merkel agiert als Trendsetter für die digitale Planwirtschaft

Was Angela Merkel lieferte, war nicht einfach eine neue Lesart der Demokratie. Es war, seriös formuliert, die Transzendenz des demokratischen Systems im System, weil – noch – kein anderes zur Verfügung stand. Merkel führte aber Deutschland weit hinein in die metademokratische Zone, die für die Führungseliten der digitalen Weltmächte längst Realität und Voraussetzung ihres Erfolgs war.

Dass Merkel kaum als *digital native* gelten kann, erweist sich seit diesem surrealen Deal mit der digitalen Götterwelt als günstige Voraussetzung für das Undercover-Spiel der Early Birds im Weltreich der Daten mit dem Begleitschutz durch unwissende oder halb wissende »Neuland«-Bürger wie die deutsche Kanzlerin. Merkels Lehrjahre im Einparteienstaat hatten sie in eine ausgesprochen gelassene Vertrautheit mit Konzepten jenseits der westlichen Demokratien gebracht. So unbefangen startete sie im neu konzipierten Gesamtdeutschland ihr Konzept von metademokratischer Machtentfaltung.

Dass Mark Zuckerberg ihr Bruder sein könnte, hat der deutschen Kanzlerin wohl noch niemand gesagt. Ein Bruder im Geiste, der dieselbe Ideologie vom postdemokratischen Menschen ohne Werteplunder und Normenballast vertritt. Die exotischen Züge der Neupolitikerin Merkel lagen für konventionelle Demokraten ideologisch quer zu allen Entwürfen, die sie tolerieren durften. Also war Ignorieren das Gebot der Stunde. Und diese Stunde dehnte sich zu Jahren. Es entstand der Merkel-Deutschland-Deal, den zu stärken die EU-Strategen fest entschlossen waren, weil Merkels überstaatliche Denkweise schnelle Fortschritte für den Machtzuwachs der EU versprach.

Die Demontage der Demokratie ist nicht *in toto* ein Produkt von Merkels Machtpolitik. Sie war undercover bereits im Gange, als Merkel an Bord kam. Ihr cooler Griff in die Themendepots des innenpolitischen Gegners lähmte diesen, ohne dass die schwer getroffene Sozialdemokratie zu den Waffen demokratischer Empörung gegriffen hätte. Merkels Erfolg beim Ausräumen der Waffenkammern der passionierten Demokraten hat mehrere Väter. Sie entwickelte ein politisch bis dahin unbekanntes *behaviour*: Sie schaffte es, unprofessionell und unschlagbar zugleich zu wirken. Ihre *life attitude*, wie kritische Beobachter es nennen würden, ist eine raffinierte Kombination von anerkannten klassisch weiblichen Handicaps und vielen Dominanzsignalen. Merkel hat diesen Mix in ihrer gesamten Regierungslaufbahn immer weiter verfeinert. Sie hat das Kunststück geliefert, eine Aura aus lauter Handicaps zu entwickeln. Der infantile Ausreißer ihres Händespiels in diesem Konzept erschließt sich nur psychiatrischer Diagnosekunst. Merkels Undercover-Verbündete sind Zuckerbergs Jünger. Sie sind es auch, wenn die deutsche Kanzlerin das bestreiten sollte. Beide Lager betreiben einen evolutionären Umsturz jenes Menschenbildes, mit dem die meisten Kunden der westlich geprägten Politik und Wirtschaft immer noch leben. Merkel liefert mit ihren solistisch inszenierten Eingriffen in das Normen- und Wertegefüge ihrer Klientel eine extrem fahrlässige Auslegung ihres Amtseides, den sie in der Alten Welt geleistet hat. Dass sie metademokratisch längst auf Abstand zu dieser Werte- und Normenwelt gegangen ist, beweist die deutsche Kanzlerin regelmäßig und mit großer Nonchalance. Ihr Abstand zur demokratischen Parlamentstradition ist »alternativlos«.

Merkel-Deutschland lehrt uns, wer wir sind. Wir möchten aber in diesem Lehrbuch, das von uns handelt, nicht blättern. Es sind allmächtige Traumata und die Mauer aus selbstgerechten Selbstauskünften, mit denen wir das Trauma in Schach halten. Hinter der Mauer: die Deutschen, allein zu Haus mit ihrer Sündenlast. In der Merkel-Sekunde des Alleinseins beschleunigte sich der Eifer der Deutschen bei der Selbstdemontage. Wenn andere politischen Freunde international uns nur noch lieben über eine Galionsfigur aus dem *Loser*-Teil unseres Landes, dann endlich beginnen wir, uns zu hassen, und zwar gleich für alles, auch für den megaerfolgreichen Kapitalismus. Merkel-Deutschland, mit sich selbst konfrontiert, reagiert wie Kinder, die sich nicht geliebt fühlen. Sie verwüsten ihr Kinderzimmer und zerstören alles, worauf sich ihr Stolz gerichtet hat: Selbstzerstörung, made in Germany. Eigentlich ein Appell – aber wer wird uns helfen, wenn wir immer den Boss geben? Die

Kanzlerin tut, was hartherzige Eltern in solchen Fällen tun: Sie schaut nicht einmal herein, sie ist verreist.

Das Fatale der Flucht aus der eigenen Geschichte, die Merkel-Deutschland fortsetzt, statt sich zu stellen: Was Entlastung vom Trauma unsühnbarer Taten bringen sollte, weckt alte Laster auf. Merkel-Deutschland isoliert seine Kritiker. Sie leben als Verbannte in digitalen Camps. Deutschland, so sieht es aus, kann ohne Ghettos nicht leben, Deutschland kann sich selbst immer noch nicht annehmen. Auch das ist ein Ertrag der Merkel-Zeit: Sie, die ein anderes Deutschland wollte, mit anderen Deutschen, die sich durch einen Systemwechsel von ihrer Selbstzerstörung verabschieden, hat übersehen, dass man die Ursache des Schuldtraumas, die Sünde, nicht delegieren kann. Weil das so ist, zeigen die großen Weltreligionen einen Heilsbringer mit einer überirdischen Lizenz: Seine Glaubwürdigkeit ist göttlich legitimiert.

Auch Merkel wählte den falschen Weg. Wir können uns nicht über fremde Kulturen freischaufeln aus dem Überdruss an der eigenen. Wir können nur liefern, was wir haben.

Verwundbarer Rechtsstaat

Die politische Führung
muss den Rechtsstaat schützen

Die deutsche Kanzlerin selbst hat uns gelehrt, wie verwundbar der Rechtsstaat ist, wenn die politische Führung sich über geltendes Recht stellt. Welche Lektion soll der Bürger nun lernen? Soll er sich, als ehrfürchtiger Zuhörer der Harvard-Rede des 30. Mai 2019, von der Kanzlerin in die Community der Veränderungsfans einweihen lassen, weil praktisch alles zur Disposition steht, wenn Epochenschwellen überschritten, am besten aber übersprungen werden sollen? Welche Botschaft hat der wankende Rechtsstaat für bisher gehorsame Bürger, die auf das Schutzversprechen der Dritten Gewalt ebenso weiter vertrauen möchten wie auf die Wehrhaftigkeit des Rechtsstaates bei der Verteidigung und Durchsetzung der Rechtsnormen, die Vertrauen verdienen und Rechtssicherheit garantieren?

Rechtsunsicherheit, so erleben wir an den Grenzen der Belastbarkeit von Staatsanwaltschaften, Richtern und Rechtsanwälten, fühlen die Bürger bereits, wenn ungewohnte Häufungen von Delikten auftreten und die Waffen von Gewalttätern aus dem Alltagsbestand jedes Haushalts kommen können. Rechtsunsicherheit empfinden Menschen spontan, wenn sie erleben, dass die ihnen vertrauten Schwellen vor Gewaltanwendung in anderen Kulturen viel niedriger liegen als in Mitteleuropa. Rechtsunsicherheit befällt die Menschen, wenn sie den Eindruck gewinnen, dass der Staat sich abwartend statt zupackend verhält, wenn Gewaltbereitschaft die uns vertrauten Normen überrollt und die staatliche Gewalt weder die passende Manpower noch die Bereitschaft zeigt, mit neuartigen Herausforderungen so entschlossen umzugehen, wie es in unseren Gesetzen festgelegt ist. Zeiten des Übergangs, sagen Experten, sind Strecken für Lernprozesse, die das Neue geduldig in vertrautes Terrain verwandeln.

»Das Grundgesetz ist als Kanzlerdemokratie angelegt«, antwortet der Staatsrechtler und ehemalige Richter am Bundesverfassungsgericht Udo Di Fabio auf die beharrliche Frage, ob die »Ära Merkel das Institutionengefüge verändert« habe. »Um die Fehler von Weimar nicht zu wiederholen«, so Di Fabio weiter, »wollte man einen starken Kanzler oder eine Kanzlerin im Zentrum der Bundesrepublik, und zwar als Regierung, die von einer stabilen Parlamentsmehrheit getragen wird. ... Je länger eine Kanzlerschaft dauert, desto mehr führt diese verfassungsrechtliche Zentralität auch zu einer gewissen Verkrustung und Formation hin auf dieses Zentrum.«[21] Schlichter gesagt: Die Kanzlerdemokratie zeigt, je länger sie in einer Hand liegt, einen Verlust an Transparenz und Flexibilität. Noch einfacher gesagt: Die Großzügigkeit der Bürger beim Gewähren von Sonderlizenzen jenseits der Gesetze nimmt mit der absolvierten Amtszeit des Kanzlers zu.

»Sie kennen mich«, war Merkels Kurzformel im Wahlkampf. Kein Versprechen, kein Bekenntnis, kein Credo. Kein Hinweis auf Recht und Gesetz, denen sie laut Amtseid unterworfen ist wie alle anderen. Merkel hat für die Relativierung der Rechtsunsicherheit in Deutschland und Europa viel getan, was inzwischen im Rechtsempfinden ihrer Untertanen angekommen ist. Die Chefin hat Sonderkonditionen. Wer das nicht versteht, so der Konsens der Merkel-Fans, hat den Zeittrend nicht begriffen. Veränderung ist das Gesetz der Stunde, die Kanzlerin ist eigens nach Harvard geflogen (12 000 Euro Flugkosten, selbst der düstere Chor der Grünen schweigt dazu), um dieses Motto über die Weltmedien ins kleine Europa zu funken.

Der Rechtsstaat ist mit seiner schwindenden Vitalität auf den Meinungsmärkten angekommen, wo er eigentlich nicht zu Hause ist. Selbst Verfassungs- und Staatsrechtler arbeiten mit ihrem Diskussionsstil an Kompromisspositionen, um als Experten im Spiel zu bleiben. Udo Di Fabio schickt auch die zähesten Journalisten auf eine stundenlange Durststrecke aus Standardantworten des Formats »Alles in Ordnung, Deutschland stabiler Rechtsstaat, null Risiko«, ehe er dann vorsichtig auf die zupackend radikalisierten Fragen zu den Aktionismus-Highlights der Kanzlerin im Paragrafendickicht eines kundigen Fragers zugibt: »Es gibt Tendenzen in Europa, die Unabhängigkeit der Gerichte infrage zu stellen.« – »Die Unabhängigkeit der Rechtsprechung ist also nicht gefährdet?«, fragt der Interviewer weiter. Darauf Di Fabio: »In Deutschland mit einer festen rechtsstaatlichen Kultur und dem Ethos von Richterinnen und Richtern gewiss nicht. Allenfalls langfristig könnte das anders werden.«[22]

Di Fabio folgert aus den Rechtsverstößen der EU im »Eurorettungs«-Geschäft recht risikofreudig, man müsse »darüber nachdenken, die Rechtslage wieder so zu gestalten, dass auch in einer Krisensituation nach den Maßstäben des Rechts gehandelt werden kann«. Dabei gehe es um »effektives Handeln«, »Rechtssicherheit« und um »Vertrauen«. Angesichts des längst virulenten Misstrauens ganzer Parlamente in europäischen Ländern inklusive Deutschland klingen solche verantwortungsethischen Kurzschlüsse absurd. Wer undercover unter Ausschluss der rechtmäßig zu beteiligenden Kontrollinstanz Parlament Gesetze beugt und bricht, um neue Fehler zur Korrektur der älteren zu begehen, der wird doch nicht annehmen können, dass die nachträgliche Umformulierung der missachteten Paragrafen als vertrauensbildende Maßnahme wirken könnte.

Die neue Diplomatie der Verfassungsjuristen

Weil das nachträgliche Akzeptanzmanagement nicht greift, wenn das Misstrauen zweifelnd auf die Besserwisser-Pose schaut, greifen die Rechtsmanager neuen Typs immer häufiger zu einer Waffe, deren Name bereits Poesie ist: *Soft Law* ist die maskierte Waffe im Vorfeld kontroverser Entscheidungen. Dazu später mehr.

Udo Di Fabio glaubt aber an die vertrauenstiftende Kraft des anlassbedingt umgeschriebenen Paragrafen. Sogar Verschwörungstheoretikern könnte man so »das Wasser abgraben«. »Manche Länder stehen quer«, bemerkt Di Fabio. »Aber auch Deutschland neigt zu Alleingängen, mehr als wir uns eingestehen«, und er nennt Beispiele: »Die Vereinbarung einer Nord-Stream-2-Leitung und der Atomausstieg zeigen unilaterale Züge, ebenso die migrationspolitischen Entscheidungen im Spätsommer 2015.« Di Fabio bleibt diplomatisch. Der Täter heißt Deutschland, ein denkbar groß gewähltes Kollektiv. Und der Verfassungsjurist Di Fabio fährt im gleichen Geist fort: »Wir sind natürlich mehrheitlich überzeugt von der praktischen und moralischen Richtigkeit unserer Positionen.« »Abweichende Ansichten unserer Nachbarn« in Europa würden vielleicht von den Deutschen nicht hinreichend beachtet. Um Europa als leistungsfähigen Wirtschaftsraum handlungsfähig zu halten, so Di Fabio weiter, müsse »deutlicher formuliert« und »neu konzipiert« werden, was die Funktionsfähigkeit des europäischen Wirtschaftsraumes heute noch einschränke.

Der Verfassungsjurist betont aber auch:»Länder, die ihre Souveränität über Fragen der Einwanderung nicht aufgeben wollen, wird man ernster nehmen müssen.« Diese Position in Deutschland zu finden, sei unerwartet, meint der Journalist im Gespräch. Daraufhin fügt Di Fabio ein Sprachbild an, das sich mancher Politprofi an seine Pinnwand heften sollte:»Aus der eigenen nationalen Echokammer heraus versteht man nicht alles, was auf anderen nationalen Bühnen aufgeführt wird.«[23]

Nicht alle Staatsrechtler in Deutschland teilen Di Fabios Optimismus, was die Durchsetzung des geltenden Rechts angeht. Die deutsche Kanzlerin wechselte aus einem Unrechtsstaat in einen Rechtsstaat; sie hatte einen Vorsprung, was den Missbrauch von rechtsstaatlichen Symbolen zur Tarnung freiheitsfeindlicher Maßnahmen angeht. Sie kam ohne Illusionen, was die Unsinkbarkeit des Rechtsstaats betrifft. Der Stresstest, den die Nachwuchspolitikerin für Einheitsdeutschland im politischen Gepäck hatte, belegt ihr leidenschaftsloses Verhältnis zum demokratischen Geschäftsmodell»Rechtsstaat«. Eine respektvolle Lernpause jedenfalls brauchte die ungelernte Demokratin nicht. Sie hatte, im Gegenteil, das Lernprogramm für die Christlich Demokratische Union komplett dabei:»Laufen lernen« stand da als erster Punkt. Nicht für Angela, sondern für die männerlastige West-Crew. Mit Merkels Sozialisation in einem ideologiegesättigten Milieu mag ihre Fahrlässigkeit im Umgang mit den Normen und Werten ihrer neuen Berufswelt erklärt werden. Ob sie ein Weltbild mitbrachte, wissen wir nicht. Dass sie sich auf ein Weltbild eingelassen hatte als DDR-Bürgerin, führte auch dort in das politische Herz des Systems. Die rechtsstaatlichen Werkzeuge der westlich geprägten deutschen Demokratie nutzte sie oder ließ sie ungenutzt liegen, wie es sich gerade ergab.

Die deutsche Kanzlerin war federführend bei der Erosion des

Rechtsempfindens. Spräche sie mit ihren Schützlingen, den Bürgern, dann würde sie wohl sagen: Rasanter Wandel macht nicht halt vor Normen, Recht und Werten. Die Rechtskultur von Staaten, die ihre Grenzen öffnen, so würde Merkel fortfahren, falls sie spräche, steht genauso zur Disposition wie die Sitten und Gebräuche in einem Land, das sich als Migrationsmanager auf Rang eins sieht.

Vorreiter sein, das war auch das Motto bei Merkels Zugriff auf ein fernes Seebeben mit einem eigenwilligen Transfer des Tsunami zu deutschen Atomkraftwerken. Die Verwüstungen dieser paradoxen Verknüpfung landeten in Deutschland und Europa einen Volltreffer im rechtsstaatlichen Regelwerk. Genauso folgenreich war und ist der Angriff auf den Rechtsstaat, der seit 2015 mit Hunderttausenden illegaler Grenzübertritte unter der Schirmherrschaft der Kanzlerin begann.

Soll man sich das unter Richtlinienkompetenz künftig vorstellen? Kahlschlag in der Dritten Gewalt, übergesetzlicher Notstand als nachgeworfener Rettungsring für eine Kanzlerin, die den Super-GAU in Fukushima zu Hause gleich multifunktional ausbeutete: Etwas Grün für die Wahlen in Baden-Württemberg, etwas Emotion fürs deutsche Herz, ein Sprung an die Weltspitze im Ökowettlauf – nicht demokratisch abgestimmt, sondern solo und sozialistisch, ein Salto für die Planwirtschaft.

Weichzeichner schützen die Kanzlerin

Egal wie viele Paragrafen es wieder einmal erwischt hat, weil die Kanzlerin Geschichte schreiben wollte, die Paladine stehen als Weichzeichner bereit. Für das leichtfertige Angebot zum Takeover an Unbekannt im September 2015 fand die Kabinettsrunde angesichts unheilbarer Schäden im europäischen Grenzregime,

nach ernsten Prognosen des CSU-Innenministers und einem
Jahr betretenen Schweigens die verträumte Formel, 2015 dürfe
sich nicht wiederholen. Und tatsächlich kam 2015 nicht plötzlich
noch einmal um die Ecke.

Im Jahr 2020 sind beide Axthiebe in die deutsche Rechtskultur, die die Kanzlerin sich genehmigt hat, immer noch unbewältigt, weil die Rechtsfolgen nicht einfach ausradiert werden können. Die Kanzlerin handelt in einer erodierenden Ordnung,
deren Tage gezählt seien, »aus eigenem Recht«, also ohne Rücksicht auf gewachsene Rechtsstrukturen und ohne Verantwortung für die Folgen. Ob das Eis dünn ist, auf dem sie ihren Job
in der Spätzeit des westlichen Geschäftsmodells »Demokratie«
macht, ist nicht ausschlaggebend. Sie navigiert zwischen Markt
und Plan, greift zu, wo Machtgewinne winken, und seilt sich
immer mal wieder ab in die Gärten ihrer Kindheit. Da ist sie
quasi Alice im Wunderland und lässt ihrer Naivität freien Lauf.
Alice im Wunderland stellt ihre trotzige Bedingung, wie es Kinder tun, wenn ein Streich den Eltern nicht gefallen hat: »Dann
ist das nicht mein Land«, sagt die Kind-Kanzlerin Angela, der
alle Herzen zugeflogen waren. Sie verrät zugleich ihre Version
der Kanzlerdemokratie: Nicht das Land wählt den Kanzler, sondern die Kanzlerin wählt das Land. Folgerung: Sie kann es fallen
lassen, wenn es nicht gehorcht.

Wer das schillernde Geschichtskapitel deuten will, das sich
die Deutschen mit Angela Merkel geleistet haben, der sollte die
These aufgreifen, dass Deutschland sich eine Topführungskraft
aussuchte, die den Übergang von der marktwirtschaftlich flan-
kierten Rechts- und Werteordnung in die totalitär geprägte digitale Weltordnung über ein qualifizierendes Handicap weich-
gespült hat: »Management by Realitätsverlust« wäre der
metapolitische Stil der Angela Merkel dann zu nennen. Ihre
»wertfreien« Volten und Übergriffe in geltendes Recht wären

damit aus einem Kontaktverlust mit der herrschenden Wirklichkeit in ihrer Amtszeit zu erklären. Neben aggressiv vorpreschenden Teamleadern im Feld der datenbewaffneten Evolutionsbeschleuniger brächte sie damit ein Talent ins kontroverse Spiel, das eine ganze Nation in eine Realitätsverweigerung gelotst hat, die quasi Zukunftsaufschub schenkte, »alternativlos«. So fiel der Machterhalt mit der kollektiven Bereitschaft der Bevölkerung zusammen, sich eher verspätet in der unausweichlichen Wirklichkeit zurückzumelden – hochdekoriert mit allen Orden, die weltweit für Weichzeichnung der unbarmherzigen Realität verliehen werden.

Mangelnde Rechtstreue wegen Realitätsverlust? Mancher Angeklagte wird sich vor Gericht mit einem Defizit an Wirklichkeitstüchtigkeit zu verteidigen versuchen. In einem hohen Amt gibt es viele Chancen, die Grenzen zu verschieben, in denen politisches Topmanagement sich zu bewähren hat. Bisher hat niemand versucht, die Rechtsverstöße der deutschen Kanzlerin mit einem Handicap zu erklären: Realitätsverlust, gestörtes Verhältnis zur Wirklichkeit.

Soft Law

Wunderwaffe für die Soft-Power-Kanzlerin

Tatsächlich gibt es im Vorfeld rechtlicher Festlegungen, wie sie etwa Verträge besiegeln, ein Instrument, das realitätsscheuen Mitspielern eine Selbsttäuschung über die Verbindlichkeit von Vertragstexten nahelegt: Soft Law heißt diese Nebelwand vor der rechtlichen Bindung eines Zögerers, und das Codewort für das Täuschungsmanöver lautet »rechtlich nicht bindend«. Es ist unschwer zu erkennen, dass Soft Law für die Wende-Kanzlerin Angela Merkel ein ideales Instrument ist, um nicht Durchsetzbares, weichgezeichnet über Soft Law, durchzuwinken. Denn: Im Soft Law geparkte brisante Verträge sickern quasi automatisch in rechtlich befestigte Zonen. Wenn nirgendwo Diskretion funktioniert, hier funktioniert sie.

Was die Kanzlerin mit dem Einlass ungezählter, nicht registrierter Flüchtlinge an chronischen Verlustprozessen in der internationalen Rechtstradition ausgelöst hat, beschäftigt sie nicht weiter. Merkel macht das Abschiedsmanagement für Europäer, die von ihren Institutionen nicht lassen wollen. Sie ist zuständig für Auflösung, nicht für Neubeginn. Im Namen der wankenden Rechtsordnung kann man ihren Cinderella-Auftritt mit dem »freundlichen Gesicht« als fahrlässigen Idealismus bezeichnen. Wenn es einen Anwalt gäbe, der die Rechte Deutschlands gegenüber der Kanzlerin verträte, so würde er vielleicht nach der »Verantwortung« für die Tatfolgen beider

Alleingänge, der Energieverstaatlichung und der multilateralen Grenzentwertung, fragen. Merkel, als Soft-Law-Fan, könnte auf die nachgereichten Legalisierungen ihrer Brechstangenaktionen verweisen.

»Verantwortung« ist in Merkels Verständnis der blasse Soft-Law-Schatten von Taten, deren Folgen, wie sie vom Hörensagen weiß, jetzt bei anderen aus dem Ruder laufen. Merkels Desinteresse am Schicksal ihrer illusionären Entwürfe zu Klimawende und Flüchtlingsintegration bestätigt die Diagnose: Wo die Realität sich zurückmeldet und sich nicht an die Traumgestalt der Entwürfe anpasst, wird eben die Realität aus dem Weg geschafft. Soft Law könnte, wenn es nicht schon Tradition hätte, von oder für Angela Merkel erfunden worden sein. Soft Law, das ist die Eroberung von Widerstandsnestern auf Samtpfoten. Merkel hat, noch ehe sie ein wirklicher Profi im Umgang mit diesem Weichspüler für Umbruch- und Abbrucharbeiten im geltenden Recht wurde, intuitiv mit Soft-Law-Methoden gearbeitet. So beim »Moratorium« für deutsche Atomkraftwerke in 2011, das dann samtpfotig in eine Rechtsreform hinüberglitt. Soft Law ist die Simulation von Vorläufigkeit und Revidierbarkeit, um Pläne durchzusetzen, die als Klartextbotschaften nicht durchsetzbar wären. Eine Methode, die bei Anwendung auf hohe Verfassungsgüter wie das Grenzregime der freien Staaten Europas einer Rechtsbeugung täuschend ähnlich sieht – und bei rücksichtslosem Spiel auf Zeit vonseiten der Grenzöffnerin zum Beispiel eine neue Rechtslage schafft –, falls die Hüter der Verfassung ihre Verantwortung bei der Kanzlerin abgeben.

Als Soft-Law-Profi hat die deutsche Kanzlerin dann immer erfolgreicher die Duldsamkeit der deutschen Bürger in Anspruch genommen, um aus »unverbindlichen« Absichtserklärungen »Gewohnheitsrecht« zu machen. Solche Transferprozesse fördern Menschen mit Macht durch Informationsentzug. Wer Zusammenhänge nicht durchschaut, wird kaum mit sachgerechten Fragen nachfassen können. Halbwissen der Bürger über politische Großprojekte ist für risikofreudige Spitzenpolitiker die beste Grundlage, um unverkäufliche Projekte durch ein Soft-Law-Stadium voller gut platzierter Nebelbänke schleichend in geltendes verändertes Recht zu überführen.

Soft Law als Tarnkappe für Rechtsverluste

Der »Recht erzeugende internationale Konsens«, der über Soft-Law-Durchgangsstadien lockerer Übereinkünfte erreicht werden kann, ist für Systemveränderer wie Angela Merkel eine unwiderstehliche Versuchung. Wer Merkels Amtsführung unter den Leitmotiven Symbolpolitik und Soft Law als Instrument für »Rechtsreformen« an den demokratischen Gremien vorbei betrachtet, der sieht den Kernsatz des demokratischen Handicaps bestätigt: Die Demokratie kann nur von innen zerstört werden.

Wer sich, wie offenkundig Angela Merkel, mit einem Sendungsbewusstsein dem Projekt widmet, die Ablösung der Demokratie durch eine internationale Weltregierung vorzubereiten, sieht auch das Handwerkszeug für diesen Epochen-Crash der Kulturen als legitimes Instrumentarium, um ein scheiterndes System beschleunigt in neues Fahrwasser zu führen. Die digitale Weltwirtschaft braucht keine Demokratie. Sie buchstabiert Menschenschicksale auch nicht mehr marktwirtschaftlich, sondern in einem totalitär verwalteten neuen Wohlstandsentwurf, der die Verantwortung der Einzelnen in stärkere Hände legt. Das multilateral vernetzte Government der Zukunft regelt die Grundbedürfnisse und liefert Spiele zu. *Panem et circenses*[24] produzieren die Datenkonzerne heute schon. Die flächendeckende Verbreitung erledigt unter anderem die neue Seidenstraße, die übrigens durch einen samtweichen Soft-Law-Prozess mit internationalen Charme-Team-Offensiven zu einer Eingewöhnung der »Alten Welt« in die asiatischen Konzepte für den Überwachungskapitalismus der metademokratischen Epoche führt.

Wo bleibt bei solchen fulminanten Durchbrüchen via Soft Law das europäische Rechtssystem?

Angela Merkel hat ihren westlich geprägten Mitbürgern genau das voraus: den desillusionierten Blick auf die Sollbruchstellen des demokratischen Zwischenspiels auf dem Boden des kriegsversehrten Europa.

Angela Merkels politische Performance hat den Deutschen zu wenig zu denken gegeben. Sie wollten nicht sehen, was sie sahen: dass mit dieser Kanzlerwahl ein Blick in das Nirwana einer von unseren vitalsten Träumen entkoppelten anderen Weltordnung sich öffnete. Wir hätten Zeit gewonnen zu handeln. Zeit, die jetzt verloren ist. Eine Ahnung von dieser Merkel-Hypnose flatterte seit Jahren wie ein schwarzer Schmetterling durch die deutsche Traumalandschaft. Jetzt kommt diese Ahnung konkreter zurück. Der saarländische Ministerpräsident Tobias Hans, Nachfolger der angedachten Kanzlerkandidatin AKK, sagte im Juni 2019 in einem Interview: »Wir haben uns zu sehr auf die Allkompetenz von Angela Merkel verlassen.«[25]

Merkel setzt auf Soft Law. Auf Anschleichen statt Mit-der-Tür-ins-Haus-Fallen. Sie ist eine Gestalt des Übergangs. Dass sie auf Soft Law setzt, passt zu ihrem Sendungsbewusstsein: Ausräumen, Umräumen, Abräumen. Den Weg frei machen für die Trendleader neuer Generationen. »Verändern, verändern« war deshalb ihr Refrain vor der akademischen Jugend in Harvard. Verändern wohin?, fragte keiner.

Soft Law und Soft Skills:
Weiche Waffen für Taktiker der Macht

Merkel räumt ab, sie bringt kein neues System. Sie beschwichtigt und stellt ruhig. Sie kündigt an, auf keinen Fall ein weiteres politisches Amt anzunehmen. Falls sie dabei bleibt, ist sie auch mit diesem Diktum in der Trendleadership, die nach dem Zerfall der politischen Parteien das demokratische Handlungsfeld durch metademokratische Newcomer besiedelt. Platz für Merkel wäre dann im multilateralen Government des Datenkapitalismus der Großkonzerne.

Wer Verlustlisten aufstellt, wird lange schreiben müssen. Es sei denn, er nimmt den zentralen Verlust des zertrümmerten Selbstbildes des *homo sapiens* als pars pro toto: Der entseelte globale Diskurs braucht endlich wieder beseelte Leadership.

Ein Soft-Law-Profi wie Angela Merkel kalkuliert kühl, wenn Einsprüche gegen die »Dummstellung« des Parlaments, wie Jürgen Trittin die Brüsseler Tricks im Februar 2011 beschrieb, sich einen Weg zum Verfassungsgericht bahnen. Nun würde Zeit vergehen, während die parlamentarisch nicht geprüften Brüsseler Beschlüsse wasserdicht verpackt Gesetzeskraft erlangt hätten. Oder im Falle der offenen Grenzen: Gewohnheitsrecht rückt nach, wo eine Grenzverletzung durch privilegierte Staatsvertreter die Strafbarkeit auf null gesenkt hat. Das gilt für Grenzen aller Art. Auch Merkels Freispruch für den Plagiator Karl-Theodor zu Guttenberg im Amt des Verteidigungsministers beschädigte das Rechtsempfinden nicht nur der akademischen Community, sondern der bürgerlichen Gesellschaft.

Beschädigtes Rechtsempfinden reagiert immer doppelt: Empörung über den rüden Umgang eines hochgestellten Staatsrepräsentanten wie die Kanzlerin ist die Schauseite der Münze. Auf der Rückseite kündigt sich die Lockerung des Standards an:

Wenn man das so sehen kann wie Merkel: Betrug belanglos, weil er bei mir ja einen anderen Job macht als in der Wissenschaft, dann ist das vielleicht auch eine Sichtweise, die künftig verbindlich werden könnte.

Auch die Verschlüsselung der Finanzreservetöpfe in der panisch verfolgten »Eurorettung« folgte dem kühlen Kalkül, dass Urteile der Dritten Gewalt immer zu spät kommen, spät genug jedenfalls und unwillkommen selbst bei den Bürgern, die den Zeitgewinn der Verurteilten resigniert beobachten.

Die Rechtsverlustgeschichte, die in Merkels Amtszeit geschrieben wurde, hat ein Pendant, das auf den ersten Blick wie ein Widerspruch aussieht: Das Spektrum des »Erlaubten« verengt sich. Immer mehr Gedachtes und Gesagtes wird unter Verdacht gestellt. Die *political correctness* weitet ihr Sanktionsfeld aus. Unklar bleibt, wer das steuert: Immer mehr Verbote begrenzen den durch Rechtsentwertung frei werdenden Denk- und Handlungsraum. Ist das die Reaktion auf Rechtsunsicherheit? Selbstfesselung, weil die Institutionen immer weniger zuverlässig sanktionieren, was Angst macht? Ist *political correctness* eine Art Selbsthilfekurs zur Verabschiedung aus dem Rechtsstaat?

Die grenzüberschreitenden Alleingänge der Kanzlerin bieten eine ganz andere Chance: Staats- und Verfassungsrechtler haben Analysen geliefert, die geeignet sind, die Rechtssicherheit zumindest in den Köpfen der besorgten Bürger mit glasklaren Argumenten zu stärken. Die Stunde der Verwundung des Rechtsstaates ist immer auch die Stunde des Beistandes für erschrockene Bürger durch die Wächter in der Rechtswissenschaft. Erst wenn sie attackiert werden, weil sie Klartext reden, müssen die Bürger aufstehen.

Erst wenn Toprepräsentanten eines demokratischen Systems Hand an die Regelwerke legen, Fugen und Risse hinterlassen, die das Regelwerk aus Ansprüchen und Versprechen im Ganzen ins Wanken bringen, wird deutlich, wie verwundbar das Recht ist. Wenn klar wird, dass mit der Rechtsverletzung ein schleichender Geltungsverlust in Gang kommt, denn kriecht auch die Rechtsunsicherheit in die Köpfe. Die Ära Merkel ist ein Lehrstück für die chronische Störung, die auch die Rangordnung der Rechtsgüter angeht, auf die wir uns verlassen möchten. Die Soft-Law-Virtuosin Merkel stufte sogar Hard Law zu Soft Law herunter, wenn sie Bedarf an weichgespülten Normen sah. Die Relativierung des geltenden Rechts wird in Zeiten des Umbruchs durch neue Erfahrungen der Völker sacht angeschoben. Der Weg vom Kraftverlust einer Norm bis zur mehrheitsfähigen Neufassung braucht Zeit. Per Dekret ändern nur Diktatoren die Rechtsnormen. Wo dieser Prozess beginnt, erfasst die autokratische Neuordnung alle Verbote und alle Versprechen, die der Herrscher macht.

Achten oder ächten?

Das Recht im gespaltenen Land

Der Rechtsstaat ist verwundbarer, als wir dachten. Viele dachten: Er funktioniert auch ohne uns. Die Kanzlerin Angela Merkel hat das Element herrschaftlicher Willkür in die deutsche Rechtsgeschichte eingeführt. Sie hat bei ihren handstreichartig durchgesetzten Großprojekten, der Energieverstaatlichung wie der Entgrenzung des europäischen Hoheitsgebiets mit juristischen Tricks gearbeitet, die eine nachträgliche Legalisierung ihrer Parforce-Eroberungen neuer Spielräume leisten sollten.

Auch das gehört zum Lehrstück aus der Ära Merkel: Aus Rechtsbrüchen wird nicht durch Lagerung Recht. Der illegale Start, unter wessen Schirmherrschaft auch immer, wirft lange Schatten auf das so erzwungene Projekt. Auch Selbstüberschätzung wirkt bei der Top-Secret-Planung schwer durchsetzbarer *Turnarounds* mit.

Auch wenn es ein *Turnaround* werden sollte, was die deutsche Kanzlerin mit ihren Wenden und Volten aus Deutschland machte – die Spaltung des Landes in Verehrer und Verächter ihrer Metapolitik ist eine schwere Hypothek für Deutschlands Zukunft. Denn auch Europa ist mit dem eindeutigen Footprint der deutschen Eurorettungs-Kommandeurin Merkel ebenfalls gespalten. Eine europäische Führungscrew, die den Scheinerfolg einer Therapie beim europäischen Patienten Euro höher stellt als die Heilung schwer verletzter Lebenschancen, kann auch zu

Recht und Unrecht nur ein gestörtes Verhältnis haben, sagt ein junger Grieche.

Das alles war gestern, würde die Kanzlerin wohl denken, wenn es ihr Ohr erreichte. Heute ist heute. Und was wir aus unserer Toleranzleistung gegenüber einer Schicksalsgöttin folgern müssen, ob wir wollen oder nicht, ist bittere Wahrheit. Sie lautet: Wer Angriffen auf die Substanz des Rechtsstaates zusieht, wird zum Komplizen des Angreifers. Auch Staatsrechtler und Verfassungsjuristen melden sich zu Wort, seit die Erschütterung der rechtsstaatlichen Substanz überall spürbar wird. Hans-Jürgen Papier, ehemaliger Präsident des Verfassungsgerichts, liefert, wie seine Fachkollegen Udo Di Fabio und Rupert Scholz, zwischen ausgeruhten und alarmierenden Statements abwägend, eine Diagnose, die klarstellt: Recht und Werte einer Kultur lassen sich nicht trennen.

Wer steuert den Wertewandel?, möchte man den Verfassungsrichter fragen. *Changing values*, Wertewandel, war noch in den Achtzigerjahren des vorigen Jahrhunderts ein beliebiges und keineswegs kontrovers aufgeladenes Thema. Heute wagt kein Unternehmen mehr, seinen Lieferanten und Kunden Antworten auf diese spannende Frage in einem Diskussionsforum anzubieten.

Seit wir in Merkel-Deutschland leben, wird über Werteverluste diskutiert, privat, mit Freunden, auf die man sich verlassen kann. Auch das Thema Werte lebt in Ketten: *Political correctness* blockt das offene Wort. Bei den meisten schon den ungeschützten Gedanken.

Wenn der ehemalige Präsident des Verfassungsgerichts der Jahre 2002 bis 2010 recht hat mit der Untrennbarkeit von Recht und Werten, dann könnten die Wertverlustgefühle vieler Deutscher an die neue Rechtsunsicherheit gekoppelt sein. Und Hans-Jürgen Papier wird deutlicher, als die *political correctness* empfehlen würde: Er redet Klartext. Neben Polen und Ungarn sieht er »auch Deutschland durchaus anfällig für eine Erosion der Rechtsstaatlichkeit«. »Ich beobachte zum Beispiel«, fährt der Verfassungsjurist fort, »dass geltendes Recht nicht überall und durchgehend hinreichend durchgesetzt wird.«[26] Man beachte die feinsinnige Wortwahl! Papier hatte im gleichen Gespräch auf ein EU-Gesetz hingewiesen (Dublin III), das bei Anwendung sehr wohl die Eindämmung der illegalen Zuwanderung vorsieht. Papiers lapidarer Kommentar: »Das Regime der Dublin-III-Verordnung ist von den Mitgliedstaaten über Jahre weitgehend an die Wand gefahren worden.« Das ist der Klartext zu der »Diskrepanz zwischen Rechtslage und Staatspraxis«.

Political correctness hat in diesen Auskünften nichts zu suchen, das macht der ehemalige Präsident des Bundesverfassungsgerichts überdeutlich. Auch die moralische Heuchelei, mit der Gesetze »an die Wand gefahren«, statt angewendet werden, hat hier keinen Platz. Was aber festzuhalten bleibt, ist die Verliererrolle der Dritten Gewalt, wenn die politische Chefetage keine Lust auf Rechtmäßigkeit ihrer Maßnahmen hat. Wo kein Kläger, da kein Richter.

Ausnahmen zerstören die Regel

Die Unabhängigkeit der Justiz gehört zur Demokratie. Wer sie »ausnahmsweise« außer Kraft setzt, wird das wieder und wieder tun müssen, um die jeweils vorausgegangene Vernachlässigung von Recht und Gesetz zu decken. Kein Industrieland hat so viele Asylanträge genehmigt wie Deutschland. Nicht nur das, aber auch das wird so weitergehen. Hans-Jürgen Papier appelliert an den Staat, die Unternehmen und die Bürger: »Achtet das

Recht ... Ansonsten sehe ich die erhebliche Gefahr, dass das Vertrauen der Bürger in unser parlamentarisches Regierungssystem schwindet.« Papier rückt heute von seiner früheren Position ab, wenn er nach der Amtsdauer eines Regierungschefs in Deutschland gefragt wird. Früher, so der Staatsrechtler, habe er »nichts« von einer Idee zur Amtszeitbegrenzung für Kanzler gehalten. Heute sehe er das anders.

»Die Amtszeit eines Kanzlers ... von vornherein auf zwei Legislaturperioden« zu »begrenzen«, »würde die innerparteiliche Demokratie stärken«. Das heißt immerhin, dass ein ehemaliger Präsident des Bundesverfassungsgerichts nicht den Eindruck hat, dass lange Kanzleramtszeiten die Demokratie von innen heraus stabilisieren. Gegen Ende der extrem langen Amtszeit der regierenden Kanzlerin ist das eine Expertenbilanz, die zwischen den Zeilen zu lesen wäre. Papier fügt ungefragt an: Der Parlamentarismus werde sich »sehr viel vitaler gestalten«, wenn jeder Kanzler nur eine Wiederwahl frei hätte. »Es ist verfassungsrechtlich natürlich nicht zwingend«, so Papier weiter, »verfassungspolitisch durchaus empfehlenswert.«

Da der Staat von Voraussetzungen lebt, die er nicht selbst garantieren kann, wie Ernst-Wolfgang Böckenförde, Richter am Bundesverfassungsgericht knapp und klar festhält, tritt der Souverän als Mandatsgeber für alle hohen Ämter in der Politik wieder in die Mitte der politischen Agenda. Er vertritt den Gesetzgeber, er kontrolliert den politischen Wettbewerb – und er ist in der Ära Merkel systematisch in den Aufmerksamkeitsschatten tief in den Kulissen gedrängt worden, obwohl sein Platz ganz vorn im Rampenlicht wäre. Papier erweitert Böckenfördes oft zitierten Satz mit fast stoischem Ernst: »Die Verfassung kann in der Tat nicht gewährleisten, dass die Bürgerinnen und Bürger dieses Landes die parlamentarische Demokratie auf Dauer mental, intellektuell und emotional stützen. Das kann keine Verfassung.«

Wir spüren es längst: Auch der Bürgerzorn läuft aus dem Ruder. Am Denkhorizont der Deutschland-Liebhaber unter den Deutschen erscheinen entgleiste Gesellschaften des alten Europa, das seine Entmachtung fassungslos befördert und beschleunigt.

Niemand kann behaupten, daran hätten Regierungen keinen Anteil. Die Kanzlerin war federführend bei der Veränderung des Rechtsempfindens. Der laxere Umgang mit Recht und Gesetz wandert wie ein Virus in den Rechtsalltag der Menschen. Er verändert auch ihr Rechtsverhalten. Effekt, unerwartet: Rechtsunsicherheit, Ängste.

In diesem Klima des höheren Bedarfs und neuartiger Straftaten bei fehlenden Kapazitäten der Ahndung beginnt der Staat, seine laxere Rechtspraxis zu verteidigen bzw. anzupassen und die Schwellen für Strafaussetzung und gerechte Bestrafung zur Abschreckung für andere zu senken. So erodieren die Standards, nach denen Recht gesprochen und vollzogen wird. Also nimmt der Staat auch seine Schutzversprechen zurück, die mit einer klaren Rechtspraxis verbunden waren.

MASTERPLAN
FÜR EIN ANDERES EUROPA

EU und EZB im Abendrot
der Demokratie

Eine Frauen-Troika regiert Europa

Wenn es weiter gut für sie läuft, regiert die Kanzlerin in den knapp zwei Jahren ihres dreijährigen Finales Europa mit einer Topcrew, die ihre Handschrift trägt: Eine Troika, deren Vorgeschichte keine Fragen mehr offen lässt, was die Waffenkammern und den Werteproviant der Kanzlerin betrifft. Für die Wahl des EU-Kommissionspräsidenten gab es nicht nur feste Absprachen, die den ernsten Vorsatz des europäischen Parlaments widerspiegelten, endlich mehr Demokratie in die Europäische Kommission zu bringen. Die Europawähler wussten: Mit dem nationalen Spitzenkandidaten ihres Landes wählten sie zugleich einen Anwärter auf den entscheidenden Wettbewerb um das Amt des Kommissionspräsidenten. Er oder sie sollte aus dem Kreis der Spitzenkandidaten kommen, die den Europawählern aus dem Wahlkampf bekannt waren. Die hohe Wahlbeteiligung bei der Europawahl im Mai 2019 61,4 % galt auch diesem Versprechen: mehr Transparenz, weniger Tricks, offene Bühne statt Hinterzimmer. Das Europäische Parlament versprach sich von diesem Bekenntnis zur übernationalen Demokratie einen Sprung ins offene Gelände, dorthin, wo die Bürger leben und über Europa die Nebelkerzen des Europäischen Rates wahrnehmen, mit denen unerklärliche Entscheidungen der europäischen Staatschefs und -chefinnen unkenntlich gemacht werden. Europa sollte berechenbarer werden, so träumten die

Parlamentarier. Wer genau hingeschaut hatte in den Monaten der Kandidatenkür in Europa, zum Beispiel in Deutschland, der hatte längst wahrgenommen, dass da eine kalkulierte Unschärfe der Kanzlergunst den Kandidaten Weber in wechselndes Licht tauchte. Unverkennbar war das Schwanken der Kanzlerinnengunst, wir kannten das aus der Legendenbildung um EZB-Kandidaten früherer Jahrzehnte, und wir konnten ahnen, dass die vorzeitige Verlängerung des Weidmann-Jobs in der Bundesbank prophylaktischen Charakter hatte.

Dennoch saßen auch in Sachen EZB-Besetzung bereits die Spatzen auf allen Dächern. Noch ahnte niemand die Verknüpfung der Topjobs, die Tauschgeschäfte. Noch wussten nur die hellwachen Dealer, dass der kleine Wackler bei den Mehrheiten, demokratischer Alltag in Parlamenten, den Startschuss und Vorwand für die Dealer liefern würde, ein ganz anderes Szenario außerparlamentarisch durchzusetzen. Den CSU-Mann fallen zu lassen, war seit Monaten die Option. Während die CSU »ihren« Kandidaten auf die Erfolgsstraße schickte, brachte die Kanzlerin dessen Bild zum Schillern. Ein CSU-Mann als Merkel-Günstling? Wer Merkel kennt, sah schon vor der Europawahl einen Fehler in dieser Rechnung. Auch Weber sah ihn. Was hätte er tun sollen?

EU und EZB als Beute politischer Dealer

Träumende Europäer hatten gegen die hellwachen Dealer aus dem Merkel-Labor keine Chance. Auch die Legende war von langer Hand entworfen: Macron sei es gewesen, der von der Leyen vorgeschlagen habe – weil man mit ihr Französisch sprechen könne. Ein ungewollter Vorgriff auf das Niveau, das die Qualifikationsentwürfe für Topjobs in Brüssel künftig verbindet.

Hauptsache, das Gesamttableau des neuen Dealerclubs garantiert den Regisseuren der ersten Stunde künftig den maximalen Einfluss auf ihre Geschöpfe.

Nur die Dealer selbst preisen den Qualifikationsverzicht, der ab jetzt die Spitzenämter in Europa so politikkonform machen soll, dass dem Parlamentarismus in Straßburg kaum mehr als ein symbolpolitischer Rang bleibt. Auch die Europäische Zentralbank steht auf dem Tableau der Dealer für ein anderes Europa.

Das Panorama aus dem Dealerclub für ein politisch handelbares Autokraten-Europa liefert das Mission Statement, das Merkel immer verweigert hat. Das Überraschungspaket aus Transfers und abenteuerlichen Jobhoppings neben Jobverzichtserklärungen (Weber) zeigt die deutsche Kanzlerin noch einmal und nun sehr grundsätzlich als demonstrative Verächterin des Parlamentarismus und als selbstbewusste Regelbrecherin gegenüber der Demokratie und dem Ethos der Demokraten. Zugleich vertritt sie offensiv mit dem Deal zum Kommissionspräsidium und dem Vorsitz der EZB eine Botschaft, die Qualifikation nicht mehr an Fachkunde bindet und Eignung weniger bei den präsentierten Kandidaten sucht als im Puzzle der künftigen Regisseure, die ein neues Stück auf die Weltbühne bringen wollen, in dem Einzelfiguren disponible Rollenzuweisungen erfüllen sollen.

Der Klartext lautet: »Ein neues Spiel.« Dass es lauter Frauen sind, die Merkel in dieses neue Spiel schickt, könnte, muss aber nicht Zufall sein. Von der Leyen und Christine Lagarde besetzen traditionell männlich dominierte Kommandoplätze. Mit Merkel sehen wir drei Frauen, die in den nächsten Jahren Europa steuern sollen.

Von der Leyen hat schon auf ihrer Bewerbungsreise nach Ungarn und Polen, EU-Mitgliedern, die zugleich von der Europäischen Kommission mit rechtsstaatlichen Mahnverfahren belegt wurden, gezeigt, dass sie, wie ihre Gönnerin, in Machtfragen den Deal wählt, um den eigenen Vorteil zu wahren. Orbán und der polnische Staatschef wählen sie auf der Basis von Versprechungen, die sie vorausgeschickt hat. Provisionen? Goodwill-Aktionen? Beides ist im zivilen Leben seit dem Jahrtausendbeginn nicht mehr straffrei. In der Welt des politischen Deals gelten andere – oder keine Regeln. Von der Leyen wäre ohne ihr intensives Dealing mit Kritikern des antidemokratischen Verfahrens nicht gewählt worden. Merkel räumt aber mit der Rochade von Personen und Ämtern noch mehr ab als nur eine Parlamentsreform in der EU: Sie liefert ganz nebenbei eine Bekräftigung ihrer Geringschätzung der deutschen Bundeswehr ab, die sie mit einer Fortsetzung der Fehlbesetzungen im Amt der Verteidigungsministerin unterstreicht. Wieder dominiert die *hidden agenda* die Personalverantwortung der Kanzlerin: die Vorsitzende der CDU mit einem weiteren Amt offensiv zu überfordern, das Amt zu beschädigen durch nivellierende Personaltransfers, das alles spielt keine Rolle, wenn es um die Deals im nächsten Abschnitt der Kanzlermacht geht: AKK ohne Kanzleramt wäre wenigstens Ministerin.

Merkels letzter großer Deal: Europa for sale

Merkel, von der Leyen und Lagarde erscheinen im Postenpoker für die Nach-Draghi-Zeit wie ein Revival jener gefürchteten »Troika« der »Eurorettungs«-Zeit, die aus lauter Männern bestand und die Reformkommandos aus Brüssel nach Südeuropa brachte, um die untaugliche Idee von der Einheitswährung in Volkswirtschaften zu tragen, die vom überbewerteten Euro überfordert sind. Die »Troika« der simulierten »Eurorettung« wurde von Alexis Tsipras, dem widerspenstigen Griechen, um ihren stolzen Titel gebracht; in der Sache dauerte das *Loser*-Programm für die Südeuropäer an. Das Ergebnis war die Spaltung Europas in Gläubiger und Schuldner, mit der wir heute leben.

Eine neue »Troika«, weiblich besetzt, schickt sich im Jahr 2019 an, Europa zu regieren. Wieder flogen die Fetzen: Die erträumte Redemokratisierung Europas, ein Heilungsversprechen des Parlaments an die EU-Skeptiker, wurde als Erstes abgeräumt. Merkel platzierte von der Leyen, und Macron installierte Lagarde. Kommission und EZB, die beiden Machtzentren der Europäischen Union, werden mit zwei Amateurinnen besetzt, die im Politpoker qualifiziert und in den Fachdisziplinen garantiert unbefangen sind. Ihre Gönner rechnen mit einer dem gemeinsamen Interesse günstigen Konstellation: erst fördern, dann steuern. Der Charme begleitender Legenden wurde von den Teampartnern Juncker, Merkel, Macron so wichtig genommen, wie das kritische Publikum ihn nimmt. Da wurde Macron zum Schirmherrn der glücklosen Verteidigungsministerin von der Leyen – mit einer glanzvollen Perspektive, in der die schlagartig gekappten Debatten um Beraterverträge, ein Segelschulschiff und Materialnotstände wie kleinliches Nörgeln über Petitessen erscheinen musste. Merkel tat quasi Macron, dem sie so oft die kalte Schulter gezeigt hatte, endlich einmal einen Gefallen: Die von ihm vorgeschlagene Kandidatin für die Juncker-Nachfolge sollte Ursula von der Leyen heißen, so das Storytelling.

Juncker applaudierte teamkonform, und Merkel musste nur noch das Vakuum im Verteidigungsressort kurzfristig abwenden: ein perfektes Merkel-Szenario, weil wieder einmal ein multifunktionaler Schachzug mindestens zwei Probleme zugleich löste. Die CDU-Vorsitzende als Chefin der Soldaten, why not? Seit so vieles in Deutschland geht, was undenkbar war, bis es geschah, sprengte auch diese Kanzlerinnentat so viele Tabus auf einmal weg, dass selbst mutige Betroffene fassungslos um Worte rangen, während klar wurde: Hier wird gar kein Kommentar gewünscht, und Nachfragen schaden eher dem Frager als dem Befragten.

Von der Leyen stieg auf ihre umgesteuerte Kandidatur mit einem geölten Publikumsapparat ein. Ihr Start in die Charme-Offensive wurde kurzerhand über ein nicht parlamentarisches Gremium, den Europäischen Rat, beschleunigt. Schließlich musste sie sich für die Parlamentsbegegnung fit machen, die als Formalie weiterhin auf der Agenda stand.

Christine Lagarde, erfahrener als von der Leyen in den Grauzonen zwischen Wirtschaft und Politik, reagierte auf Journalistenfragen offensiv und selbstbewusst. Als Finanzministerin der französischen Regierung hatte sie noch im Jahr 2018 einen fatalen Gerichtsentscheid zu verkraften, der sie der Begünstigung eines Unternehmers schuldig sprach, und – da staunt Deutschland – wegen ihrer wichtigen Position als IWF-Chefin ausdrücklich straffrei ziehen ließ. Lagarde schien eine unsichtbare Rüstung zu tragen; eine Kämpferin von hohem Intellekt. Insoweit ist Lagarde der Gegentypus zu Merkel.

Merkels Meisterstück:
Kritiker instrumentalisieren

Was Macron und Merkel da in diplomatischer Verschlüsselung ins Werk setzten, ist deshalb aus verschiedenen Perspektiven ein hochexplosiver Coup. Es geht um die Verschiebung zweier Figuren auf dem imaginären Schachbrett, an dem Merkel und Macron zuvor aber nie gemeinsam oder als Gegner gesessen hatten. Die Merkel-Macron-Geschichte handelte eher von Illusionen, die der Franzose jahrelang verfolgte, bis er schließlich verstimmt und Merkel-kritisch in der Realität landete. Nun dieses gemeinsame Projekt, bei dem jeder von beiden dem anderen einen Dienst an dessen Machtzukunft erweist: eine Geschichtssekunde, ganz nach Merkels Geschmack, weil hier ein Schlusspunkt hinter ihre EZB-Story gesetzt wird, der sie als Siegerin beim kompletten Umsteuern des EZB-Auftrags von der Geldpolitik zur Staatenfinanzierung zeigt.

Das Schweigekartell um Merkels Mitwirkung am schleichenden Wandel der Befugnisse der EZB hält immer noch. Diese »Wende« fällt unter den Inkognito-Bedarf der Kanzlerin. Sie weiß, dass ein kritisches Wort zum erneuten Durchstarten der Anleihekäufe, Draghis Vermächtnis für die gefügige Nachfolgerin, den Skeptikern im EZB-Direktorium einen längst fälligen Debattenstart ermöglicht hätte. Die Kanzlerin schweigt. Sie hat konsequent an der globalen Überschätzung ihrer Kompetenz gearbeitet, genau deshalb hat jedes verweigerte Plädoyer noch mehr Gewicht. Der Komfort ihrer Karriere als Weltpolitikerin wird von Zuschreibungen gespeist, die sie jederzeit abrufen könnte. Als »Euroretterin« könnte sie einen Halbsatz zu Draghis erneuter Entscheidung für die Grauzone zwischen Währungsstabilität und politischen Nebelkerzen liefern: Sie könnte ihre jahrzehntelang verfolgte Politisierung der Zentralbank verteidigen. Sie könnte, ebenso machtgesichert, diese Position relativieren, um den Mainstream sacht umzusteuern. Die hoch qualifizierten deutschen Kandidaten für den Topjob bei der EZB, die sie fallen ließ, waren leicht vermittelbar und agieren anderswo erfolgreich.

Auch der Testballon einer weiblichen Grundsatzentscheidung im September 2019, der seit dem Rücktritt des finanzwissenschaftlichen Toptalents Sabine Lautenschläger über den *closed shops* der angeleinten Linientreuen im Herbsthimmel schwebt, bleibt ein flüchtiges Leuchtzeichen über den Festungen der *political correctness*. Der Spitzenplatz bei der EZB, für den die Juristin Sabine Lautenschläger bestens qualifiziert wäre, ist im Tableau der paradoxen Topjob-Politik des Merkel-Clans vergeben: an die trendkonforme Bewerberin Lagarde.

Merkel entmachtet Deutschland in Europa – und keiner schaut hin

Merkel blickt auf eine Kette hochkarätiger Talente zurück, deren Erfolgsgeschichte sie in Deutschland und Europa stoppen konnte. Auch dieses verlockende Spiel unterbleibt wegen Tabugehorsam der Deutschen: Wie sähen Deutschland und Europa heute aus, wenn die vertriebenen Toptalente in Topämter gerückt – oder dort länger geblieben wären, wie Jürgen Stark, Jens Weidmann, Axel Weber und Sabine Lautenschläger. Jens Weidmann sitzt in einer raffinierten Blockade als Bundesbankchef und damit an freimütigen Redebeiträgen im EZB-Direktorium qua Amt gehindert. Merkels Weidmann-Blockade dauert fast so lange wie ihre Amtszeit als Kanzlerin: Er war Kanzleramtsberater und durfte danach, wie vor ihm Axel Weber, Merkels Kunst der Unberechenbarkeit als Hoffnungscocktail ausgiebig studieren. Sein Scharfsinn hat darunter nicht gelitten, aber sein Handlungsraum blieb fatal begrenzt.

Merkels Spur in der Wendestory der EZB ist eindeutig auf die Überdehnung des Zentralbank-Mandats gerichtet. Auch ihr Schweigen an allen neuralgischen Punkten der EZB-Karriere in Richtung Politisierung und Klientelpolitik für die Weichzeichnung der fragilen Eurostory zeigt die deutsche Kanzlerin als Trendleaderin für multilaterale Partnerschaften der Mächtigen. Merkels Machtgeschichte in Deutschland und Europa gilt dem

Ausstieg aus dem demokratischen Zwischenhoch, das die Bündnispartner des Westens gern in eine transzendente Dauer fortgeschrieben hätten. Merkels Sendungsbewusstsein galt der Übernahme demokratischer Kontrollfunktionen durch die Politik. Dieses Take-over wurde von ihr als Geheimprojekt behandelt. Heftige, offenbar nicht kontrollierbare Ausschläge ihrer Sendungsgewissheit zeigen die von Größenwahn getriebenen Projekte Verstaatlichung der Energiewirtschaft und Entgrenzung Europas für alle Schutzsuchenden der Welt. Ihr deutsches Publikum verfolgte diese Ausbrüche mit der Fassungslosigkeit des gebrannten Kindes. Deutschland diente seiner Herrscherin, autoritätsgläubig wie in früheren Versuchungen. Und euphorisch, wie nur Traumakranke reagieren.

Merkel/Lagarde:
Ein Dealer-Duo von verschiedenen Sternen

Von der ungeschminkten ersten Begegnung zum machtpolitisch aufgeladenen Paarlauf haben beide Frauen gelernt, symbolpolitische Deals zu schätzen. Lange bevor beide, zu Duzfreundinnen geworden, 2019 in Leipzig eine Kostprobe ihrer Virtuosität im Umgang mit dem Jobdealing der späten Merkel-Jahre lieferten, gab es jene frühe Begegnung im Jahre 2012, als Lagarde und Merkel im Kanzleramt über die sogenannte Eurokrise sprachen. Beide Damen ergriffen nach dem Treffen die Gelegenheit, ihre Eindrücke aus der Begegnung einem größeren Publikum bekannt zu machen: Die IWF-Chefin Lagarde nutzte für ihr Statement zum Merkel-Meeting einen Vortragstermin bei der Deutschen Gesellschaft für Auswärtige Politik. Was die deutschen »Freunde« zur Lösung der »Eurokrise« lieferten, so Lagarde, sei »Stückwerk«. Man brauche aber eine

»umfassende Lösung«. Der politische Wille, so Lagarde 2012, fehle offenbar. Mut und politische Führung seien aber unentbehrlich für eine umfassende Lösung, fügte sie nicht ohne einen ironischen Unterton hinzu. Wie die Chefin des Währungsfonds sich eine perfekte Lösung vorstellt, fügte sie unerschrocken hinzu. Alles »zusammengenommen«, seien Eurobonds unvermeidlich, eine strenge Finanzmarktregulierung überfällig und für den Euro-Hilfsfonds der Europäer eine »große Brandmauer« das Gebot der Stunde. »Mit kessem Augenaufschlag«, so der Korrespondent der *FAZ*, habe die Grande Dame hinzugefügt, »mehr als die allermeisten verstünden die Deutschen mit ihren Erfahrungen der Wiedervereinigung und der sozialen Marktwirtschaft die Tugenden der entschiedenen Solidarität.«[27]

Klare Positionen, die Merkel zeitnah vor der Presse kommentierte. Ja, die Rede der IWF-Chefin sei ihr bekannt. Der *FAZ*-Korrespondent protokolliert: »Es folgten umständliche, verdrehte Sätze ... und hinzu füge ich«, so Merkel, »dass Deutschland immer alles getan hat, wenn es jetzt unbedingt notwendig wäre, den Euro zu schützen. Dieser Überschrift fühlen wir uns verpflichtet. Aber immer kaum, dass wir eine Neuigkeit gemacht haben, die nächste schon zu machen, das halte ich nicht für richtig.«[28]

Die beiden Aufsteigerinnen lebten 2012 noch in verschiedenen Welten. Merkel hatte, wie generell in Auswahlprozessen, an denen andere mitwirken, ihre Zustimmung zur IWF-Position für Lagarde erst geliefert, als die Nominierung für die Französin nicht mehr zu stoppen war.

Auf Lagardes Denken in großen Würfen reagiert Merkel defensiv-verunsichert, wie das von der *FAZ* gnadenlos aufgezeichnete Statement vor der Presse beweist. Lagarde legt an jenem denkwürden Tag im Januar 2012 dann auch noch ein Bekenntnis ab, das ihre Distanz zum Politikstil der deutschen Kanzlerin besiegelt. Als Abschluss ihrer Rede vor der Gesellschaft für Auswärtige Politik wählte sie ein Goethe-Zitat: »Es ist nicht genug zu wollen, man muss es auch tun.«[29] Lagarde zeigt Flagge. Sie legt Wert auf den Unterschied.

Fast acht Karrierejahre Lagardes und Merkels vergehen, bis ein gemeinsamer Redeauftritt diesen Rückblick auf das Jahr 2012 in Erinnerung ruft. Merkel hat ihre weltweiten Erntemonate begonnen, die bis in den September 2021 dauern sollen. Im September 2019 ist die »Troika« aus Powerfrauen komplett, die Europa regieren soll, ein Merkel-Projekt, das über ihre Amtszeit hinausweist wie alle Großprojekte ihrer Kanzlerschaft. Die EU-Kommissionspräsidentin von der Leyen ist ihr Geschöpf, und die EZB-Präsidentin Lagarde ist im Deal mit Macron die entsprechende Garantin für die Fortsetzung des Draghi-Kurses, der beiden Dealing-Partnern, Macron und Merkel, die verdeckte Staatsfinanzierung zugunsten des maroden Euro in Aussicht stellt. Noch einmal ziehen die Schatten der verhinderten Reformer, die Merkel stoppte, an unserem inneren Auge vorüber: Axel Weber, Jürgen Stark und immer wieder Jens Weidmann. Alle drei hätten das Brüsseler Casino früher geschlossen. Die Nachfolgerin *in spe* Lagarde lobte dagegen im September 2019 Draghis Geldpolitik bei der Anhörung vor einem Parlamentsausschuss in Brüssel. Sie nahm sich mehr als zwei Stunden Zeit, um zu bestätigen, was aufmerksame Beobachter schon in ihrem IWF-Management abgelesen hatten: Lagarde politisierte den Weltwährungsfonds weiter, nachdem Dominique Strauss-Kahn das Amt im Zuge eines Sexskandals hatte aufgeben müssen. Die französische Regierung brauchte diese Berufung und kämpfte dafür. Lagarde hatte acht Jahre Zeit, den IWF tiefer in den Politisierungstrend zu führen, für den auch Angela Merkels Regie bei der Besetzung von Führungspositionen steht. Horst Köhler, »ein Mann mit guten Vorsätzen«,[30] hatte im Jahr 2000 das Spitzenamt im Währungsfonds übernommen. Nach nur vier Jahren veranlasste die Kanzlerin Merkel seinen Wechsel in das repräsentative Amt des Bundespräsidenten, wo er wegen einer sachkundigen Bemerkung zur Realpolitik vorzeitig abdanken musste. Merkel führte vor und in drei Präsidentenwahlen Regie gegen alle geltenden Regeln, plötzliche Kurswechsel eingeschlossen, Aktionen, die eigentlich geeignet waren, das Wählerpublikum hellwach zu schütteln.[31]

Lagarde plädiert für Eurobonds, für die Vergemeinschaftung von Bankenhilfen und Versicherung von Bankeinlagen. Ihr Vokabular zeichnet weich, was seit Jahren als Streitfall in Brüssel zwischen den Nationeninteressen hin und her gezerrt wird. Die Märkte reagieren auf Lagardes Nominierung mit fallenden Zinsen. Die Erwartung ist, dass die neue Präsidentin Draghis Kurs, »die Zentralbank in den Dienst der Politik zur Erhaltung des Euros zu stellen, fortsetzen wird ... auch wenn dafür Regeln gebrochen werden müssen ... Wie viele französische Politiker glaubt Christine Lagarde an den Primat der Politik über Recht und Regeln. Wie der IWF wird folglich auch die EZB unter ihrer Führung zu einer durch und durch politischen Institution werden.«[32]

Auch diese Aussichten gehören in das Erbe Merkel, da die Kanzlerin über viele Jahre konsequent Besetzungen verhindert hat, die mit Kandidaten aus ihrem, dem deutschen Machtbereich nicht nur möglich, sondern zur Korrektur der Fehlentwicklungen beim Amtsverständnis der Zentralbank-Chefs überfällig waren. Der politische Wille der Trendleader wie Angela Merkel stand dagegen. Christine Lagarde sieht ihre künftige Rolle entspannt im Mainstream der politischen Landnahme in allen Institutionen, die als Kontrolleure der Politik gedacht waren. »Ich bin völlig irrelevant«, entgegnet Lagarde den besorgten Experten der Finanzwirtschaft.[33]

Im Jahr 2019 zeigt sich: Das Duo Lagarde/Merkel, das nun einem gemeinsamen Termin in Leipzig zusteuert, hat über fast acht Jahre auf Distanz und mit konträr gelagerten Temperamenten Trendleadership für die Zukunft der autokratisch geführten Großsysteme im Weltreich der Datenkonzerne geleistet. Demokratische Regelwerke sind Sand im Getriebe dieser Machtzentralen. Marktwirtschaft wird quasi über Nacht zur falschen Antwort, weil die Marktteilnehmer selbst zu Produkten geworden sind. »Eurorettung« taugt für die Nahsicht der Helfertrupps, denen Lagarde und Merkel am Ziel zugeordnet werden, wenn sie nicht rechtzeitig nach neu geschnittenen Führungspositionen in der Überwachungscommunity greifen.

Vorher ist noch Leipzig. Am 31. August 2019 verlieh die Handelshochschule HHL Leipzig Graduate School of Management der deutschen Kanzlerin die Ehrendoktorwürde für Führung. Gutachten zu den wirtschaftswissenschaftlichen Leistungen der Ehrendoktorin Merkel waren vorausgegangen, so die Hochschulleitung. Der an der HHL lehrende Wirtschaftspsychologe Timo Meynhardt stellte das längst fällige Logo für die nie entschlüsselte Hand-Magie der Kanzlerin vor, quasi die wissenschaftliche Begründung für die hohe Auszeichnung: die »Merkel-Führungsraute«. Sie hat »vier Eckpunkte: Humanismus, Pragmatik, Gemeinwohl, Authentizität«.[34] Die Laudatorin Lagarde reagierte darauf mit einem Vierklang, nachdem sie sich im Übermut der gemeinsamen Siegesfeier für den EZB-Job für ein diplomatisches Feuerwerk von Übertreibungen entschlossen hatte: Zu Angela Merkels Führungsstil falle ihr nur der große Leipziger Johann Sebastian Bach ein. »Wohltemperiert« wie Bachs weltberühmtes Klavierwerk sei Angelas Führungsstil zu beschreiben. Die »Vier D« auf Lagardes Skala für die Doktorin Merkel seien: Diplomacy, Diligence, Determination und Duty. »Manchmal mag es einem vorkommen, als ob sie alleine spiele«, sagt Lagarde, und da blitzt er wieder auf, der intellektuelle Überlegenheitsanspruch, mit dem sie acht Jahre vorher schon den Unterschied zu Merkel klargemacht hatte. Da sie loben soll, fährt die kluge Diplomatin Lagarde fort: »Aber sie spielt niemals alleine. Wir alle spielen mit ihr und lassen uns von ihr führen.«[35] So reifen Freundschaften unter Erfolgreichen: Man hat einander so viel zu verdanken, dass jede Gelegenheit willkommen ist, die steilsten Komplimente abzuliefern. Man wird einander noch brauchen.

MARKTWIRTSCHAFT FOR SALE

Schweres Wetter
für die Marktwirtschaft

Markt verliert, Plan gewinnt

Marktwirtschaft als Handicap – wenn Angela Merkel eine Strategin wäre, dann stünde auch diese Zukunftsformel auf ihrer Hidden Agenda für die eigene Machtgeschichte. Dass sie Wirtschaftskompetenz als eine bedrohliche Größe ansah, bewies sie aber relativ zügig am Beispiel Friedrich Merz, dem wirtschaftspolitischen Ass in der West-CDU. Und sie legte mehrfach nach, wenn wirtschaftskundige Köpfe in der Führungsriege der Partei erfolgsverdächtig wurden. Das mag unbefangene Zeitgenossen überraschen, denn den Gegenentwurf, die Planwirtschaft, hatte die junge Politikerin doch eben erst scheitern sehen. Traute sie der »kapitalistischen« Variante von Wirtschaftspolitik genauso wenig zu wie der sozialistischen?

2003 erlebte die westdeutsche Marktwirtschaft ein kleines Zwischenhoch: Merkel überraschte ihre Jünger mit Erhard-Lektüre, und alle Zeichen schienen auf ein Revival des schwarz-gelben Duos hinzudeuten, dem Deutschland die neue Einheit verdankte. Der Leipziger Parteitag sah eine neoliberal beflügelte Kanzlerin, der selbst die Junge Union zujubelte. Aber der Wind des Wandels, Merkels Karriere driver, drehte schon wieder sacht ab. Eine Prise Ironie vom politischen Gegner Gerhard Schröder reichte aus, um die nächste Merkel-Wende auszulösen: »Der Professor aus Heidelberg«, rüdes Eliten-Ressentiment als syntaktisches Meisterstück, wurde zum lapidaren Knock-out für das politische Wendemanöver in Richtung Neoliberalismus, das die neugeborene Erhard-Leserin Angela zusammen mit ihrem designierten Finanzminister Paul Kirchhof wagen wollte. Es war eine jener taktischen Volten, mit denen Merkel ihre lange Verweildauer auf der Erfolgsstraße gemanagt hat. Sie hatte den neoliberalen Trend für Mainstream-verdächtig gehalten. Es war kein Bekenntnis, kein ideologischer *Turnaround*, aber eine Anwandlung, die im flexiblen DDR-geschulten Kopf ganz kurz ein Heimweh anfachte: Bei Erhard stand doch die Formel »Wohlstand für Alle«, und er hatte recht behalten, damals. Das war der Punkt: damals. Alles eine Frage des Kalküls und des Timings. Die Kanzlerin Merkel würde wenige Jahre später noch einmal auf die Liberalen setzen, diesmal um weiterregieren zu können. Die FDP brachte ihr 16 Prozent Wählerstimmen. Merkel reagierte mit dem schlampigsten Koalitionsvertrag der Parteiengeschichte und ließ sehr bald erkennen, wozu das taugte: Sie verhinderte Stück für Stück die Einlösung der FDP-Versprechen, die im Koalitionsvertrag standen. So organisiert man Stimmenverluste auf offener gemeinsamer Strecke. Dazu braucht es keinen Wahlkampf. So kontaminiert von Merkels autokratischem Führungsstil, verlor die FDP nach diesem Koalitionsabenteuer so viele Wähler, dass sie 2013 aus dem Bundestag verschwand. Rückblickend erkannten die Führungsleute der Liberalen die Koalition mit der Merkel-Union als Einladung zur Vernichtung.

Noch kam niemand auf die Idee, dass mit der FDP auch die Chancen der Marktwirtschaft in der deutschen Politik ganz offiziell infrage gestellt werden dürften. Der Überraschungskandidat des Jahres 2019 im Wirtschaftsressort, Peter Altmaier, offenbar ein Allrounder für beliebige Ämter, nutzt den volatilen Trend mit einem waghalsigen Megaprojekt »Neue Industriepolitik«. Zweifel und Sprachlosigkeit der Ökonomen in den

Wirtschaftsverbänden begleiteten Altmaiers USA-Reise, die seinem industriepolitischen Entwurf den Touch eines großen Wurfs verleihen sollte. USA als Innovationsbühne, so mag das Team des Ministers gedacht haben, liefert die angemessene Flughöhe, um in Europa bemerkt zu werden.

Kanzlerin und Wirtschaft: Die schleichende Entfremdung

Im allgemeinen Kopfschütteln ging unter, dass auch Altmaiers Produktidee den Weg aus der Marktwirtschaft, nicht aber zu ihr zurück weist. Deutsche Unternehmen erkennen sofort, dass die Richtung für ein Wirtschaften im Wettbewerb eher Gegenwind bedeutet. Die Kanzlerin schweigt. Die jüngsten Begegnungen mit den mächtigen Wirtschaftsverbänden BDI und BDA zeigten die fortschreitende Entfremdung von Unternehmen und Regierung. Die traditionellen Meetings mit Auftritten der Kanzlerin im Sommer 2019 standen unter dem Motto: »Die Regierung schadet den Unternehmen.« Die traditionelle kritische Distanz zwischen Regierung und Wirtschaft mutet im Rückblick eher idyllisch an, wenn seriöse Zeitungen das zerrüttete Verhältnis unter die Headline »Die Wut der Wirtschaft« stellen. »Die Entfremdung/Frontalangriff auf die Kanzlerin«, so die Salve von Warnschüssen aus der Industrie.[36] Zum Jubiläum der Marktwirtschaft wurden beide Seiten grundsätzlicher als in den langen Jahren der Schonung, die Merkel ihrer Machtposition und ihrer Unberechenbarkeit verdankt. Im Abendglühen der Kanzlerschaft erkennen Verbände und unternehmerischer Mittelstand nun, dass die Marktwirtschaft in Deutschland eher auf dem Rückzug ist. Das kampflose Take-over der Energiewirtschaft im tollkühnen Alleingang einer selbstherrlichen Kanzlerin 2011 ließ Wiederholungsfälle befürchten. Obendrein waren mehrere Branchen und ihre Zulieferer unter Subventionsnarkose ruhiggestellt – bis diese künstliche Ernährung genauso planwirtschaftlich abgeschaltet wurde, wie sie gekommen war. Die schöngeredete Wende stolpert, der Klassenbeste Deutschland verliert seinen erschlichenen Vorreiterbonus und der Stress einer Selbstüberschätzung schlägt durch. Im Abendglühen der Merkel-Kanzlerschaft kommen die Unternehmer und die Topmanager jetzt zur Sache. Wo bleibt die Marktwirtschaft?, könnten sie der Kanzlerin zurufen. Die aber hat den nächsten Kernsatz der Selbsttäuschung schon im Manuskript stehen und liest ihn vor: Sie, Angela Merkel, »appelliert an die Wirtschaft, gemeinsam an der Akzeptanz der sozialen Marktwirtschaft in Deutschland zu arbeiten«.[37] Das klingt, als handle es sich um ein neues Produkt, das auf den Märkten noch nicht eingeführt ist und Promotion braucht. Die Kanzlerin verrät damit ihr gestörtes Verhältnis zum marktwirtschaftlichen Erbe der freien demokratischen Wettbewerber, die sie seit anderthalb Jahrzehnten regiert. Merkels planwirtschaftlicher Tiefschlag in 2011, so die Gegenrechnung zu ihrem Akzeptanz-Appell, belastet den Standort Deutschland mit den höchsten Energiekosten Europas. In Deutschland herrscht nicht der Souverän, sondern der Staat. Seine Steuerforderung übertrifft alle vergleichbaren Nationen.

Dass es so spät wurde, bis der offene Zorn der Wirtschaftsführer der Kanzlerin die Stirn zeigt, beweist die wachsende Entfremdung der Bürger von der Marktwirtschaft im offenen Wettbewerb: In Merkels Reich gilt seit Jahren schon die Planwirtschaft der Worte und Gedanken. Der diplomatisch-wolkige Sound der Verbandschefs weicht endlich im Abendlicht der planwirtschaftlich angeschlagenen Bundesrepublik einem klaren Plädoyer gegen die planwirtschaftliche Drift im multilateralen Tarnanzug. Aber es ist spät geworden, und die Planwirtschaft hat unter Merkel mit Soft Skills über ihre Folgen hinweggetäuscht. Der Paukenschlag in 2011, Verstaatlichung der Energieindustrie, wurde als Ausnahme verbucht, die sich nicht wiederholen werde. Beim nächsten Blattschuss ins Verfassungsrecht, 2015 an den deutschen und europäischen Grenzen, wurde aus dem frommen Wunsch ein Generalpardon, das die beharrlichen Verfassungsrechtler ruhigstellen sollte: Was im September 2015 geschehen war, dürfe sich nicht wiederholen. Wozu wiederholen? Die tiefe Spur der Tat im Rechtsbewusstsein der Bürger und die nie geklärten Lebensspuren der namenlos zugewanderten Neubürger gehören seit 2015 zu Deutschland.

Klartext bei Sonnenuntergang

Im schleichenden Machtverlust der Wirtschaft bietet sich die späte Chance, Klartextlieferungen nachzuholen, die bisher in Soft-Power-Attacken der Kanzlerin regelmäßig kollabiert waren. Niemand hatte sich in Deutschlands starken Ertragsjahren, die Schröder und Draghi zu verdanken waren, fit gemacht für ein Gefecht, dessen Unausweichlichkeit die Wirtschaft seit mindestens zehn Jahren erkannt hat. Die fatale Mischung von Subventionsboom und flankierenden Fortschritten des Sozialstaates im planwirtschaftlichen Riesenpuzzle, das den Staat überall bei Etappensiegen zeigt, die kaum bemerkt werden, verleiht den heute, 2019, panisch aktualisierten Fluchtversuchen der Unternehmer und Manager aus der Umklammerung des Staates eine schrille Note, die von der Presse aufatmend multipliziert wird.

Niemand sagt zwar, es sei »fünf vor zwölf«, aber die meisten Wirtschaftsführer wissen, dass es fünf *nach* zwölf ist, was das Schicksal der Marktwirtschaft angeht. Auch die Kanzlerin weiß

das, und sie gehört zu den fatalistisch gestimmten Zukunfts-
agenten, die wissen, warum die Marktwirtschaft entmachtet
wird. Der sogenannte »Appell« der Kanzlerin an die Festver-
sammlung der Spitzenmanager im Juni 2019, gemeinsam »an
der Akzeptanz der Marktwirtschaft zu arbeiten«, ist ein Muster-
beispiel aus Merkels Talentshop für Symbolpolitik. Die Presse
zitierte diesen Satz bereitwillig. Seine Funktion ist Appease-
ment, um die kollektive Ahnungslosigkeit, wohin das Fugen-
drama die Verlierer spült, möglichst lange zu füttern.
Die Tonlage des Satzes verrät das Motiv: Was als Appell daherkommt, ist blanke Ironie. Die Wirtschaft, so wurde im Sommer 2019 klar, schaltet um von Duldsamkeit auf Attacke. »Die
Große Koalition hat einen großen Teil des in sie gesetzten Ver-
trauens verspielt«, stellt der BDI-Präsident Dieter Kempf fest.
Bravorufe stärken den Redner, der fortfährt: »mutloses Abarbei-
ten kleinteiliger Sozialpolitik und ein ungesundes Maß an Um-
verteilung«[38] ließen nur einen Schluss zu: Ein Kurswechsel sei
fällig.

Die regierende Koalition ist eher nicht kurswechselverdäch-
tig. Bis 2021, dem Zieljahr des dreijährigen weltpolitischen So-
los der Kanzlerin, wird Deutschland im Konjunkturabschwung
mit den planwirtschaftlichen Aktionen des erstarkten Staates
rechnen müssen. Schon heute läuft die Subventionsmaschine
heiß, und die jeweils Begünstigten werden nicht das Hohelied
der sozialen Marktwirtschaft anstimmen, solange sie vom Staat
profitieren. Die volatilen Verhältnisse, in denen Vermutungen
viel Energie kosten, die in entschiedenen Taten besser investiert
wäre, schwächen das Selbstvertrauen der Entscheider auf allen
Ebenen. Selbstverständlichkeiten stehen plötzlich zur Disposition; die Rechtsordnung trägt uns nicht mehr zweifelsfrei; sie
schützt uns nicht mehr absolut, das kostet Vertrauen. Regelbrüche und Entgleisungen im bürgerlichen Miteinander werden so

alltäglich, dass unter der Hand eine neue Scheinnormalität entsteht, in der sich alle misstrauisch einrichten. Wer da von Wettbewerb und Marktwirtschaft redet, lebt im falschen Film, meinen seine jungen Freunde. Wer gar als Jugendlicher ein Plädoyer für die soziale Marktwirtschaft hält, erntet spöttische Zwischenrufe, die ihn auf die Verliererbank schicken: Marktwirtschaft war gestern. Wettbewerb der Stärksten? Ein ideales Beispiel für die junge Runde der Diskutanten. Wettbewerb mit Schlägerbanden? Markt gegen Clans? Was gestern normal war, ist heute die Ausnahme: Wettbewerb der Besten um die besten Plätze. Wettbewerb im Mittelfeld um die besten Plätze im Mittelfeld. Wettbewerb auf allen Ebenen unter dem Motto: Leistung lohnt sich. Teste deine Kräfte. Anstrengung macht belastbar. Subventionen lähmen die Antriebsenergie.

Die Politik sichert ihr Revier gegen die Wirtschaft ab

Die Regierung gibt den Lehrmeister

Im Sicherheitsabstand von drei Monaten übernimmt nicht der Wirtschaftsminister, sondern der Bundestagspräsident, vormals Finanzminister, eine erstaunlich raubeinige Revanche auf die Klartextattacken der Industriechefs. Die sonst nicht schlagzeilenverdächtige *FAZ* wagt für diesen Rundumschlag des Ersatzmanns die apodiktische Headline »Schäuble liest der Wirtschaft die Leviten«. Diese alttestamentarisch aufgewertete Strafpredigt druckt die *FAZ* am 26. September 2019.[39] »Viele Unternehmen«, so der Auftakt der Revanche, »hätten bislang nur unzulängliche Antworten« auf »schwerwiegende Veränderungen wie die Globalisierung«. »Selbstgefällige Genügsamkeit« beobachtet der strenge Kritiker, und er wählt dafür ein Forum, auf dem alle Adressaten nicht durch Untergebene, sondern durch ihr Spitzenpersonal vertreten sind: den Herbstempfang der Spitzenverbände der Arbeitgeber, der Industrie und der Industrie- und Handelskammern am 25. September 2019 in Berlin.

Der Bundestagspräsident fährt gleich schweres Geschütz auf: Es gebe ein Versagen der Eliten. Der Dieselbetrug in der Autoindustrie, der Cum-Ex-Skandal in der Finanzbranche zeigten, dass die Eliten »den moralischen Kompass verloren hätten«. »Es braucht wieder mehr Anstand«,[40] fordert Schäuble, und die Zuhörer mögen an die Erfolgsgeschichte dieses Refrains zurückgedacht haben, den der damalige Bundeskanzler Gerhard Schröder nach dem Brandanschlag auf die Synagoge in Düsseldorf mit der Idee des »Aufstands der Anständigen« am 4. Oktober 2000 vergeblich verlangt hatte.[41] Der Bundestagspräsident verbindet an besagten 25. September 2019 seine harsche Kritik an der Zurückhaltung der Industrie gegen die staatlichen Subventionen mit einem Plädoyer für die soziale Marktwirtschaft, so als hätte es genau diesen Appell für marktwirtschaftliche Arbeitsbedingungen nicht schon im Sommer 2019 von genau jenen Industrievertretern an die Adresse der Kanzlerin gegeben, ohne dass die Konfrontation eine klärende Debatte ausgelöst hätte.

Wie Ironie wirkte das abschließende Statement der Kanzlerin beim Sommertermin 2019, die Wirtschaft möge sich doch einmal um die soziale Marktwirtschaft kümmern. Kein Wort zu dem wachsenden planwirtschaftlichen Staatskapitalismus, mit dem die Großprojekte der Alleingängerin Merkel ins Stolpern geraten mussten.

Wenn Schäuble nun seine Philippika in Sachen nicht abgerufene Staatsgelder wiederholt, so entsteht der Eindruck, als öffneten die Topverantwortlichen aus der Regierung ab und zu ein Fenster, um Botschaften nach draußen zu rufen, unabhängig von den Rückmeldungen der angesprochenen Wirtschaftsvertreter, die unter diesem Fenster versammelt sind. Schäubles Part am 25. September lieferte erneut die Punkte Marktwirtschaft, »ordnungspolitische Berechenbarkeit« (die sich die Zuhörer vergeblich vom Staat erhoffen) und »mehr Fleiß und gesellschaftliches Engagement«.[42]

Tadel statt Verständigung

Schäuble beklagt die Zurückhaltung der Wirtschaft vor den bürokratischen Hürdenläufen, die die Wahrnehmung staatlicher

Finanzierungshilfen aufwendig und zeitlich unberechenbar machen. »Geld für Innovationen« werde nicht abgerufen, so Schäuble. Innovationen, so hätten die anwesenden Mittelstandsvertreter sicher gerne geantwortet, sind risikobehaftet. Innovation ist ein Fugen-Ereignis, zufallsgesteuert, im Vorfeld nur unvollständig darstellbar. Aber kostbar, unentbehrlich, würden die erfahrenen Mittelständler, Hauptschirmherren von Innovationen, wohl gern in den Saal rufen. Aber die Debatte unterbleibt. So erklärt niemand dem Ankläger Bundestagspräsident, woran die von allen im Saal geteilten Ziele scheitern. Und so bleibt auch Schäubles weitere Anklage und sein Verdacht ohne Gegenrede: Nötig sei wissenschaftlicher Fortschritt. Doch könnte es sein, dass die Deutschen das Interesse daran zugunsten ihrer »Work-Life-Balance« verloren hätten? In keinem Industrieland, so sein Informationsstand, werde so wenig gearbeitet wie in Deutschland. Er nennt die USA, wo mehr Jahresarbeitsstunden verzeichnet seien. Nur wer an seine Zukunft glaube, sie gestalten und genießen wolle, trage zu besseren Lebensverhältnissen bei. »Es braucht Führungsstärke«, schließt Schäuble. Und den Appell an die Politik lässt er nur im Zitat aus einem Text des Grafen Kielsmansegg zu: »Die Politik muss zeigen, gebotene Prioritäten zu setzen, ohne in den Sog apokalyptischer Panik zu geraten.«[43]

Ob das der Politik gelingt, erfahren die Festgäste am 25. September 2019 nicht. Es ist ja wohl auch nicht die Politik, die in Panik gerät, wie dieser Auftritt des Bundestagspräsidenten zeigt, es sind eher die Bürger, die angesichts politischer Konzepte zur schöpferischen Zerstörung einer hoch komplizierten Industriekultur im Namen einer vermuteten Kompetenz zum Stopp des Klimawandels in wohlbegründete Panik geraten. Der Ordnungsrufer Schäuble sollte Adressaten unter seinen übereifrigen Kollegen im Klimarausch nicht aus den Augen verlieren.

Die bleierne Hand des Staates

Diskussionen wie diese lassen die gefesselte Fitness der verschiedenen Lebensalter ahnen, die sich austauschen, um das Bessere vom nur Guten unterscheiden zu können. In Deutschland »gut und gerne leben«, wie es in Merkels Wahlslogan steht, ist irgendwie das grundfalsche Versprechen. Denn alle erfahren: Fürsorge tut gut, aber Belastung wirkt besser. Unter der schweren Hand des betreuenden Staates erfahren wir nicht, was in uns steckt, und der Staat erfährt nicht mehr, wer wir sind. Er will es auch nicht mehr erfahren, wenn er nur noch auf seine Stärke setzt.

Debatten sind die Keimzelle der Marktwirtschaft. Überall, wo Demokraten arbeiten und ihre Kräfte messen, tun sie das in einem Set von Spielregeln, die in der Marktwirtschaft wiederkehren. Wenn Jugend im frühen Lebensalter nicht mehr erfährt, dass Wettbewerb stärker, sicherer und mutig macht, verliert die Marktwirtschaft Mitspieler, die ihren eigenen Kräften trauen.

Die Erfolgsgeschichte der Marktwirtschaft ist unbestritten. Dass Marktwirtschaft nicht mehr der Stabilisator demokratischer Kulturen sein könnte, während gleichzeitig auch sie, die westlich definierte Demokratie als Staatsform, in den Sog autokratischer übernationaler Megastaaten gerät, hält nicht nur die Arbeiter in den Denkfabriken in Atem. Marktwirtschaft als Geschäftsmodell, das im Wettkampf mit neuen Geschäftsmodellen auf die Verliererstraße gerät, so lautet die Denkaufgabe der Stunde. Analytiker aller Lager beschäftigen sich mit dieser angesagten Revolution, die mehr ist, nämlich eine Evolutionsidee, der die digitalen Weltreiche folgen, weil sie Demokratie und Marktwirtschaft als Geschäftsmodelle auf feindlichem Terrain betrachten und den digitalen Wirtschaftskrieg gegen die untergehenden Ordnungsideen der neuen »Alten Welt« gewinnen wollen. Was Marktwirtschaft war und was sie konnte, werden wir in diesem globalen Szenario des stürmischen Wandels zu spät erfahren, um den Anspruch auf Rettung, den Bewohner der »alten«, marktwirtschaftlich geordneten Welt anmelden werden, noch erfüllen zu können. Ehe sie untergeht, müssen wir die Menschenwürdigkeit der Marktwirtschaft noch ein letztes Mal erklären, um das Unverzichtbare aus dem Biotop Marktwirtschaft woanders neu anzusiedeln und bewohnbar zu halten.

In allen Debatten zum Untergang der Marktwirtschaft herrscht eine stille Verabredung, den Kern der Marktwirtschaft weiträumig zu umfahren. Ökonomie und Wettbewerb, Demokratie und Markt, Marktwirtschaft versus Planwirtschaft, das sind Themen, zu denen fast jeder etwas zu sagen hat. Abgelenkt durch kollektive Empörungsrituale, ausgebremst durch die wuchernde *political correctness*, haben die meisten Deutschen keine Lust mehr, ihre eigene Meinung erst einmal selbst zu erfahren, ehe sie erleben müssen, dass sie diese besser für sich behalten, weil der Mainstream gegen sie strömt. Warum in diesem Klima nachdenken über Marktwirtschaft?

Marktwirtschaft und Staatswirtschaft, so das politisch geförderte Lernprogramm dieser Jahre, sind nicht Gegner, sondern Geschwister. Ob Wirtschafts- oder Bildungspolitik, alles, was dem Wettbewerb anvertraut war und dort Wertsteigerungen produzierte, nimmt der Staat in seine Verantwortung. Ein wenig dürfen die Menschen zur Gestaltung ihres eigenen Lebens als

Konsumenten, Schüler oder Angestellte, beitragen. Der Lenker aller Lern-, Konsum- und Lebensprozesse ist der Staat, das spüren die Menschen. Und wenn der Staat tatsächlich alles besser kann als ich, warum soll ich dann darauf bestehen, dass der Staat eigentlich mir gehört? Nämlich uns, den Bürgern? Was ändert sich damit für mich? Und was hat das mit Marktwirtschaft zu tun?

Wer ihren Kern immer aus der Debatte ausschließt, der wird sie verlieren, die Marktwirtschaft. Und zwar an die digitalen Herren einer neu verstandenen Erde, auf der – und nun haben wir das Schlüsselwort, ein anderes Menschenbild gilt, das in der Marktwirtschaft keinen Platz hat. Dass unsere Vorväter nach dem Weltenbrand für Demokratie und Marktwirtschaft entschieden haben, hatte diesen Grund: Die Marktwirtschaft braucht die Demokratie, wie die Demokratie die Marktwirtschaft braucht. Beide sind Geschwister und sichern den wechselseitigen Handlungsraum.

In der Mitte der Marktwirtschaft:
Der unantastbare *homo sapiens*

Im Menschenbild, das die Marktwirtschaft in ihre Mitte gestellt hat, ist der Mensch nur nebenbei als Konsument und Lohn- und Gehaltsempfänger interessant. Marktwirtschaft funktioniert nur, wenn der Kern in ihrer Mitte unangetastet bleibt. Weil freie Märkte auch Regelbrecher einlassen, ist es dieser Kern, den die Freunde der Marktwirtschaft jeden Tag vor Übergriffen schützen müssen. Da steht nämlich er, der schicksalsempfindliche und verwundbare homo sapiens, geschützt durch das einzigartige Versprechen der Marktwirtschaft: Homo sapiens, der kostbare Mitspieler in der Welt der Märkte, unterscheidet sich von allen Gütern und Dienstleistungen, die hier bewegt werden, durch seine Unantastbarkeit. Seinem Wohlergehen ist die Marktwirtschaft verpflichtet. Er darf nie gekauft, verkauft oder kalkuliert werden. Seine Würde ist es, die ihn auszeichnet und unantastbar macht.

Das deutsche Grundgesetz nimmt dieses Menschenbild im ersten Artikel auf: Im Zentrum der sozialen Marktwirtschaft steht also der höchste Wert unserer Verfassung.

Darum ist eine Weltordnung, die ohne Marktwirtschaft und ohne Demokratie als Hüter dieser Wertordnung auftritt, nicht einfach ein anderes Geschäftsmodell. Die neue Weltordnung der Datenkonzerne, die sich als multilaterales Netzwerk jenseits aller Wertordnungen und Ideologien anbietet, kreiert einen anderen Menschentypus. Es ist ein revolutionärer Sprung in eine veränderte Selbstdefinition des *homo sapiens* zum *homo digitalis*, die das digitale Weltreich den gealterten europäischen Kulturen anbietet.

Die international vernetzten Organisationen zur Rettung eines gedachten moderaten Weltklimas fallen ebenfalls als Verteidiger der Marktwirtschaft aus. Auch ihr Menschenbild folgt dem utopischen universalistischen Entwurf, den auch Angela Merkel ihrer Flüchtlingsethik zugrunde legt: ein Menschenbild, das kulturelle Unterschiede wegbügelt, um eine romantisierte Rettermoral durchzusetzen. Alle Megaprojekte im Namen der Klima- oder Flüchtlingsrettung entwickeln zwangsläufig totalitäre Züge. Weltumspannende Rettungsprogramme entmachten die Marktwirtschaft, weil sie vorgreifend gleichschalten, was nur verschieden Erfüllung finden und Glück generieren kann.

Die junge Marktwirtschaft konnte von relativ homogenen Gesellschaften ausgehen. Wo unübersichtliche, heterogene Kollektive in ein würdiges Leben »gerettet« werden sollen, bleibt auch Demokratie lange erfolglos.

Angela Merkel hat Deutschland entschieden zum Zentrum aller globalen Chaosprozesse gemacht. Was, außer dem persönlichen Ruhm, wollte sie mit dieser gewollt inszenierten Überforderung der deutschen Bevölkerung und ihrer eigenen Regierung erreichen? Sie hatte das Scheitern eines totalitären Herrschaftskonzeptes erlebt. Dennoch zögerte sie nicht, sofort nach dem Frontenwechsel mit der Auflösung der Ordnungssysteme im größeren Deutschland zu beginnen. Was Westlern weniger bewusst war, wusste sie: Am Parteiensystem hängen Demokratie und Marktwirtschaft. Wer die Parteien als Transferregler zum Parlament, dem Gesetzgeber, entmachtet, der arbeitet an der Auflösung der Demokratie.

Mit Merkel frischte die Zukunftskrise in Deutschland merklich auf. Wohin wollte sie mit Deutschland? Oder gegen Deutschland?

Eventuell auch gegen Deutschland. Dazu gibt es von Merkel eine klare Kondition. Gegen Deutschland entscheidet sie sich, wenn das Highlight ihrer Flüchtlingspolitik, der anonyme Grenzübertritt der Hunderttausende im September 2015, keinen allgemeinen Freispruch erhält. Deutschland gewährte Generalpardon, wie bei allen Rechtsverstößen der Kanzlerin. Auch die Anmaßung, die in Merkels Drohung steckte, »dann ist das nicht mehr mein Land«, fand keine Würdigung durch die Politik. Wie auch, wenn »die Politik« die Kanzlerin ist?

Dennoch bleibt die Mitteilung der allmächtigen Kanzlerin wichtig für ihre Untertanen. Der Subtext ihrer Botschaft wendet nämlich wieder einmal das demokratische Regelset um 180 Grad. Während alle Bürger glauben, das Mandat der Kanzlerin mitbestimmt zu haben, so oder so, lässt die Überfliegerin aller Standards sie wissen: Nicht Ihr wählt mich, sondern ich habe mich für Euch entschieden – aber nicht für alle Fälle. Hier meine Bedingung, dass ich bleibe, wenn keiner meinen Großangriff auf die Rechtsordnung tadelt. Wenn Deutschland meine ganz persönliche Position über den Rechtsnormen nicht akzeptiert, dann fällt meine Wahl nicht mehr auf Deutschland. – Wer wusste das vor 2015? Die Kanzlerin hat sich für Deutschland entschieden, nicht Deutschland für diese Kanzlerin. Damit wird jeder Einspruch des Parlaments in ein neues Licht gestellt.

Merkel führt Deutschland aus der Marktwirtschaft

Angela Merkel hat auch den langen Abschied von der Marktwirtschaft nicht nur moderiert, sondern von Anfang an als Teilprojekt im Megatrend betrieben. Intuitiv begann sie an der Basis, beim Parteiensystem. Sie legte Grenzen nieder, die zuvor das Regieren vom Opponieren als ein Match um Wählerstimmen markiert hatten.

Die Große Koalition war und ist deshalb die ideale Machtbasis für die Einebnung der politischen Bekenntnisgegensätze. Konsequent begann die CDU unter Merkel, Oppositionsprojekte zu realisieren. Welches Parteilabel welche Gesetze tragen, ist inzwischen keine realistische Frage mehr. Im gleichen Takt mit der Zahl der Ideentransfers schwand die Gewissheit der Wähler, welche Partei welches Programm vertritt und was der demokratische Diskurs noch wert sei, wenn jede Kontroverse vom lähmenden Konsens erstickt wird.

»Zusammenhalt« lautet die Zielformel einer Kanzlerin, die an kreativen Kontrasten so wenig interessiert ist wie an wagemutigen Innovationen. Merkel hat nach einem kurzen Zwischenstopp in Europa längst die Weltpolitik im Blick, wo die großen Gleichmacher Massengesellschaften auf Zusammenhalt trainieren für eine Zukunft, in der die westlichen Demokratien als regionales Zwischenspiel eines gnadenlos fortschreitenden Megatrends erscheinen.

Wer die demokratische Innenpolitik auf eine globale Zukunft vorbereitet, wie die deutsche Kanzlerin das tut, der beeinflusst auch jene Systeme, die im gleichen Normengefüge funktionieren wie die demokratischen Regelwerke. Die Wirtschaft in demokratischen Gesellschaften handelt im Rahmen der Normen, die für den Austausch von Waren, Meinungen und Ideen gelten. Das Projekt Marktwirtschaft folgt der Erfahrung, dass die besten Ergebnisse im Wettbewerb der Kräfte erreicht werden. Schon die Gründer dieses Wettbewerbskonzeptes wagten ein hohes Maß an Freiheit für alle, die mitspielen wollen. Aber sie schrieben in ihr Gründungsdokument auch den Satz: Die Marktwirtschaft ist jeden Tag von Entgleisungen bedroht. Folgerung: Die Mitspieler müssen zugleich über die Regeln wachen, die allen gleiche Chancen versprechen. Und sie dürfen mit dem staatlichen Beistand der Hüter ihrer Rechte rechnen.

Die deutsche Kanzlerin hat ein gebrochenes Verhältnis zum marktwirtschaftlichen Wettbewerb. Die planwirtschaftlichen Großangriffe auf die gesetzlich gesicherten Garantien für die Community der Energieproduzenten und Lieferanten, der Anteilseigner und Vertragspartner zeigen Merkels Geringschätzung aller bindenden Vereinbarungen, die in der Marktwirtschaft selbstverständlich sind. Dass 2011 wie auch 2015 der Aufschrei ausblieb, den eine demokratische Gesellschaft solchen massiven Serieneingriffen in ihre sensibelsten Standards entgegensetzen muss, ist eher besorgniserregend als verständlich. Wenn in Deutschland auf nachhaltige Beschädigungen des politischen, rechtlichen und moralischen Konsenses nicht reagiert wird, öffnen sich Spielräume für Rebellen aller Lager und unterschiedlichster Provenienz. Das Schweigen der politischen Community, subventionsgestützt, bald in halbherzige Zustimmung umgepolt, beweist einerseits, dass die deutschen Eliten sich immer weiter vom »Zusammenhalt« entfernten, weil sie sich über Deutschlands Zukunft nicht einigen konnten. Das Schweigen der Eliten zeigt aber auch das traumatische Profil einer Kulturgemeinschaft, die Verlustschmerz mit Überheblichkeit zu bekämpfen versucht.

Das Schweigen der Eliten angesichts der Unbefangenheit ihrer Kanzlerin beim Abräumen demokratischen Tafelsilbers gilt vor allem dem Selbstschutz einer Führungscommunity, die nicht an ihre Mitverantwortung für den Aufstieg der planwirtschaftlich gepolten Chefin erinnert werden möchte.

Merkels Distanz zu den demokratischen Errungenschaften ihres neuen Vaterlandes gilt auch den flankierenden Regelwerken, die den Staat als Rahmengeber, nicht aber als Kommandanten wirtschaftlicher Großprojekte auf ihrer Agenda führen. Wenn die Staatschefin das pochende Herz der Industriekultur, die Energieindustrie, zum Staatsbesitz erklärt, dann ist das auch ein entschiedenes Votum dieser Staatschefin contra Marktwirtschaft. Was nach der Übernahme 2011 geschah, ist ein Klassiker autokratischer Machtdemonstration. Subventionenschauer lähmten die Urteilskraft der Produzenten und Zulieferer. Was Staatswirtschaft bedeutet, wie schutzlos sie die Umworbenen zurücklässt, wenn die Subventionen enden und der Boom erlischt, erfahren nun viele sorglos gestartete Kinder der Marktwirtschaft zum ersten Mal. Merkel findet das nicht dramatisch; sie kannte die Mangelwirtschaft und hat den Respekt vor den Ordnungssystemen der freien und offenen demokratischen Gesellschaften gar nicht erst erlernt.

Merkel hat der deutschen Autoindustrie mit Duldsamkeit Entschleunigung der Klimakriegserklärungen aus USA und Europa geschenkt, weil sie die Cash Cow als Wohlstandslieferanten schätzte. Die Hysterie der Klimawandler zu bremsen, fehlte ihr auf allen Sektoren der Mut. Ihre Kompromisse im Namen des Machterhalts, wie die Freistellung der Friday-Kids von der Schulpflicht, formlos und quasi nebenbei, sind Angriffe der Staatswirtschaft und liefern gleichzeitig dem wichtigsten Zukunftsgenerator der Marktwirtschaft, dem Bildungswesen, einen Freibrief für beliebigen Gesetzesungehorsam.

Der Euro als Gegner der Marktwirtschaft

Merkels Handschrift: EU-Kolonialpolitik in Südeuropa

Ein Beispiel für viele: Überfordert vom teuren Euro wurde Griechenland im Namen der »Eurorettung« für Jahrzehnte von einer marktwirtschaftlichen Entwicklung abgeschnitten. Die Brüsseler EU-Bürokratie hat andere Ziele als die Länder Europas, die ihre Souveränität verteidigen. Griechenland bekam Staatswirtschaft aus Brüssel. Staatswirtschaft mit Konditionen, die Volkswirtschaften zu Satelliten machen, hat die Spaltung Europas besiegelt. Das Überleben einer Währung steht in der Rangordnung der EU-Werte über der Wettbewerbsfähigkeit der Länder, die marktwirtschaftlich damit abgeschaltet werden. Griechenlands Story als Eurorettungsopfer steht für süd- und osteuropäische Länder, die als Partner kamen und als Kolonien einer autokratischen EU ihre Souveränität zurückfordern. Im Sommer 2019 geben auch die selbst ernannten Retter Griechenlands ohne erkennbares Schuldbewusstsein zu, dass »von Anfang an Fehler gemacht« wurden, als der drastische Bestrafungskurs unter Führung der deutschen Kanzlerin EU-Sanktion wurde.[44]

Fast vergessen ist der vom damaligen Finanzminister Schäuble unterstützte Wunsch des Landes, die EU zu verlassen. Die Königin Europas, Angela Merkel, stellte die europäische Machtpolitik über den souveränen Fluchtversuch der ältesten

Demokratie Europas aus dem Kolonialregime der Brüsseler Autokraten.

Selbst der EU-Finanzkommissar Pierre Moscovici gibt heute, zehn Jahre nach dem Start der vernichtenden Kreditkonditionen, Fehlurteile bei der Ausbremsung der Marktwirtschaft in den Euroschuldenländern zu. Schon 2013 hatte aber der Internationale Währungsfonds »erhebliche Misserfolge« der Währungsretter festgestellt: Brüssel habe die Wirkung der verordneten Reformen zu optimistisch eingeschätzt und »die Folgen der Sparmaßnahmen für die Wirtschaft unterschätzt«. Offenbar hat die Brüsseler Kommission aber die eigene Rettungskompetenz überschätzt. Das gilt auch für andere südeuropäische Länder, die im Zielgebiet der Währungsretter lagen; Griechenland ist ein *pars pro toto*. Die Rettungsbilanz vom Sommer 2019 dürfte für andere Euroschuldenländer ähnliche Schwächen des Brüsseler Modells zeigen. Beispiel Griechenland: »Die Gläubiger unterschätzten die verheerenden Auswirkungen der Sparvorgaben auf die Konjunktur, den Arbeitsmarkt und die Sozialsysteme. Sie trieben das Land in die längste und tiefste Rezession, die ein europäisches Land je in Friedenszeiten durchzumachen hatte. Griechenland verlor ein Viertel seiner Wirtschaftskraft, die Menschen büßten durchschnittlich ein Drittel ihrer Einkommen und 40 Prozent ihrer Vermögen ein.«[45]

Die deutsche Kanzlerin hat den radikalen Stil der internationalen Zugriffe der Brüsseler Bürokratie auf die Souveränität der Bündnispartner bestimmt. Ihr politisches Soft-Power-Profil bewahrte sie auch in diesem trüben Großauftritt »Eurorettung« durch die konsequente Meidung der Tatorte, an denen sie die Fehlerquote der Kolonialherrenattitüde hätte ablesen können. Die aktuelle Bilanz der EU-Spaltungspolitik steht weiterhin im Schatten von Merkels Eröffnungsstatement für das Jahrhundertschicksal Griechenlands.

Dass Politik auch Völkerschicksale über viele Jahrzehnte schreibt, könnten nachdenkliche Europäer beim akuten Systemvergleich studieren: So schreibt der Diktator nebenan, in Ankara, Geschichte; so schreiben die Autokraten im gedachten Weltreich Europa Geschichte – und vergessen, Maß zu nehmen am Menschenbild, das in den Sternen Europas seinen Platz hatte –, ehe die Maschinisten der Macht sich die Menschen nur noch als Untertanen vorstellen konnten. In Brüssel wie in Ankara? Griechenland und andere Satelliten Europas werden den Rückweg von der fremdbestimmten Staatswirtschaft in die selbstbestimmte Marktwirtschaft, wenn überhaupt, dann erst in Jahrzehnten schaffen. Wenn es die Marktwirtschaft im neuen Weltreich der Datengötter dann noch gibt. Griechenland, so die Prognose, würde dann nach 2030 den Stand von 2007 erreichen.

Die Vision: *Homo digitalis* überwindet die Marktwirtschaft

Weil Intelligenz nicht glücklich macht

Nach *homo sapiens* und *homo oeconomicus* springt ihr Urenkel auf die Weltbühne: *homo digitalis*, der seine Mutation zum neuen Menschen selbst managt. Und er ist längst nicht mehr allein.

Glücksverluste und Enttäuschungen fesseln die erfolgreichen Kulturen der sogenannten freien Welt an eine Logik des Misslingens, die überwunden werden soll: Die digitale Weltordnung, in der nicht mehr Menschen, sondern unschuldige Maschinen die Spielregeln liefern, braucht einen neuen Menschen, der traumlos realistisch ein neues Geschäftsmodell verfolgt, das global bereits seine Kathedralen aufgebaut hat:

Digitalisierung ist das Zauberwort, das den *homo digitalis* antreibt, alle Zivilisationsschlacken abzuwerfen und die glücklos umherirrenden Vaganten der Marktwirtschaft zu erlösen von der aufgebrauchten Leistungsideologie von Marktwirtschaft und Demokratie.

Der Mensch selbst wird zum Produkt. Nicht nur Ersatzteillager im Organversandgeschäft, sondern mit der simplen Lieferung seines kompletten Ich, das als Datenbündel plötzlich einen hohen Marktwert hat, werden Menschen aller Rassen und Klassen, aller Sprachen und Kulturen zu Höflingen in den Datenpalästen der digitalen Weltkonzerne.

Digitale Fitness ist längst ein kulturelles Karriereziel von Millionen »Usern« geworden. Was diese Unterwerfung bewirkt und warum sie funktioniert, das können wir schon heute erkennen. *Homo digitalis* ist ein Flüchtling aus den Errungenschaften der Hochkulturen in Richtung flächendeckender Easy-going-Daseinskonzepte. Die mitgeborene Qualifikation, das persönliche Datenset, reicht aus, um belohnt und mit Erfolgserlebnissen gefüttert zu werden, die eine Flucht aus dem Söldnerheer der Datenjünger unwahrscheinlich, weil gefährlich machen.

Marktwirtschaft totalitär: Menschen sind handelbare Produkte

Das digitale Weltreich folgt einer *hidden agenda*. Es ist seinen Analytikern weit vorausgeeilt. Das enigmatische Mienenspiel eines Mark Zuckerberg fand keine kundigen Leser: Zuckerberg und seine Wettbewerber wissen, dass die Alte Welt, in der sie wie Aliens ihre Imperien auf- und ausbauen, die neue Weltsekunde noch nicht buchstabieren kann. Solange das so ist, geht die Eroberung spielend voran.

Das digitale Weltreich kann nicht demokratisch sein. Es ist global und hat keinen Spielraum für Wahlfreiheit. Wer nicht mitspielt, verliert den Zugang zu den Umschlagplätzen der digitalen Ökonomie. Die soziale Marktwirtschaft ist ein Fossil, das Regelwerken folgt, die in der digitalen Community nicht greifen.

Homo digitalis und seine Verbündeten agieren mit einem neuen Menschenbild, das keinen Unterschied mehr macht zwischen natürlichen, künstlichen und eben homovitalen Rohstoffen. Genau dieser Dissens trennt die klassische Marktwirtschaft mit ihrem ethisch aufgeladenen Menschenbild von ihrem digitalen Mutanten: Das Geschäftsmodell der digitalen Leaders verweigert sich, wenn die Gründer-Heroen der Marktwirtschaft, wie der Marktethiker Wilhelm Röpke, den Menschen im Markt vom Kaufen und Verkaufen, vom Dealen und Taxieren ausnehmen, weil er keine Ware ist: Seine Würde macht ihn unantastbar für Marktstrategien, die für Produkte gelten, so die Klassiker der sozialen Marktwirtschaft. So auch die deutsche Verfassung. Die digitale Community weiß, dass *Compromising* hier nicht möglich ist. Noch profitieren sie davon, dass die Rauschdrogen der neuen Medien die Weltbevölkerung in Atem halten. Die digitale Community der neuen Schlüsselindustrie Big Data verlässt den abendländischen Konsens und definiert den Menschen neu. Damit werden Verfassungswerte Schall und Rauch.

Intelligenz als Premium-Produkt

Intelligenz als Evolutionstreiber war die Königsdisziplin, die *homo sapiens* zum Sieger machte. Seine *brainpower* war es, die den Verlust von Reißzähnen und Greifklauen zu überwinden half. So schnell zu sein, wie der Gepard auf der Jagd und auf der Flucht, nahm er sich unbewaffnet gar nicht erst vor. Die *brainpower* führte ihn schon früh in Träume, deren Erfüllung Jahrhunderte brauchen würde. Die Intelligenz der Siegerspezies *homo sapiens* geht neuerdings zurück, so melden wissenschaftliche Studien. Der kollektive Intelligenzquotient sinkt.

Zieht die evolutionär unverzichtbare Intelligenz sich zurück, seit wir im digitalen Ambiente unterwegs sind? Oder ist die Forcierung der digitalen Kompetenz die fast panische Antwort auf ein Nachlassen intelligenter Lösungsenergie durch maschinelle Potenzierung der *brainpower*? Der Schwächeanfall der menschlichen Intelligenz wirft unzählige Fragen auf: Schädigt die digitale Bilderwelt der Smartphones mit ihren archaisch eingedampften Kommunikationsresten unser intelligentes Potenzial? Verdrängen assoziativ und intuitiv dominierte »scheinintelligente« Denkspielprozesse im digitalen Maschinenpark die trainierten Routinefunktionen von intelligenten Durchschnittsleistungen, wie sie Kindergarten und Schule bisher lehrten? Die digitale Göttin KI steht als zeitgemäße Mutation bereit. Sammelt, ersetzt oder übertrifft KI die bisher agierende »natürliche« Intelligenz? Wie sieht die Gewinn-und-Verlust-Rechnung aus, wenn beide nicht als gleichwertig eingeschätzt und genutzt werden? Wie erst, wenn sie nicht gleichwertig sind?

Digitale Rettungsboot-Ethik

Homo digitalis träumt nicht von einer digitalen Ethik. Aber die Wertebewahrer aus der untergehenden Alten Welt rufen nach Rettungsbooten auf den digitalen Weltmeeren, wo die Riesentanker voll Datencontainer unsinkbar Kurs halten. Wer das Geschäftsmodell der Datenkonzerne verstanden hat, sieht keinen Spielraum für ethische Standards. Die Europäische Union hat als Mitwisserin der *hidden agenda* der künftigen digitalen Weltordnung einen Ethik-Klon entwickelt, der KI, die künstliche Nachfolgerin der natürlichen Intelligenz des imperfekten *homo sapiens*, als »vertrauenswürdiges EU-Markenprodukt« vorstellt. KI als europäische Dachmarke im Big Business des Datenzeitalters, das klingt eher nach Geschäft als nach ethischer Kontrolle der Datenhändler. Die »Richtlinie für eine vertrauenswürdige Künstliche Intelligenz«, so die Europäische Kommission, verspreche »Ethik als Inspiration für die Entwicklung einer einzigartigen KI-Marke *made in Europe*«.

Ethik *sells*, ist die verschwiegene Botschaft, die das KI-Business unverwundbar machen soll. Die *High Level Expert Group*, die den

Ethik-Kodex vorlegt, zählt die befangenen Mitspieler Google und Amazon neben Bayer, Nokia, Axa und Bosch sowie Airbus, Orange und Zalando auf, deren Dateninteresse ihre ethischen Motive weit übertreffen dürfte. Die neue Datenschutz-Grundverordnung (DSGVO) liefert seit Mai 2018 ein flankierendes Täuschungsmanöver: Auch Endkunden der dominierenden Marken werden seitdem zur Offenlegung ihrer Daten aufgefordert mit der Drohung: Geschäftskontakte seien ohne diese Offenbarung inklusive Einwilligung nicht mehr möglich.

Im Kleinstgedruckten könnte der Kunde lesen, welches *plein pouvoir* er damit seinen Lieferanten gibt. Diese verfügen mit seiner Unterschrift über seine Identitätsdatei und liefern diese an beliebige Marktpartner weiter. KI ist ein datenhungriges Monster. Sie futtert Daten, um immer komplexere Leistungen zu entwickeln. KI ist die Chefin, *homo digitalis* dient. Er will nicht mehr herrschen. Die digitalen Topjobs sind verteilt. Das Rettungsboot Ethik kann niemanden aus den Datencontainern an Land bringen. Die Ethik ist zum Instrument der Datenhändler geworden. Das gelang, weil der Klub der Datendealer aus Politik und Wirtschaft die Ethik gezielt zu spät gerufen hatte: Der Zug, auf den sie hätte aufspringen müssen, war längst abgefahren, als die Europäische Kommission das Thema Ethik aufrief. Menschen auf ein Dataset zu reduzieren und in die Warenwelt zu schieben, um sie wie Produkte weltweit zu vermarkten, dieser Salto aus dem Grundkonsens der liberalen Volkswirtschaften in eine ethikfreie Zone wäre der Ernstfall für alle Ethik-Experten der freien Welt gewesen.

FAKTEN SCHAFFEN OHNE WAFFEN: DER FOLGEN-CHECK

Die Kanzlerin schafft Fakten:
Wir testen die Folgen

Angela Merkel hat, wie keiner ihrer Vorgänger, mit rauem Griffel Geschichte geschrieben. Sie hat umgeräumt und abgeräumt; ob sie aufgeräumt hat, entscheiden die nächsten Generationen. Die Kanzlerin Merkel hat einen autokratischen Regierungsstil gewählt: wenig sagen, handeln lassen und im Ergebnis dabei sein. Omnipräsent sein, Peacekeeper, die Friedensengelflügel gefaltet unterm Jackett. Weltruhm wegen paradoxer Aura.

Kanzlerin Merkel: die gesamte Fassade eine einzige große Beschwichtigung. Alles wird gut, wenn Merkel dabei ist. Kondition für Merkels Agenda: überall dabei sein. Omnipräsenz täuscht Omnikompetenz vor. Die Fassade ist aus Styropor. Niemand verletzt sich beim Sturm auf diese Residenz aller guten Geister. Ideale Basis für die abrupt ausbrechenden antirechtlichen Abenteuer, mit denen Merkel zeigt, dass sie Größeres vorhat. Zum Beispiel das Klima retten. Und alle Flüchtlinge und ihre blinden Passagiere, die Wirtschaftsflüchtlinge aller armen Völker, nach Deutschland einladen. Das Internet quoll über: Flüchtlinge aller Völker, vereinigt euch.

Wer so neue multilateral gedachte Vorhaben auf die deutsche Agenda setzen will, der kann mit den vorliegenden Konditionen, wie sie das deutsche Rechtssystem vorhält, natürlich nicht auskommen. Demokratisch ausdiskutieren kann man amokartig sich aufdrängende Projekte aber auch nicht, so mag die Kanzlerin gedacht haben, als ihr der multifunktionale Anschluss-Deal zu Fukushima in den Kopf schoss. Für beide tollkühnen Pläne der Akut-Aktionistin Merkel wäre eine Tatfolgenabschätzung tödlich gewesen. Das zeigte sich auch bei ihren provisorischen Versuchen, die Akzeptanz des bisher nie Erwogenen bei Kollegen vorzutesten. Merkel hatte immerhin ihre Feuertaufe mit der sogenannten Eurorettung absolviert. Ihr Finanzberater, Jens Weidmann, Währungshüter und späterer Bundesbankpräsident, lieferte das Know-how zur Dämpfung der Brüsseler Panik. Der Finanzminister Peer Steinbrück federte den Faktendruck ab. Merkel lieferte am 19. Mai 2010 in ihrer Rede im Bundestag den Bürgern eine Schlummerdroge: »Scheitert der Euro, dann scheitert Europa.«[46]

Die »Eurokrise« und ihr trickreiches Management durch die panischen EU-Toppolitiker wurden von Deutschland aus als eine Betriebsstörung im Europäischen Haus wahrgenommen, das weit weg in Brüssel stand. Dass Merkel als Strafkommissarin führend und offenbar auch kommandogewaltig mitwirkte, wurde mit der Genugtuung verzeichnet, die jeden Respektgewinn der deutschen Regierung im Brüsseler Haifischbecken begleitet, seit es die EU gibt.

Merkel bleibt ihrer Neigung, eher mit Strafen zu arbeiten als mit ihrem verbal verfolgten Konzept geduldiger Verhandlungen gegenüber »schwächer« gehaltenen EU-Ländern bis heute treu. Im Rettungsschirmprogramm traf ihre gnadenlose Demütigungsmanier die Griechen besonders hart. Der Staatschef, den sie damals, 2010, brüskierte, Papandreou, hat ihren Kommandoton bis heute nicht vergessen: »Es muss wehtun« war die Forderung der Spezialistin für Unterwerfung, Angela Merkel. Selbst der von Wolfgang Schäuble mitgetragene Wunsch der Griechen, die EU verlassen zu können, wurde unter Merkels

Regie abgeschmettert. Die Illusion einer intakten Währung war wichtiger als die real verlorenen Chancen der jungen Generation. Ihren Ruf als multikompetente Staatslenkerin sah Merkel durch das europäische Gemeinschaftswerk der »Eurorettung« so gesichert, dass sie im Risiko-Game Große Politik die nächste Dimension wagen konnte. Auch als Alleingängerin traut sie sich nun Größenordnungen zu, die als Gemeinschaftswerk eine viel zu lange Laufzeit vor dem Start gehabt hätten. Akut reagieren, den Verblüffungseffekt nutzen, um eine ganze Kette von Maßnahmen überfallartig durchzubringen, das schien im veränderten Parteien- und Parlamentsklima, das sie bereits geschaffen hatte, realistisch. Im Augenblick des Coups würde sie es dann »alternativlos« nennen, um den bereits bekannten Slogan zum Vademecum zu machen.

Ein traditionell integrierter CDU-Politiker hätte ein Vorhaben wie das mehrstufige Unfriendly Take-over der Energieindustrie ebenso wenig durchsetzen wollen wie die Entgrenzung europäischen Territoriums, um unbekannte Zahlen unbekannter Migranten nach Deutschland zu holen. In beiden Fällen standen ganze Mauern von Gesetzen und Verträgen gegen ein planwirtschaftliches Geschäft, wie im Falle Energie. Sakrosankte Paragrafen und internationale Verträge bildeten eine Schutzbastion für Eigner, Aktionäre und Handelspartner der Energieproduzenten, Sicherheitswälle, deren Abbau nur in langen Parlamentsverhandlungen machbar, wegen der Denk- und Überzeugungsbarrieren in den demokratisch trainierten Köpfen aller Verantwortlichen aber gar nicht durchsetzbar gewesen wäre.

Die Demokratie schützt ihre Hüter auch im Fall spontaner Handlungsfreude vor folgenschweren Fehlern und unvertretbaren Belastungen der Bevölkerung, so zeigen die beiden Beispiele aus Merkels tollkühn-illegalem *future shop*. Dass die Kanzlerin Merkel das hoch problematische Projekt Staatsenergie unter dem euphemistischen Namen »Klimawende«, heute im erbitterten Straßenkampf angekommen, überhaupt aufgleisen konnte, folgt aus einem anderen »Klimawandel«, den Merkel selbst mit steigender politischer Macht in den Köpfen gemanagt hatte: Dieser Klimawandel in der politischen Kultur betraf die Normen und Werte, an denen Demokraten die Zustimmungsfähigkeit von Großprojekten festmachen. Die Kriterien heißen, mit Thomas von Aquin nach Augustinus gesprochen, Vernunft und Gerechtigkeit, Mut und Maß. Garanten dieser Kardinaltugenden sind die Verfassungsrechte aller freien Staaten. Wo Dank- und Sprechtabus den Alltagskontakt zu diesen rechtsgesättigten Werten verstellen, können riskante Projekte nicht im Geiste dieser Tugenden begonnen werden.

Im Fall von Merkels Fukushima-Nutzung als multifunktionales Instrument im Vorfeld einer Wahl, im Stimmungstief der Atomgegner und im Geiste des planwirtschaftlichen Staatsprofils, das Merkel anstrebt, spricht schon die moralisch aufgeladene Häufung von Zielen gegen Legalität und Legitimität des Rundschlags, den Merkel in Angriff nahm. Das planwirtschaftliche Take-over der Energiewirtschaft war obendrein ein Großangriff auf die soziale Marktwirtschaft. Wenn Merkel genau das wusste und wollte, verblüfft das Ausbleiben von demokratischem Widerstand.

Dass sie die Tragweite ihres Eingriffs in gewachsene Rechtsstrukturen erkannte, beweist die Kanzlerin ungewollt. Um ihr Ziel eines multifunktionalen Durchbruchs zu erreichen, riskiert sie sogar einen Stilbruch in ihrem persönlichen Image. Die Kühlbox Merkel wechselt zur Dose der Pandora. Merkel legt einen pathetischen Auftritt zugunsten ihres radikalen Umstiegs in die Planwirtschaft hin, einen emotionalen Überraschungscoup, der ihre schwarz-grüne Fangemeinde zusammenhalten soll. Der Auftritt verletzt erneut die demokratische Fairness, weil er jede

Gegenrede abschaltet. Die Kanzlerin sendet jetzt mit neuen Mitteln; sie holt sich einen emotionalen Vorsprung, der moralisch eine Punktlandung im Gewissen ihrer Anhänger wird. Merkel beutet die Katastrophe von Fukushima mit einer komplexen Mischung aus kaltem Kalkül und moralischer Präpotenz aus.[47] Merkels Erfolgsmodell in dieser vielversprechenden Ausbeutung eines Super-GAUs, der sich zur Superchance wandeln soll, ist »Betroffenenkompetenz«, die moralische Tiefschläge leicht macht. Merkels Fukushima-Slogan folgte diesem Modell. Wenn ihr nicht emotional getroffen seid, teilte sie drei Monate (!) nach dem Tsunami in Japan mit, ich bin schwer getroffen. Empathie als Waffe: Merkel meldet ihren Vorsprung in emotionaler Ergriffenheit an, schon das ist ein Überraschungsangriff auf die Merkel-Fans, die längst wieder im moderierten Merkel-Alltag angekommen waren. Die Sonderlizenz zur Gleichschaltung von japanischen und deutschen Atom-Sollbruchstellen war damit erreicht; Realitätsverlust als verordnetes Programm.

Wer die Chronik der begeisterten Zustimmung aller Abhängigen zum Super-GAU der marktwirtschaftlichen Energieindustrie in Deutschland und Europa liest, beginnt zu begreifen, warum auch weitere dramatische Eingriffe in die Erfolgssysteme der demokratischen Gesellschaften in Deutschland besonders leicht verkäuflich sind. Deutsche Wähler mögen Soft Skills. Genau darauf hat die Kanzlerin gesetzt, als sie sich eine Betroffenenkompetenz zulegte, leihweise sozusagen, um das ganze Paket ihrer Ziele beim Fukushima-Deal vor nachdenklichen Zeitzeugen zu retten. Wenige Jahre nach dem Fukushima-Beutezug wird sie im Flüchtlings- und Grenzdrama wieder zu dieser Waffe greifen, um weltweit die schlagenden Herzen von den grübelnden Köpfen zu trennen. Wieder einmal wird verordneter kollektiver Realitätsverlust das Motto zur Legalisierung von Rechtsbrüchen sein.

Strategischer Realitätsverlust

2011 ist die Generalprobe für 2015. Beide Großprojekte aus Merkels Büchse der Pandora sollen und werden die Welt verändern. Die Verantwortung tragen die anderen.

Strategischer Realitätsverlust ist wahrscheinlich sogar das Schlüsselwort für die Großereignisse der Merkel-Jahre, die bisher nicht – oder nicht von allen – ihrem Wirken zugeordnet werden.

Die Willkommenskultur als Megafestival für traumabeladene Deutsche trägt Merkels Handschrift. Auch hier wird gelten: Soft Skills überholen die Wirklichkeit. Empathie richtet auf – auch den, der sie fühlt. Soft Skills sind die Weichspüler gegen Ängste. Die Willkommenskultur war strategisch geplanter Realitätsverlust – zum Atemholen für alle, die es anschließend etwas schwerer hatten miteinander.

Eine Querschlägerfrage meldet sich. Ist die dauerhafte Akzeptanz von Merkels Politik in diesem Angebot begründet, das sie als Soft-Skills-Meisterin begleitete: ihre Wähler in den strategisch geplanten Realitätsverlust zu führen? Dann wäre leichter erklärbar, warum wir so weit unterhalb der versprochenen Zielmarken landen, zum Beispiel bei den Großprojekten der Kanzlerin.

Soft Skills und Soft Law sind häufig aufeinander angewiesen. Sie teilen sich die Welt der Gegensätze, die Nutzer aufsuchen: Hier treffen die Entscheidungsschwächlinge auf die List der Überredungsvirtuosen; hier holen sich die Realitätsflüchtlinge getürkte Wahrheiten ab. Die Kanzlerin Merkel leiht sich hier ab und zu die Soft-Skills-Maske aus. Soft Law begleitet sie ohnehin im Job und auf ihren Reisen. Ihr »multilateraler« Stil lebt von der Harmonisierung der Gegensätze. Mit Hard Law und Hard Skills überlebt man da nicht lange. Während die meisten Versprechen der Politik zur »Energiewende« nicht eingelöst werden, entgleisen Zulieferer, die im Subventionenboom eingestiegen waren.

Wer die Geschichte des Unfriendly Take-overs der deutschen Energieindustrie durch den Staat schreiben möchte, sieht sich konfrontiert mit einer Gestalt der Geschichte, die auch vor Doppelrollen nicht zurückschreckt: Es ist der tüchtige Deutsche, der sich als Mitarbeiter und als Chronist der nächsten Wirtschaftswunderstory gleichzeitig meldet. Der tüchtige Deutsche ist eine schillernde Figur, die mit Schuldgefühlen kämpft und sich beweisen möchte. Und er liefert Wertarbeit made in Germany. Vom Mitläufer zum Traumtänzer ist es oft nur ein Schritt – je nachdem, was die Führung erwartet. Der tüchtige Deutsche ist aber auch als Wächter unterwegs, wenn es um die Chronik der Träume von deutscher Größe und die Niederlagen bei Projekten geht, die im Rausch eines Größenwahns an den Start gingen, der den Realitätsverlust epidemisch werden lässt: ein Virus, das alle Visionäre in Wartestand und alle führungstreuen Vasallen der Kanzlerin auf die Baustellen treibt.

Beide vom Größenwahn befallenen Projekte, die Angela Merkel mit ihrem Startsignal versorgte, hatten ein unverzichtbares Merkmal, das zur Merkel-Aura gehörte: Sie überflügelten die Verbündeten und die Nachbarn im Wettbewerb um Vorreiterrollen auf einem Spezialgebiet, das Merkel-Deutschland für sich reklamierte, seit Merkel es zum Logo der eigenen Karriere gemacht hatte: Es ist der Höhenflug in Humanitas. Was wir können, das werden wir zeigen. Aber was unser Projekt kritikimmun macht, ist unser Hauptmotiv: Trendleader sein in Ethik pur. Da ist er wieder, der kleine Michel, schuldbeladen und trotzig zugleich. Da ist er, der in Dachau und an den Tatorten seiner Vorfahren mit den Tränen kämpft, weil ihm zum Löschen der Schuld seiner Vorfahren das geweihte Wasser der Kinder Israels fehlt. Es ist diese Geschichte, die ihn immer wieder erwischt und umklammert. Ob es dieselbe Geschichte ist, die Angela Merkel für den Höhenrausch ihrer hybriden Konzepte entschuldigen könnte, wissen wir nicht. Der traurige Michel, der leicht zu gewinnen war, immer wieder in der deutschen Geschichte, wenn es um illusionäre Selbstüberschätzung ging, traf auf Merkel wie ein Träumer im Trauma, Sleepwalker auf den nächtlichen Dächern, und machte mit.

Soft Skills als Killer
demokratischer Kontrolle

Was die machthungrige Kanzlerin der Deutschen losgetreten und, in ihr Soft-Power-Wende-Vokabular verpackt, auf eine unberechenbare Reise in die Wirklichkeit schickte, füllt inzwischen ganze Bibliotheken: Euphoriker im Kanzlerinnentakt treffen dort auf bestens präparierte Kritiker. Die Debatten der nächsten Jahre sind programmiert und nehmen Fahrt auf, weil sie von der Logik des Misslingens gespeist werden. Die Kette der Dokumentationen, Analysen und Korrekturangebote zeigt Deutsche und Europäer in der Doppelrolle, die ein Merkel-Erbe ist: als Vollstrecker des Willens einer bindungslosen Kanzlerin und als gnadenlose Analytiker der Fehlentwicklungen, die das Qualitätsmerkmal planwirtschaftlicher Projekte sind. So liefert Merkel auch mit diesem Take-over ein Lehrstück für die Stärken der ausgebremsten Marktwirtschaft.

Allerdings wären die beiden Großprojekte aus Merkels Traumfabrik im Schutz der Marktwirtschaft niemals auf eine Strecke voller Schlaglöcher gegangen; schon am Start wäre das Schreddern von Gesetzen zugunsten einer realitätsfernen Beweisführung nicht möglich gewesen. Willkürakte dieses Kalibers wurden zur Spezialität einer Kanzlerin, die zumindest in dieser Hinsicht ihre Vorgänger in den Schatten stellt. Marktwirtschaftlich beschirmt wäre die Kehrtwende von einem eben erst beschlossenen Weiterbetrieb von Atommeilern nicht im Handstreich möglich gewesen. Der absurde Vergleich der Kanzlerin, mit dem sie deutsche Technologie und deutsche Klimabedingungen mit japanischen gleichschaltete,[48] hätte kein demokratisches Gremium passiert, ohne Korrekturen zu erfahren. Auch der Fallstrick, den die Kanzlerberater empfahlen, wäre zerschnitten worden.

Das Lehrstück zum Kanzlersolo unter Ausschaltung der demokratischen Kontrolle zeigt nicht nur beschädigte Gesetze und schwer lädiertes Vertrauen, gravierende Verluste bei allen, die sich auf geltendes Recht verlassen hatten. Es zeigt vor allem den wichtigsten Unterschied zwischen Marktwirtschaft und Staatswirtschaft: Marktwirtschaft bestraft Maßlosigkeit bei den Tätern, die maßlos vorgehen. Staatswirtschaft setzt maßlose Projekte auf, deren Scheitern an der Wirklichkeit andere bezahlen müssen. Planwirtschaft entkoppelt Tatherrschaft und Haftung. Maßlose Pläne entstehen immer dort, wo die Planer sich darauf verlassen können, dass die Stunde ihrer Verantwortung niemand einläuten wird.

Überall, wo totalitär regiert wird, herrscht eine Maßlosigkeit, die Beobachter leicht übersehen, weil sie die Dürftigkeit im Alltag der Menschen betrachten. Die Maßlosigkeit des totalitären Systems liegt in der Anmaßung der Machthaber, die Gigantismus im Auftritt als Kontrastmittel und Imponiergehabe drinnen und draußen einsetzen, um die Verwahrlosung der Alltagskultur zu vertuschen.

Maßlosigkeit kennzeichnet aber auch globale Trends, deren totalitärer Geltungsanspruch nicht als Laster erkannt wird, weil sie als Anwälte des Guten auftreten. Die Klima-Ideologie, der Merkels Take-over des schlagenden Herzens der Industriekultur zuzuordnen ist, wenn wir das richtig verstehen, folgt einer maßlosen Herrschaftsvision, die mit drei unbewiesenen Thesen unterwegs ist: Erste These: Der Mensch ist der Klimaschädling schlechthin. Er verursacht, zweite These: den bereits laufenden Klimawandel, und, dritte These: Der Mensch kann den Klimawandel stoppen bzw. in feste Grenzen (Erwärmungsstopp bei 1,5 Grad) zwingen. Im Namen dieser Thesen wird relativ unbekümmert ein riesiges Rad gedreht, das ein gigantisches, maßloses Businessmodell mit unzähligen Gläubigen und Priestern in Gang hält. Im Namen dieses Big Business um die Doppelrolle des *homo sapiens* als Schädling und Schöpfer einer geretteten Welt, sammeln sich Kritiker und Profiteure, eine Community der Aufgeregten, die, ganz wie die Wende-Kanzlerin Merkel, für Fehlerfolge so wenig in Anspruch genommen werden können wie für irrige Annahmen zur robusten, menschenunabhängigen Struktur eines Klimawandels in der Geschichte der Klimawandlungen.

Ein großes Rad hat auch die Kanzlerin gedreht, und die Rolle der Schirmherrin im Thesenpark der Klimaschöpfer nimmt sie inzwischen mit der Halbherzigkeit wahr, die sie auch im Alltagsgrau des Flüchtlingsmanagements an den Tag legt: Ihr Fach ist zwischen Teilnahmslosigkeit und Amoklauf eine trügerische Entwarnung, die einschläfernd auf die Wächter der Demokratie wirkt. Merkel eben.

Erst Gesetze schreddern im großen Rad der Geschichte. Dann Vögel und Fledermäuse schreddern im Windpark. Robben, die an den Pipelines entlangschwimmen, Seehunde, die von einem Offshore-Windpark zum nächsten schwimmen, auf Nahrungssuche? Einige Fischarten sammeln sich in der Nähe der Meereswindparks, weil sie verstanden haben: Hier ist der Fischfang verboten.[49] Windparks an Land kosteten bis 2018 jährlich 250 000 Fledermäuse das Leben. 12 000 Greifvögel starben in den drehenden Riesenflügeln ihrer neuen Feinde.[50] Ob sie Strategien entwickeln, die Megawindmühlen zu meiden, ist bislang nicht bekannt. Bekannt ist aber die rasant wachsende Zahl der Windräder, insbesondere in bisher unberührten Naturgebieten nahe Wäldern. Die Spaltung der grünen Weltretter ist manifest geworden: Windradfans gegen Natur- und Tierschützer, lautet die absurde Kampfparole. Derweil liegt ein bleischweres Tabu über naheliegenden Fragen. Gibt es einen Plan B für den Fall, dass der Klimawandel so konsequent fortschreitet wie jeder Klimawandel zuvor, werden die Klimaretter darauf reagieren – und wie? Wann wird das sein? Wie dramatisch wird die Verspätung des fehlenden Plan B für all jene Erdbewohner ausfallen, von denen wir heute schon wissen, dass und mit welchem Tempo ihre geografische Position unhaltbar wird? Wann werden wir die Anpassung der heute noch komfortablen Klimazonen und ihrer Bewohner an eine neue Warm- oder Heißzeit zu entwerfen beginnen? An wen wollen die Bewohner der heute gemäßigten Klimazonen die Umsiedlung der vom tauenden Permafrost radikal eingeweichten Erdteile um die Pole delegieren? Landmassen und Meer rund um die Pole beben bereits unter den potenziellen Wirtschaftskriegen um die Verteilung der Rechte, diese bevorstehende Landnahme als Ausbeuter von Bodenschätzen anzuführen.

Verpassen wir im Größenwahn unserer Machtfantasien zum Weltklima vielleicht die konkreten Vorbereitungen auf die Fakten, die wir zu verhindern uns zutrauen? Immerhin haben wir, im Gegensatz zu unseren Vorfahren, ein Equipment an Wissenschaften, die uns zu kompetenten Siedlern neu vermessener Klimazonen machen könnten. Die aufsteigenden Großmächte dieser Erde, die Datenkonzerne, scheinen mit keiner deutlichen Verschiebung ihrer Business-Chancen mit dem gewählten Geschäftsmodell zu rechnen: Menschen in Daten bündeln, zu Optimierern des eigenen Geschäftsmodells zu machen, zu betreuen und zu belohnen, mit *panem et circenses* in Stimmung halten, die Regression ihrer kritischen Intelligenz fördern. Die digitale Community diskutiert nicht über Klima, sie *macht* Klima. Unsere Lebenswelten sind gespalten, obwohl das bipolare Modell angeblich tot ist.

Größenwahn im Gewand der Tugend

Das Projekt Größenwahn geht inzwischen mit anderen Themen weiter. Deutschland startet ins grüne Abenteuer: Neue Heldentypen sorgen für die emotionale Aufladung beliebiger Themen. Fühlen ist zielsicherer als Denken, das glauben inzwischen auch viele erwachsene Mitspieler im großen Abschiedsdrama Europas aus der Community der Weltgestalter für morgen. Der Prototyp für die verführerische Smartness von Größenwahn in den Händen einer Gefährderin mit Macht und einem Soft-Power-Profil wurde im Jahr 2011 mit einem hybriden Powertrip aufs Gleis gesetzt. Zehn Jahre »Energiewende« liefern das Lehrstück über Alleingänge und tollkühne Selbstüberschätzung, gekoppelt an eine Einzelthese zur Ursache des Klimawandels, eine These, die Monokausalität vortäuscht und noch Jahrzehnte viele Arbeitsplätze garantiert, bis sie falsifiziert werden kann oder eine unwahrscheinliche Treffsicherheit erreicht.

Die Chefin des hochmütigen und auf der Kostenseite ruinösen Abenteuers wird an der gedachten Ziellinie in ungewisser Entfernung von 2020 nicht mehr für einen weiteren Orden erreichbar oder für die Weichzeichnung des Ohnmachtserlebnisses ihrer Fangemeinde im erwartet warmen Deutschland und Europa zur Verfügung stehen.

Die Chronisten der Jahre 2011 bis 2020 können sich heute um das Storytelling kümmern, das angesichts eines Anschluss-

falls von Größenwahn in der Migrationspolitik historische Bedeutung gewinnt. Experten und Fachjournalisten beschäftigen
sich auch im noch intakten Tabuklima der Jahre 2011 bis 2020
mit der Bewertung und Würdigung der beiden wahnhaften Aufbrüche unter politischer Führung in legal gesperrtes Neuland
und in rauschhafte Selbstüberschätzung. Legal wären beide Aufbrüche ins metademokratische Gelände einer evolutionären Anmaßung neuer Dimension nicht möglich gewesen. Dass Aufbrüche außerhalb der begründeten Spielregeln ohne Schutz und
Kontrolle durch Recht und Gesetz nicht so rauschhaft weiter-
laufen können, wie ihre wahnhafte Verkündung hoffen ließ, ist
aus beiden illegalen Großprojekten der Kanzlerin leicht abzu-
lesen. Die Gefahr, die von solchen kostspieligen Goodwill-Aus-
flügen aus dem Beistandsgebiet der Normen ausgeht, die auch
Vertrauensvorschüsse liefern, müsste vermittelbar sein. Kategorien wie Verantwortung haben schon in der Weltfinanzkrise
ihr Waterloo erlebt: Komplexe Systeme bieten zuverlässige Ver-
stecke für Täter, die dann als Opfer wieder auftreten und ihre
Karrieren fortsetzen können. Wir brauchen moralische Kategorien auch tatsächlich nicht, wenn wir die Nachteile »übergesetzlich« gedachter und außerparlamentarisch freigeschossener Alleingänge zeigen wollen. Die »Energiewende« als Megaprojekt
beweist auch, dass am Start und im Ideenstadium davor das
überschießende, eben wahnhafte Selbstvertrauen der Menschen
mit Gestaltungsmacht Dimensionen akzeptiert, die ein Team
auf ein vertretbares Maß herunterfahren könnte, noch ehe sie
mit der Wirklichkeit kollidieren.

Die Soft-Power-Meisterin Merkel hatte sich vorgreifend um
die Verkäuflichkeit ihres Gesamtplans zur staatlichen Übernahme der Energiewirtschaft gekümmert, den noch niemand
kannte. Sie wählte die Einstiegsdroge im Traumshop der Grünen aus, da sie die Grünen für die Wahl in Baden-Württemberg

ohnehin ködern musste. (Offenbar war die Droge überdosiert: Die Grünen griffen nach der Macht und hatten einen Traumkandidaten, der die Macht zu handeln weiß.) Der Überraschungseffekt blieb nicht aus, als Merkel den eben erst verlängerten Atomvertrag kippte. Was sie sonst noch plante, staffelte sie geschickt in kleinen Portionen. Sie ließ es sich einiges kosten, das Gigawatt-Volumen ihres Großangriffs auf Land und Meer – und auf die Staatskasse so weit abzuwiegeln, dass nur ein schmeichelhaftes Selbstporträt des guten Deutschen an der Spitze einer multilateralen Bewegung in die Wählerköpfe sickerte.

Betroffenenkompetenz als Strategie-Ersatz

Der nachgereichte Auftritt der Kanzlerin zum Gesamttableau der Weltklasse-Story »Deutschland ist Fukushima« lehrte die Fangemeinde der Kanzlerin das Staunen und sorgte für bewundernde Distanz: *Merkel in motion* hätte die Regie ihr an den Rand ihres Redemanuskriptes schreiben können, das einen relaxten Fake-News-Exkurs zur Zwillingsfiktion Deutschland/Fukushima bot. In die Annalen der Hofberichterstattung ist der Redetext dieses Storytellings im Rang einer Regierungserklärung aus einer Falschmünzerwerkstatt bezeichnenderweise nicht eingegangen: »Ohne Zweifel, die dramatischen Ereignisse in Japan sind ein Einschnitt für die Welt. Sie waren ein Einschnitt auch für mich ganz persönlich.«[51] Überschwang ist ein Werkzeug, das Merkel einsetzt, um die emotionale Empfangsbereitschaft der anderen zu sichern, die bewegt werden wollen, wenn man sie überzeugen möchte. Merkels kalkulierteste Emotionslieferung geschah im Frühjahr 2011 nach dem Tsunami in Japan. Der Bericht der Kanzlerin zu ihrem ganz persönlichen Super-GAU kam allerdings erst drei Monate nach dem realen

GAU mit schwerer Havarie im Kernkraftwerk Fukushima. Neunzig Tage nach dem Unglück teilt die Kanzlerin mit, dass sich ihre Einstellung zum Risiko von Kernenergie damals mit einem Schlag verändert habe. Erstmalig benutzt die Kanzlerin die schärfste Waffe, die freilich für ihre Folgerungen absolut ungeeignet ist: die persönliche Betroffenheit. So dramatisch die Reichweite ihrer Folgerungen, so fahrlässig ist ihre Begründung für die selbstgewährte Lizenz, die gesamte Energiepolitik des Landes im Handstreich zu verstaatlichen. In ihrer Regierungserklärung drei Monate nach dem Tsunami liefert sie zunächst die persönliche Betroffenheit als Narkotikum für die ethisch sensiblen Landsleute ab. Noch einmal:»Ohne Zweifel, die dramatischen Ereignisse in Japan sind ein Einschnitt für die Welt. Sie waren ein Einschnitt auch für mich ganz persönlich.« Das klingt so, als sei persönliche Betroffenheit nicht begründungsbedürftig, wenn sie von der Staatschefin kommt, sondern schlicht multifunktionale Rechtfertigung für ein Umsteuern des gesamten Energiewesens. Die fahrlässige Begründung verschleiert, dass es eben keine zwangsläufige Folgerung auf ein gleichartiges Risiko für deutsche Reaktoren geben kann:»In Fukushima haben wir zur Kenntnis nehmen müssen, dass selbst in einem Hochtechnologieland wie Japan die Risiken der Kernenergie nicht sicher beherrscht werden können.« Und Merkel fährt fort:»Wer das erkennt, muss eine neue Bewertung vornehmen. Deshalb sage ich für mich: Ich habe eine neue Bewertung vorgenommen.«[52] Dass die neue Bewertung der Chefin für die ganze Nation und ihre Nachbarn gelten soll, lässt auf ein Erkenntnisprivileg der Sprecherin schließen, das so nachweislich nicht vorliegt. Zumal die Kanzlerin nun zum zweiten Mal die fahrlässig simplifizierende Formel vom Hochtechnologieland mit hohen Sicherheitsstandards nachschiebt. Wir können nicht annehmen, dass die Kanzlerin innerhalb der drei Monate seit dem Reaktorunglück nichts von der unverantwortlichen Standortwahl für das Kernkraftwerk am Meer in der Erdbebenzone erfahren hätte. Aber die Kanzlerin glaubt, mit Wortbrocken wie Hochtechnologie, Ethikkommission und persönlicher Ergriffenheit ihre fatale Motivmischung für den Energie-GAU in Deutschland verschleiern zu können; und niemand stellt sie bei dem Manöver. Sie kann durchrechnen, dass die zahlreichen grünen Abgeordneten keine Wahl haben, sich gegen die Landnahme ihrer grünen Träume durch die Kanzlerin zu wenden, und sie kennt die eigene Truppe gut genug, um zu wissen: Die geballten Fäuste bleiben in den Taschen. Was die Kanzlerin im März 2011 anordnete, war ja nicht nur die Übernahme der gesamten Energiewirtschaft Deutschlands durch den Staat. Der staatswirtschaftliche Neustart sah eine komplette Neuordnung der Energie-Erzeugung und ihrer Quellen vor. Das ökologische Logo, das diesem tollkühnen und sozialgefährlichen Plan schon am Start angeheftet wurde, verhinderte kritische Rückfragen zuverlässig – denn ökologische Motive sind in Deutschland tabugeschützt. Jede Gegenrede beschädigt den Gegenredner so gründlich, dass er aus dem großen Rettungs-Game ausscheidet.

Aber der Bundesrechnungshof waltet seines Amtes. Er bescheinigt dem Phantom »Energiewende« in einer Fünfjahresbilanz »mindestens 160 Milliarden Euro« an Kosten. »Der Aufwand stehe im krassen Missverhältnis zum bisher dürftigen Ergebnis«, so der Präsident des Rechnungshofes Kay Scheller.[53] Seine Kritik »verhallte weitgehend folgenlos im politischen Raum«, berichtet *Der Spiegel*, und fügt hinzu: »Scheller sieht sogar die Gefahr, dass die Bürger wegen dieses Pfuschs von höchster Stelle bald das Vertrauen ins Regierungshandeln verlieren könnten.« *Der Spiegel* bestätigt, dass die Kanzlerin ihrem Projekt nach dem Showeffekt auf den ersten Metern keinerlei Flankenschutz liefert.

Die Logik des Misslingens hat aus dem rauschhaften Start eine flopverdächtige Hypothek gemacht. Die kollektive Kontrolle, die beim Aufbruch in Merkels Energiewunderland ausgebremst wurde, lässt sich auf offener Strecke im Subventionsgerangel nicht nachladen. Warum die demokratische Kultur in ihren intakten Zeiten vor Merkel diesen Flankenschutz durch Amtseidbindung der Toppolitiker und verpflichtende Parlamentskontrolle vorsah und praktizierte, zeigen Merkels Ausflüge aus dem Rechtsraum der wechselseitigen Aufsicht erschreckend deutlich. Eine komplette großdeutsche Traumlandschaft voller Windräder und Solarparks hatte sich seit dem Startsignal unzählige Fans geholt, die den Hit mitsingen wollten: Deutschland *great again*. Wer mit getürkten Gefahrenmeldungen Anhänger bindet, wie die Kanzlerin mit ihrer Fukushima-Legende, der kauft mit der Begeisterung der Fans eine hohe Enttäuschungsbereitschaft ein. Bürger im Wendefrust urteilen ernüchternd: »teuer, chaotisch und ungerecht« finden sie das stolpernde Großprojekt. *Der Spiegel* zieht Bilanz: »Der Ausbau von Windparks und Solaranlagen kommt nicht voran. Es fehlt an allem: an Netzen, Speichern, vor allem aber an politischem Willen und fähigem Management.« Der einsame politische Wille einer Einzeltäterin reicht eben nicht aus, um ein Großunternehmen wie die umgepolte Staatswirtschaft zu führen.[54]

Vom Schlafwandler zum Klimawandler

Die Bilder gleichen sich: Merkels grenzenloses Deutschland verlor nach dem Überschwang der Einladung an Hunderttausende unbekannte Gäste im Auge der in- und ausländischen Kollegen bald an Charme. Die Wirklichkeit meldete sich zurück. Und Merkel mied die Hotspots der Flüchtlings-Story, bis ihr Soft-

Skills-Image in der nachträglichen Legalisierung des multifunktionalen Rechtsbruchs am Tattage wiederhergestellt war. Das absurde Versöhnungsmotto, 2015 solle sich nicht wiederholen, greift beim Kahlschlag und Take-over des Herzstücks der Industrienation Deutschland 2011 allerdings nicht. Energiewendedeutschland überrascht die Chronisten im Jahr 2019 durch den Kontrast zwischen bürokratischer Hochrüstung und dem Scheitern in einer gedachten Praxis voller erstmaliger, großenteils traumgeborener Kooperationen von Wettbewerbern im Subventionsdschungel und Profiteuren der ersten Stunde, die unerwartet plötzlich vergangen war. Das schlug auf die Motivation durch. Und die Teams im Wirtschaftsministerium, die Gremien in den Ländern, konnten nicht schnell genug neue Routinen entwickeln, um den Traum von Energiepionier Deutschland vor dem vorzeitigen Erwachen zu schützen. 287 Beamte im Wirtschaftsministerium arbeiten in vier Abteilungen des Hauses über vier Referate einander zu – oder aneinander vorbei?»Mindestens 45 Gremien in Bund und Ländern«, so *Der Spiegel*, arbeiten für die Energiewende. Die legendäre Klimakonferenz in Paris verführte auch die deutsche Regierung nochmals, unhaltbare Versprechen abzugeben. Als die Konferenz im Dezember 2015 tagte, hatte der September desselben Jahres bereits das nächste Großprojekt der deutschen Kanzlerin gesehen, ein neues Solo mit metademokratischem Profil und nachhaltigen Rechtsbrüchen – und vielen namenlosen neuen Gesichtern im deutschen Migrationsmanagement. So ergab es sich, dass der nächste Höhenflug der Wende-Kanzlerin auf den metajuristischen Olymp einen langen Schlagschatten auf ihr vorheriges Hauptprojekt warf. Plötzlich war das Energiechaos nur noch Randthema. Die Neugeburt des Klimathemas aus dem Geiste der infantilen Eroberer aller Debatten hat den übergesetzlichen Beistand der Kanzlerin bereits als Passierschein erster Klasse für alle Foren der Welt in der Tasche. Ob es deshalb mit dem Klimathema aufwärts oder abwärts geht, harrt noch der Klärung.

Im weltweiten Wendewettbewerb zum Klimawandel scheitern die Deutschen gegenwärtig simpel am Transfer ihrer Träume in die Praxis. Warum gehen die Ingenieure ihren Traumtänzer-Kollegen aus den Traumlabors nur halbherzig zur Hand? Es gibt mindestens zwei Gründe für die Selbstblockade der ehrgeizigen Deutschen bei einem Projekt, das ein paar Nummern zu groß ist, um ein neues Made-in-Germany-Logo zu stemmen. Die Gewinn-Verlust-Rechnung verteilt sich auf unversöhnliche Bereiche, die zur deutschen Identity gehören wie das Heimweh nach Schuldlosigkeit. Ingenieure und Biologen, Natur-, Wald- und Wasserschützer, Wildtierwächter und nicht zuletzt Menschenfreunde blockieren den Konsens wegen unerträglicher Widersprüche im Projekt.

Am Wendestart war es die Kanzlerin, die den Konsens gekündigt hat. Hätte sie da die Nähe ihrer Mandatsgeber gesucht, dann wäre ein guter Kompromiss herausgekommen. Jetzt blockieren die Bürger den Konsens. Und die Vollstrecker eines perfekt erträumten Spitzenproduktes für die Weltmärkte des Energiewettbewerbs gehen Tag für Tag Kompromisse im Kleinen ein, um Widerstand zu leisten oder zu brechen. Was sie dabei nicht retten können, ist der Erfolg im Großen.

Seit 2015 läuft der nächste GAU der Kanzlerin: Migrationsmanagement by universalistischem Menschenbild. Merkel-Folgenabschätzung läuft mit. Das planwirtschaftliche Take-over der Energiewirtschaft in Deutschland beweist: Hier sind massive Rechtsbrüche durchsetzbar. Nur ein Konzern reichte eine Klage ein, und diese bezog sich nur auf einen Teilbereich der Verluste, die alle Energieproduzenten und ihre Anteilseigner zu verkraften hatten, nachdem die Kanzlerin sich für die Simulation einer übergesetzlichen Notlage entschieden hatte, um berechtigten Klagen zu entgehen. RWE klagte gegen die Stilllegung des Atomkraftwerks Biblis. Mehr als sechs Jahre nach dem Coup der Kanzlerin im Fukushima-Jahr 2011 wurde ein Vertrag zwischen der Bundesrepublik Deutschland und den Betreibern deutscher Kernkraftwerke unterzeichnet. Am 26. Juni 2016 unterzeichneten die Atomkonzerne E.ON, RWE, EnBW und Vattenfall ein »Milliardenpaket« zur Entsorgung nuklearer Altlasten. »Bestandteil« (Kondition) dieses Vertrags war die Rücknahme der Klage durch den RWE-Konzern und die Zahlung der Verfahrenskosten durch den Kläger RWE. Die Bundesregierung zahlte die Entschädigung erst, nachdem das Bundesverfassungsgericht diese angeordnet hatte.

Die Klima-Ideologie liefert nicht mehr als einen Salto mortale der Selbstüberschätzung. Wieder ein hybrider Entwurf für die Weltherrschaft, die längst in der Hand der klimaneutralen Datenkonzerne ist. Aber die Klimareligion will mehr: die Evolution in die Schranken weisen. Das ist ein neuer Anspruch, der uns von allen Sünden befreien soll, die im Namen früherer Großmachtträume begangen wurden. Homo sapiens transzendiert seine Weisheit, indem er zum Schöpfer wird. Auch die Klima-Ideologen verfehlen das menschliche Maß. Statt Anpassung an den Klimawandel zu organisieren, zerstören Kulturvölker unter deutscher Leadership alle Ressourcen, die bisher ihr Überleben gesichert haben. Haupterben dieser Zerstörungs-Orgien sollen unsere Nachkommen sein. Wo bleibt unser Plan B für den sehr wahrscheinlichen Fall, dass der Klimawandel ungerührt über unser Vernichtungswerk hinwegschreitet?

Fakten im Folgen-Check

Kanzlerin mit zwei Gesichtern

Angela Merkels Wirken in Deutschland ist eng mit der Relativierung von Recht und Gesetz verbunden. Ihre größten Projekte, das staatliche Take-over der Energiewirtschaft und die Steuerung der Migration durch illegale Grenzöffnungen, wären ohne massive Eingriffe in geltendes Recht nicht durchführbar gewesen. Die rechtliche »Transzendenz«, die Merkel wohl mit ihrer Richtlinienkompetenz gedeckt sah, ist für beide Alleingänge der Kanzlerin nicht ein zufälliger Begleitumstand, sondern konstituierender Bestandteil der Botschaft, die von beiden metademokratischen Übergriffen ausgehen sollte. Merkels Untergebene und Kollegen übergingen diese Botschaft mit beredtem Schweigen.

Folgerungen aus diesen unverhüllten Angriffen der höchsten operativen Arbeitskraft in der Regierung bleiben bis heute aus. Wenn die exponierteste aller Führungskräfte die Regierungsziele nur über Rechtsbrüche im Verfassungsrang verwirklichen kann, steht der Konsens der Regierung mit ihren Normen nicht nur zur Diskussion, sondern zur Disposition. Nichts davon schien den Demokraten in der politischen Führung des vereinigten Deutschland bewusst zu sein.

Nicht der Konsens der Regierenden über die Verbindlichkeit geltenden Rechts stand zur Debatte, sondern die nachträgliche Legalisierung der Blattschüsse ins Herz der Demokratie bestimmte die Agenda. Merkels relaxter Umgang mit dem Tafel-silber der Demokratie war niemandem verborgen geblieben, seit sie von ihrer wachsenden Macht Gebrauch machte. Nur wenige CDU-Funktionäre machten sich Gedanken darüber, ob die Kanzlerin vielleicht mit einem anderen Menschenbild un-terwegs sei als Partei und Parlament. Schon die »Eurorettung« hatte Verwüstungen im Gehege der Rechtssicherheit angerich-tet. Aber die deutsche Dominanz hinter den Brüsseler Nebel-bänken streichelte die deutsche Streberseele. Dass die deutsche Führungskraft für Europas instabilste Phase ausgerechnet aus dem »Reich des Bösen« herübergeflogen war, ein geläuterter Engel. Angela, schon bald weltweit gefeiert, dieses atemrau-bende Paradox nach der traditionellen Kohl-Epoche schmei-chelte der politischen Klasse in Deutschland.

Das Brüsseler Euro-Szenario war ein idealer Einstieg für die Kanzlerin: Vorschusslorbeeren für das neue deutsche Profil: Ko-lonialstil mit Strafbefehlen; für Südeuropa einerseits und in-transparentes *burden sharing* bei der Ergebnisverantwortung. Ein Geschäftsmodell wie maßgeschneidert für Angela Merkels Karriereplan. Hier entschied sie sich für ihr Spezialgebiet, die Symbolpolitik. Hier auch gewann sie im trickreichen Blendwerk der kryptisch benannten Fonds und Geldschränke für das Ret-tungswerk der Europrofiteure erste Einblicke in die unschlag-bare Überlegenheit von Soft Law, wenn Hard Law für die Parla-mente unzumutbar erschien und vor der Abschussliste gerettet werden musste.

Angela Merkels Karriere als Weichzeichnerin und Überwin-derin von Rechtsnormen wirkt auf wiederum paradoxe Weise wie ein »rechtzeitig« auf die Bühne geschickter Herold des neuen Megatrends, den auch die digitalen Eliten befeuern: De-mokratie überwinden, Marktwirtschaft außer Kraft setzen, Mo-ral entmachten, Werte schreddern, Businessethik mit neuen

Standards symbolisch überleben lassen. Paradox aber wird diese »Rechtzeitigkeit« von Merkels Auftritt im Überlebenskampf des Alten Europa, wenn wir wahrnehmen, dass ihr gebrochenes Verhältnis zum Recht den Rechtsstaat schwächt im historischen Augenblick seiner Unentbehrlichkeit für seine Verteidiger und Feinde gleichermaßen. Angela Merkels »Geschäftsmodell« in dieser paradoxen Doppelrolle könnte der Grund für ihren Erfolg als »Metapolitikerin« sein. Das Echo auf diese *split identity* der Kanzlerin läuft jahrelang unter anderem Label mit. »Die Kanzlerin polarisiert«, sagt ein Journalist im Hintergrundsgespräch. Bis in den Vordergrund schaffte es diese Bemerkung aus dem Jahr 2018 bis heute nicht. Noch schienen die Tabuzonen stabil. Aber mehr und mehr wurde von einer »Spaltung« der Gesellschaft gesprochen. Genauer mochte es keiner sagen.

Wo verläuft der Graben, welche Gruppen trennt ein Riss? Von einem »Merkel-Lager« spricht bis heute niemand. Bedingungslose Loyalität erfährt die Chefin weiterhin und völlig unabhängig von ihren Taten. Mit Worten spart sie, aber ihre beiden größten Ausbrüche von Handlungshunger haben Züge eines Amoklaufs, wie wir ihn im US-Film *Blow-up* gesehen haben: schweigend Waffen packen und das schützende Haus in unbekannter Richtung verlassen. Nach der Spaltungsdebatte wurden die Verlustmeldungen konkreter. Vom »Rechtsstaat« ist nie so beschwörend geredet worden wie heute. Das Grundgesetz zu feiern befahl der Jubiläumskalender ohnehin, aber diese 70 Jahre erschienen wie eine Bekräftigung der Mahnung, das neue Unbehagen ernst zu nehmen, das dem Rechtsstaat gilt. Doch wird der Zweifel hinter Bekenntnissen versteckt: Der Rechtsstaat, so alle Festredner und alle befragten Experten, sei die verlässlichste Größe in einem Szenario, das neben einem neuen Kulturen-Mix via Migration auch den globalen Terrorismus und die digitale Kreativität neuer Mitspieler im rechtsfreien Raum rechtsstaatlich ordnen und absichern soll.

Das Echo des Rechtsstaats

Die gespaltene Gesellschaft erscheint wie ein kollektives Echo auf das doppelte Gesicht, das die Kanzlerin des Übergangs zeigt: Sie soll, so wünschen es die Bürger, der Eindeutigkeit des Rechtsstaats dienen. Zugleich entgeht es den Bürgern nicht, dass Angela Merkels Paukenschläge auf den Feldern Energiewirtschaft und Migration nicht nur irgendwelche Zeichen setzen, sondern eindeutige Signale zur Relativierung des Rechtsstaats aussenden – nicht nur national, sondern international. Ist die Rechtsstaatsdebatte wirklich unabhängig von der offenkundigen Beschädigung der verfassungsrechtlichen Spielregeln durch Sonderlizenzen, die von der Kanzlerin via Rechtsbruch in Anspruch genommen werden? Ist es wirklich folgenlos für die Durchsetzbarkeit von Rechtsnormen, wenn es einen Platz im demokratischen System gibt, auf dem jemand »über dem Gesetz« steht? Angesichts der Doppelrolle von Angela Merkel als Zukunftsagentin auf einer Epochenfuge bietet sich die These an, dass Merkel mit ihren Zugriffen auf illegale Handlungsräume auch genau dieses Debüt in einem Zukunftshabitus abliefern will, das wie ein Donnergrollen aus den Abbruchlabors über die Träumer in bereits wankenden Traditionslandschaften hinwegrollt, wieder und wieder: Beim planwirtschaftlichen Enteignungscoup (Kuschelname »E-Wende«) 2011 und in zahllosen kaum wahrnehmbaren Nachbeben in einem Europa, das seine Bebengefährung nicht wahrhaben will, und dann wieder 2015, jetzt in noch empfindlicheren Bezirken unserer Selbstschau, der Grenzsicherung und der Gastgeberschaft für Kulturwechsler, die mit dem Kanzlerticket ein unbegreifliches Privileg, die Anonymität, mit ins Land brachten. Damit sind jene, die sich diese Anonymität bewahrt haben, allen Inländern überlegen.

Wenn solche Neuordnungen der Rangskala für Einheimische und Fremde eine wichtige Botschaft der Kanzlerin in ihrer Rolle als Zukunftsagentin sind, dann sollten wir die Tabuzonen, in denen alle unkonventionellen Zukunftsideen verboten sind, in unserer Rolle als Souveräne der demokratischen Epoche selbst auf ihren letzten Metern noch öffnen, um fortan nicht mehr die Kanzlerin allein über unsere Zukunft bestimmen zu lassen. Nicht nur der Rechtsstaat steht offenbar zur Disposition. Auch das, was er leisten kann, wenn das wechselseitige Versprechen von Rechtsstaat und Bürgern gehalten wird, steht zumindest zur Debatte. Die Inflation der Rechtsstaats-Vokabel zeigt, was wir wissen: Im Gegensatz zum Rollensplit der Kanzlerin, die eine paradoxe Zweigleisigkeit ihrer Aktionen für die laufenden drei Jahre ihrer Unsinkbarkeit als Kanzlerin jenseits von Staat und Parteien zu managen versucht, sehen wir ein Dilemma. Einerseits brauchen wir faktisch mehr Staat, um die Kollision der Kulturen in eine Kollusion, ein Zusammenspiel zu verwandeln. Dafür reicht eben nicht das »freundliche Gesicht«, sondern wir müssen dem Staat beim Transfer einer leistungsstarken und schützenden Rechtsordnung in anders trainierte Köpfe und Herzen helfen, ehe sich die Kulturcrashs in der *brainware* häufen und der Rechtsstaat kapituliert.

Das Dilemma entsteht, wenn bei höherem Bedarf an Rechtsstaatlichkeit zugleich von höchster Stelle Abbrucharbeiten in diesem staatlichen Schutzraum vorgenommen werden, die das Vertrauen in den Rechtsstaat ins Wanken bringen. Die Entscheidung der Kanzlerin, rechtsstaatliche Versprechen und Schutzverpflichtungen hinter einem glamourösen Humanitas-Anspruch zurückzustellen, fingiert eine Vergleichbarkeit, die weder ethisch noch rechtlich vertretbar ist. Wer sich auf die Stellvertreterdebatte unter dem Motto »Kontrollverlust«, »Staatsversagen« einließ, belieferte ungewollt ein Ablenkungsmanöver von dem Déjà-vu aus 2011: Nicht »der Staat« war Auslöser der Querschüsse ins Herz seiner hoheitlichen Aufgaben, sondern die vereidigte Schutzherrin des Rechtsstaates legte die Sprengladungen an seine Pfeiler.

Der Zwiespalt, der sich aus Merkels höchstpersönlicher Neubewertung der demokratischen Rechtsordnung in die Bürgerköpfe und -herzen schleicht, schwächt das Vertrauen in den Rechtsstaat, dessen Glaubwürdigkeit die Bürger gleichzeitig dringend zurückwünschen. Die Kanzlerin legt Wert auf ihre epochemachende Relativierung des Rechtssystems, weil sie metademokratisch denkt und Kollateralschäden unvermeidlich findet. Ein Sendungsbewusstsein bei ihrer Kanzlerin zu erkennen, würde den Bürgern sicher helfen, das Licht am Ende der Straße durch die Trümmerlandschaften des müden Europa zu erkennen. Die bürgertaugliche Vision, die leichter lesbar wäre als die »multilateral vernetzte Weltregierung« oder der »Überwachungskapitalismus«, fehlt einstweilen. Die deutsche Kanzlerin wird in den Geschichtsbüchern vielleicht als Wegbereiterin eines clean geschrumpften Modells für ein autokratisch regiertes Kern-Europa beschrieben werden, das alle Schlacken älterer Staatenbündnisse abgeschüttelt hat. Das zweite Highlight im Duo ihrer Soloprojekte, die weltweit Aufmerksamkeit erfuhren und erfahren, ist jene Einebnung von Schwellen, die man gemeinhin Grenzen nennt. Grenzen werden, seit es menschliche Kulturen gibt, von denen, die innen leben, gegen die, die von außen Einlass begehren, in einem hochsensiblen Grenzregime verteidigt.

Das Schicksalsjahr 2015

Die Jahreszahl 2015 hat seit jenem 5. September eine Schlüsselrolle in der Migrationsdebatte, weil sie in dieses hochsensible Schutzgebiet führt, in dem der Rechtsstaat so präsent ist wie an sozialen Brennpunkten in den Metropolen, wo rechtskundige und im deutschen Recht unerfahrene Bürger gemeinsam feiern oder streiten. Seit die große Völkerwanderung ein europäisches Thema geworden ist, steht auch EU-Recht auf dem Prüfstand. Die Chronik jener Ereignisse am 4. und 5. September 2015, die zu einer zähen Debatte darüber führten, ob die Kanzlerin offene Grenzen offen ließ oder geschlossene Grenzen öffnete, um eine unbekannte Zahl unbekannter Menschen unbekannter Herkunft ohne Registrierung nach Deutschland einreisen zu lassen, zeigt die Ereignisfolge, wie sie ARD-online anbietet: »Es ist der Abend des 4. September 2015, als Angela Merkel einen Anruf des damaligen österreichischen Kanzlers Werner Faymann bekommt. Er berichtet ihr von Tausenden Flüchtlingen, die aus Ungarn kommend nach Österreich und Deutschland wollen. Beide kommen zu der Einschätzung, dass die Menschen sich nur mit Gewalt von ihrem Ziel abhalten lassen würden. Beide schließen diese Option schnell aus. Sie verabreden, dass Österreich und Deutschland aus humanitären Gründen ihre Grenzen nicht verschließen könnten.«[55] Am 5. September 2015 erreichen Tausende Flüchtlinge Wien und München. Die seither diskutierte Lesart der Vorgänge, die Kanzlerin habe »die Grenzen geöffnet«, ist bis heute umstritten. Der Grünen-Politiker Konstantin von Notz nennt diese These die »Dolchstoßlegende unserer Zeit«.[56]

Die Wahrheit ist ein scheues Reh, sie lässt sich in Legenden nicht einfangen. Tatsächlich erschwert die EU-Politik seit den tollkühnen Rechtsbeugungsübungen zur »Eurorettung« jeden

Versuch der rechtlichen Würdigung von Merkels Grenzfreigabe für Migranten, die nicht in Deutschland erstmals europäischen Boden betreten. Die schon bei der »Eurorettung« stark strapazierten EU-Gesetze unter den Stichworten »Schengen« und »Dublin« seien 2015 schon nicht mehr in allen Paragrafen unbeschädigt gültig gewesen, so Weichzeichner der Merkel-Aktion. Aber der Staatsrechtler und ehemalige Bundesverteidigungsminister Rupert Scholz hat schon im Ereignisjahr 2015 eine staatsrechtliche Bewertung der Grenzüberschreitungen im Namen des »freundlichen Gesichts« der legendären deutschen Kanzlerin geliefert. Scholz hatte damals im deutschen Fernsehen der Asylpolitik von Kanzlerin Merkel »mehrfachen Rechtsbruch« bescheinigt. »Mit der Grenzöffnung 2015 verstieß die Kanzlerin gegen EU-Recht, wie auch gegen deutsche Grundrechte und Gesetze«.[57] Scholz verweist für die EU-Ebene auf die Dublin-Verordnung, die Asylbewerber aus sichtbaren Drittländern (Ungarn, Österreich, Italien) zur Prüfung der Asylberechtigung sowie eventuelle Abschiebung oder Aufnahme bzw. Verteilung auf andere Länder in ebenjene zuerst aufgesuchten Länder zurückschickt. Dublin blieb in Merkels Entscheidung nicht nur unberücksichtigt; auch die Registrierung und Kontrolle der Migranten entfiel. Auch das Abkommen von Schengen, das die allen EU-Ländern gemeinsame EU-Außengrenze sichern soll, wurde in Merkels Entscheidung außer Kraft gesetzt.

Wer auf frühere Verstöße gegen beide Abkommen hinweist, um weitere Rechtsverletzungen zu verharmlosen, wechselt unmerklich die Seite. Beschwörungen einer demokratischen EU der Zukunft verlieren so Schritt für Schritt an Glaubwürdigkeit. Die deutsche Kanzlerin hält seit ihrem Amtsantritt die Trendleadership bei der Entmachtung der traditionellen Demokratie. Merkels Beiträge zur Lockerung der Anhänglichkeit ihrer Kollegen an die Spielregeln der westlichen Demokratien wurden nie zur Sprache gebracht, weil die Karriereförderer der neuen Vorsitzenden den Widerspruch nicht managen konnten. Alle Großangriffe auf demokratische Regelwerke, die Merkels Unabhängigkeit von der klassischen Demokratie auf die Tagesordnung zurückbrachten, wurden nachträglichen Legalisierungsaktionen zugeführt.

Die erstaunliche Toleranz der CDU-Kollegen hat eine doppelt tragfähige Basis: Sie schützt nicht nur Merkel, sondern auch jene, die sie ins Amt gehoben haben. Die Ereignisse um den 5. September 2015 liefern für diese doppelte Verstrickung aller Täter und Betroffenen ebenso umwerfende Beweise wie jene Starttage zum planwirtschaftlichen Großangriff der Kanzlerin auf die Energiewirtschaft des Landes.

Staatsrechtler wie Rupert Scholz, Udo Di Fabio, Hans-Jürgen Papier und andere plädieren immer noch für den verfassungsgebundenen Rechtsstaat. Chronische Prozesse, die auch Staatsanwälte und Richter wahrnehmen, haben für die Trendleader ins Vakuum oder in alternative Ordnungssysteme den Vorteil, dass Gewöhnung eintritt, die auch Kritiker zu Mitspielern in neuen Szenarien macht. Jeder Normenbruch der Kanzlerin hat ihre Position im Gefühlshaushalt der Nation eher gestärkt als geschwächt. Es gilt die beschriebene doppelte Basis. Die Mächtigen an der Macht zu halten, ist für alle im Umfeld der Macht Tätigen immer das kurzfristig kleinere Übel.

Die Stimmen der Staatsrechtler

Der Verfassungsrechtler Rupert Scholz erinnert im Gegenteil daran, dass begrenzte Schäden am rechtsstaatlichen System eine Ausstrahlung entwickeln, die von den Auslösern des »begrenzten« Schadens unterschätzt oder einfach bestritten werden. Der

Ruf nach »mehr Staat«, den wir seit einigen Jahren immer häufiger hören, tönt aus verschiedenen Richtungen und belegt verschiedene, oft sogar kontroverse Motive. »Mehr Staat« wünschen sich Polizei und Staatsanwaltschaften wegen steigender Dichte von neuartigen Delikten und eigener Personalknappheit. Nach »mehr Staat« rufen aber auch viele Bürger, die Sicherheitsdefizite spüren. Immerhin gilt der vielleicht erst mit der Demokratie sterbende Satz »Der Staat gehört den Bürgern«. Auch die Demokratie gibt mit ihren griechischen Erbstücken aus der Antike den klaren Besitzanspruch der Bürger wieder: *demos*, Volk, und *kratein*, herrschen. Der Staat gehört den Bürgern. Also sollten Regierende die Stimme des Souveräns respektvoll wahrnehmen und sein Schutzbedürfnis würdigen – nicht nur mit Worten.

Könnte »mehr Staat« nicht auch für die eigenmächtige Grenzfreigabe der deutschen Kanzlerin im September 2015 stehen – und damit eine übergesetzliche Lizenz zum Rechtsbruch liefern? Wie viel Staat ist in der Kanzlerrolle enthalten? »Ist« die Kanzlerin der Staat oder »dient« sie ihm, was sie nicht über, sondern gemeinsam mit ihren Wählern unter das Gesetz stellen würde? Scholz nimmt die Gelegenheit der Planierung von Grenzgelände durch die Kanzlerin in Worten und Taten wahr und erklärt, wer oder was der Staat eigentlich ist.

Der Staat ist dreifach definiert durch Staatsvolk, Staatsgebiet in festgelegten Grenzen und Staatsgewalt. Ohne Grenzen kein Staat. Grenzen aufzukündigen oder außer Kraft zu setzen gehört nicht zu den Optionen eines Bundeskanzlers. Die Auflösung von nationalen und kontinentalen Grenzen gehört aber in diesen Jahren des Übergangs in tabubelegtes Gelände, zur *hidden agenda* der digitalen Siedler in den Zonen nach der demokratischen Ära.

Das Verfassungsrecht der spätdemokratischen Ära kämpft

bereits mit dem metademokratischen Touch einer Führungs-
philosophie, wie Angela Merkel sie verkörpert. Sie hat kein Text-
buch dabei, weil ihr Rollenverständnis die Entschleunigung der
Zerfallsprozesse fordert. Der Klassiker Scholz spricht als Gut-
achter aus dem theoretisch noch intakten System westlicher
Prägung Klartext: Ohne Grenzen scheitere der Staatsbegriff im
Ganzen.

Die Kanzlerin vertritt in der Migrationspolitik eigenwillige
Positionen zum Asylrecht. Kein Aufnahmeland kann sich mit
Deutschlands Großzügigkeit bei der Asylgewährung messen.
Das deutsche Grundgesetz lässt aber Positionen, wie sie die
Kanzlerin zum Asylrecht vertritt, nicht zu. »Alle Syrer erhalten
in Deutschland Asyl«, so die Bundeskanzlerin. Auch diese Po-
sition könnte sie im Laufe der Jahre trotz ihrer symbolischen
Durchschlagskraft verändert haben. Artikel 16a des Grundge-
setzes lässt die pauschale Asylgewährung für die Gesamtbevöl-
kerung eines Staates nicht zu.

Das Bundesamt für Migration und Flüchtlinge (BAMF) bestätigt aber, dass nach dem die Syrer begünstigenden Satz der
Kanzlerin gehandelt wurde. Also keine Einzelfallprüfung zur
Lebenslage des Antragstellers. Schon verblassen die Erinnerungen an die Geschäftsmodelle, die nicht nur Schleuser, sondern
auch Ausweisfälscher weltweit entwickelt haben, um im Big
Business der Völkerwanderung ihren Platz an der Sonne zu sichern. Weil Chaos herrscht, die Aufnahmemethoden so weit zu
entschlacken, wie es die deutsche Kanzlerin mit dem Anonymi-
tätskonzept 2015 getan hat, fügt den bekannten Chaosquellen
mutwillig eine neue hinzu, die weder den Untergetauchten
noch dem Staat hilft, in dem sie untertauchen. Mit ihrer radikalen Asylrechtsvariante hat die deutsche Kanzlerin über Jahre ihr
Renommee als Humanitas-Queen gepflegt, der Realitätstaug-
lichkeit des Asylrechts aber keinen Dienst erwiesen. Rupert

Scholz erinnert daran, dass vom Bundesverfassungsgericht immer wieder die Mahnung kam, dass bei Konflikten mit anderen Verfassungsnormen auch eine Beschränkung des Asylrechts greifen müsse.

Konkret, so der Verfassungsrechtler, sei Asylgewährung für Kriminelle und für Terroristen unmöglich. Der Entzug eines Asylrechts bei verspäteter Komplettierung einer kriminellen Karriere im Gastland Deutschland scheint dennoch schwer durchsetzbar zu sein. Die Rechtslage überrascht wohl niemanden: Die Zahl der unvollendeten Entzugsfälle von Asylrechten überrascht allerdings noch mehr. Der Staatsrechtler Scholz erspart den Verfechtern eines flächendeckenden Menschenrechts auf Asyl auch nicht den Hinweis, dass das Sozialstaatsprinzip eine Begrenzung des Asylrechts begründe. Der Grundrechtskonflikt, so Scholz, ist klar definiert. »Wenn absehbar ist oder tatsächlich festgestellt wird, dass die finanziellen Ressourcen eines Sozialstaats im Übermaß durch Flüchtlingshilfen belastet werden, begrenzt das Sozialstaatsprinzip das Asylrecht.«[58] Dasselbe gilt für die öffentliche Sicherheit. Wenn sie durch großzügige Vergabe von Asylrecht gefährdet sei, so Scholz, könne das Asylrecht eingeschränkt werden. Fazit: »Das Asylrecht als Grundrecht kann also nur Anwendung finden, wenn es im Einklang mit den übrigen Grundrechten des Grundgesetzes steht.« Schon 2015 stellt Scholz eine Diskrepanz zwischen der Stimmung in der Bevölkerung und den Parteienvertretern im Bundestag fest, wenn es um Masseneinwanderung geht. Das Fazit von Rupert Scholz: »Der Deutsche Bundestag spiegelt gar nicht mehr das wider, was die Stimmung in der Bevölkerung ist ... gerade, wenn es um Sorgen und Ängste geht.« Auch in der Bundesregierung wirken neue, verfassungskritische Positionen mit, die von Mitgliedern des Kabinetts vertreten werden. Die Ausländerbeauftragte Aydan Özoğuz im Rang einer Staatsministerin vertritt in der Debatte um Grenzverletzungen im Jahr 2015 die Auffassung, »dass wir unser Zusammenleben ständig neu auszuhandeln haben«. Dem widersprechen Staatsrechtler wie Rupert Scholz und Udo Di Fabio entschieden. Der ehemalige Verfassungsrichter Di Fabio schreibt im Jahr nach Merkels zeitlich unbefristeter Grenzfreigabe, dass die Bundesregierung »aus verfassungsrechtlichen Gründen« verpflichtet ist, »wirksame Kontrollen der Bundesgrenzen wieder aufzunehmen, wenn das gemeinsame europäische Grenzsicherungs- und Einwanderungssystem vorübergehend oder dauerhaft gestört ist«.[59] Wie schon Rupert Scholz verweist auch Di Fabio darauf, dass das Grundgesetz nicht den Schutz aller Menschen weltweit durch faktische oder rechtliche Einreiseerlaubnis verlange. »Eine solche unbegrenzte Rechtspflicht besteht auch weder europarechtlich noch völkerrechtlich«, so Di Fabio. Der Wissenschaftliche Dienst des Deutschen Bundestages bestätigte im Mai 2018[60] die beiden Verfassungsexperten mit einer lückenlosen Beweiskette zur fehlenden Rechtsgrundlage von Merkels »humanitärer« Aktion im September 2015. Das Gutachten erscheint mit jener Verspätung, die der Kanzlerin auch nach ihrem planwirtschaftlichen Rundumschlag des Jahres 2011 mit fünf Jahren Abstand eine Garantie für wachsendes Desinteresse an der Wahrheitsfindung geliefert hatte. Es war eine Anfrage der Linke, die das Gutachten des Wissenschaftlichen Dienstes des Bundestages auslöste. Das Fazit des Gutachtens lautet: »Keine Rechtsgrundlage für die Einreisegestattungen Ende August/ Anfang September erkennbar.« Die Anfrage der Partei Die Linke hatte immerhin einen Zugang gewählt, den auch die Regierung als Flankenschutz für nachträgliche Legalisierungen routinemäßig angemeldet hatte, um den Alleingang der Kanzlerin in vermintes Verfassungsgelände als »Ausnahme« zu deklarieren: § 18 des Asylgesetzes bietet in Absatz 4 Nr. 2 AsylG die Möglichkeit, »Ausnahmetatbestände« zu beanspruchen, um Verstöße zu legalisieren. Das Rechtsgutachten des Wissenschaftlichen Dienstes beeindruckt als Beweisstück demokratischer Unabhängigkeit auf dem schwankenden Boden der Demokratie in einem Epochenumbruch, der in Deutschland auch durch metademokratische Ausbrüche aus dem parlamentarischen Konsens durch die Kanzlerin selbst bestätigt wird.

Eine Ehrenrunde für den Rechtsstaat

»Die Juristen« kommen zu der bemerkenswerten Ansicht, dass die Rechtsgrundlage, nach der die Bundesregierung weitreichende Entscheidungen getroffen hat, nicht erkennbar ist. Selbst auf eine parlamentarische Anfrage antwortet die Bundesregierung schwammig und benennt die Rechtsgrundlage »gerade nicht«, wie es in der Ausarbeitung heißt. Obwohl es in der teilweise lückenhaften Gesetzgebung Festlegungen gibt, auf die sich die Bundesregierung durchaus hätte berufen können, vermeidet sie die Festlegung, denn dann müsste sie in die rechtliche Diskussion eintreten. So könnte sie sich auf das sogenannte Selbsteintrittsermessen im Kontext der Flüchtlingskrise berufen, wodurch die Mitgliedsländer die Zuständigkeit für die Durchführung von Asylverfahren an sich ziehen können. Allerdings stößt das Selbsteintrittsermessen der Bundesregierung dort an Grenzen, »wo sie Migrationsbewegungen in einem Ausmaß kanalisierte bzw. potenzierte, das für andere Mitgliederstaaten nicht mehr oder nur unter unverhältnismäßigem Aufwand zu bewältigen wäre«. Danach wäre eine kurzzeitige Grenzöffnung zur Entlastung Ungarns womöglich noch rechtlich vertretbar gewesen, aber nicht die Tatsache, dass die Bundesregierung die Grenzen weiterhin offen ließ und lässt. Das

Parlament hätte befragt werden müssen. Deshalb kommt – und darin liegt die Brisanz des Gutachtens – der Wissenschaftliche Dienst zu der Auffassung, dass »die pauschale und massenhafte Einreisegestattung nicht mehr vom § 18 Abs. 4 Nr. 2 AsylG gedeckt sein könnte«. Die Juristen schlussfolgern, dass eine so weitgehende Anordnung »einer gesetzlichen Regelung oder einer parlamentarischen Zustimmung bedarf«. Der Gesetzgeber sei durch die »Wesentlichkeitslehre«, durch das »Demokratie- und Rechtstaatsprinzip« »in grundlegenden normativen Bereichen« verpflichtet, »alle wesentlichen Entscheidungen selbst zu treffen«. Im Klartext: Die Regierung hätte bei der Gestaltung der Einreisegestattung oder Verweigerung die Entscheidung darüber dem Gesetzgeber, dem Parlament, vorlegen müssen, denn »die pauschale und massenhafte Einreisegestattung gegenüber Asylsuchenden mit so erheblichen Folgen für das Gemeinwesen« überschreitet die »Wesentlichkeitsschwelle«. Weil der massenhafte Gebrauch der Einreisegestattung die Gesellschaft verändern und zu Integrationsproblemen führen kann, kommt eben dem Parlament die Entscheidung über die Begrenzung des Zuzugs von Ausländern zu.

Argument der humanitären Verpflichtung

Die Bundesregierung äußert sich nicht konkret dazu, auf welcher Rechtsgrundlage sie die Entscheidungen getroffen hat. Eine Entscheidung, die Deutschland drastisch verändern wird, wie es die grüne Spitzenkandidatin Katrin Göring-Eckardt formulierte. Die Regierung hat nicht den Bundestag befragt und auf unklarer Rechtslage eigenmächtig entschieden. Und das in einer Angelegenheit, die gravierende soziale, wirtschaftliche, kulturelle Auswirkungen und einen signifikanten Verlust an innerer Sicherheit zur Folge hat. Sie hat es mit dem Argument der humanitären Verpflichtung begründet, das höchst zweifelhaft ist. Denn sie tat es unter Missachtung der »Grundrechtswesentlichkeit«, der »Langzeitwirkung«, der »gravierenden finanziellen Auswirkungen« und »Auswirkungen auf das Gemeinwesen«. All die genannten Kriterien machen eine Beteiligung des Parlaments erforderlich. Dass diese Kriterien betroffen sind, belegt eine Äußerung des Bundesfinanzministers Wolfgang Schäuble in einem Interview mit der ((Mainzer)) Allgemeinen Zeitung: »Das Flüchtlingsthema wird noch viel Geld kosten.«[61] Zu alldem hätte das Parlament also auf jeden Fall befragt werden müssen. Vielleicht sogar der Souverän, weil es sich um eine drastische, also grundlegende Veränderung dieses Landes handelt.

Trauma —
Die Wunde blutet noch

Wir Traumakinder

Die Wunde blutet noch. Allein das ist Deutschlands Chance, die Flucht aus der eigenen Geschichte zu beenden. Die neuen Traumfabriken arbeiten schon. *Political correctness* und wachsende Tabuzonen werden uns nicht vor neuen Verwundungen retten. Auch ein hybrides Maß an guten Taten, mit denen wir Ablass leisten möchten, wird uns die Selbstbegegnung nicht ersparen. Hinter den Deckerinnerungen, mit denen wir die Warnrufe unseres Reptilhirns abschalten wollen, wartet die reale Welt. Dort sind wir nicht als Sieger erwünscht, sondern als realistische Mitgestalter dessen, was die digitale Revolution von den wankenden Hochkulturen der turbulenten Stunde null übrig lässt.

Umbruchzeiten sind Vitalitätstests für die Nationen und ihre Bündnisse. Traumatisierte Nationen wie Deutschland liefern in solchen Fugenzeiten ein schillerndes Selbstporträt ab. Die deutsche Kanzlerin, als Therapeutin des gesamtdeutschen Patientenkollektivs verstanden, entschied sich für eine diplomatische Weltmission über Soft Skills, Soft Power und Soft Law. Ihr Startporträt reflektierte die erhoffte Harmlosigkeit eines gezähmten Deutschland nach Erwärmung der bipolar erkalteten Welt. Überraschungen konnten nicht ausbleiben. Auch die gesamtdeutsche Chefin plante einen Egotrip ohne Deutschland.

Die Wunde blutet noch. Die Stunde der Wahrheit ist jetzt.

Wir müssen nur die Richtung wechseln: die Flucht vor dem Trauma gegen die Begegnung eintauschen. Am Anfang der Selbstheilung, die wir planen müssen, weil keiner von außen an einem »entstörten« Deutschland interessiert ist, am Anfang der Selbsterkundung also steht die Verweigerung. Wenn der Hitler-Biograf Ian Kershaw sagt, Hitlers »riesiger Schatten« sei »seit der Wiedervereinigung Deutschlands nicht blasser geworden«, reagiert ein gespaltenes Deutschland unversöhnlich. Kershaw hat alle Traumaforscher auf seiner Seite, wenn er der deutschen Ungeduld mit der »Vergangenheit, die nicht vergehen will« entgegenhält: »Ist es aber umgekehrt nicht erstaunlich, dass überhaupt die Erwartung besteht, diese Vergangenheit könne bereits erledigt sein?«[62] Und er fügt an: »Hitler hat tiefer auf Deutschlands historisches Schicksal eingewirkt als jede andere Gestalt in der Geschichte des Landes; Bismarck eingeschlossen. Er hinterließ Deutschland zerstört und von Feinden besetzt, in Schutt und Asche gelegt, in zwei Teile gespalten, die 40 Jahre lang gegeneinander ideologisch Krieg führten. Er ließ ein Land zurück, das auf Dauer ein moralisches Schandmal trug, war es doch unter seiner Führerschaft zu einem Angriff auf die schieren Grundlagen von Menschlichkeit und Zivilisation gekommen. ... Er war nicht nur der Haupturheber eines Völkermords ohnegleichen, sondern auch des zerstörerischsten Krieges in der Geschichte der Menschheit, dem mehr als 50 Millionen Menschen zum Opfer fielen. So sorgte er dafür, dass die nationalsozialistische Vergangenheit von den Abermillionen Opfern in aller Welt ... unmöglich vergessen werden konnte.«[63]

Auch unter den Zeitgenossen gab es kaum jemanden, der sich freiwillig als Mittäter oder Mitläufer meldete. Unausweichlich begann auch ohne Bekenntnisse die generationenübergreifende Traumastory. Für Zeitgenossen und Nachfahren der ersten Generation fast ein Kinderspiel: Hitler und seine Schergen waren die Täter, alle anderen drängten in die Opferrolle. Aber das menschliche Gehirn schreibt unweigerlich und unerschrocken die wahre Geschichte auf. Es vererbt diese Story an Kinder und Kindeskinder. Es zeigt Narben im Hypothalamus, aber die Wunde blutet weiter. Jahrzehnte des »kommunikativen Schweigens« begannen.[64] Verschweigen ist Stress. Das Trauma lernt gar nicht erst sprechen, weil es mit der Schuldverschiebung auf Täter beschäftigt ist. Die Kinder und Enkel werden so zu Erben des Traumas, einer blutenden Wunde, die niemand verbinden kann, weil schon das Geständnis, sie wahrzunehmen, einer Verstrickung in die Täterstory gleichkommt.

Noch 1999, zehn Jahre nach dem Mauerfall, entsteht am 9. November eines von ungezählten Fotos im Flutlicht der Scheinwerfer am Brandenburger Tor, das die Redaktion des *Spiegel* noch 2001 untertitelt: »Die moralische Traumatisierung besteht fort.«[65] Woher bezieht das Trauma seine unzähmbare Überlebenskraft? Worum geht es überhaupt, während immer weniger real »Schuldige« unter den handelnden Politikern sind? Dass wir das Wortfeld der Traumata verbal geflutet haben, beweist, dass wir die Unentrinnbarkeit der unerledigten Geschichtskapitel ahnen, die unsere Fehlerquote auch unter Merkel erhöht haben. »Ex oriente lux«, aus dem Osten kommt das Licht, stand in imaginären Lettern über dem waghalsigen Zukauf einer Spielerin für Einheitsdeutschland, die im Massenknast des UdSSR-Satelliten DDR herangewachsen war.

Führte uns schon damals das westdeutsche Trauma die Hand, die der Oberwessi dem Unterossi-Mädel reichte? Waren wir, im Rausch des Unity-Take-overs, als der deutsche Westen den insolventen Osten übernahm, schon damals Traumakinder, die Verlierer brauchten, um sich selbst als Gewinner zu erleben?

Wir Wirtschaftswunderkinder als Traumapatienten? Gewiss,

wir delegieren fast täglich »traumatische Belastungsstörungen« an verfügbare Verlierergruppen, um moralisch überlegen zu erscheinen:

Rechtsbrecher aus anderen Kulturen zum Beispiel, die wir laufen lassen, weil sie unseren kleinlichen Rechtsbegriff nicht teilen können. Entgleitet uns vielleicht im Rüttelstress auf der Epochenfuge mehr als nötig, weil wir Traumaerben aus der finstersten Weltsekunde unter dem teuflischen Kommando eines Massenmörders sind?

Die Inflation der Traumavokabel in Selbst- und Fremddiagnosen dieser Jahre zeigt, dass unsere Flucht aus der Geschichte ein Ziel hat. Wir spüren, dass es Zeit wird, die Tabuzonen der *political correctness* zu öffnen, um Land zu gewinnen. Es geht um eine gemeinsame Landnahme nicht irgendwo, sondern auf unserem Territorium, Deutschland in Europa. Wir möchten uns, nach Jahren des traumatisch bedingten ideologischen Gehorsams in Dominanzansprüchen, Vorreiterrollen und humanitär maskierter Selbstüberforderung in sündhaft teuren Wendemanövern berechenbarer und verlässlich wiederfinden. Die Flucht vor dem deutschen Trauma hat uns fast unsere Seele gekostet. Schon ist die Seele entflohen aus der deutschen Politik. Ein blasser Schatten. Was wir vergessen hatten: Das Trauma verbindet Täter und Opfer. Für die Erben der dritten und vierten Generation, für uns, ist nicht die Opferrolle reserviert, obwohl wir keine Täter waren. Aber dass das Trauma in uns weiterlebt, beruht auf dem fatalen Gemisch aus Schuld und Mitschuld und ungesühnten Verbrechen, die alle, auch die Täter, als traumabeladene Überlebende in die deutsche Nachkriegsgeschichte schickten.

Trauma, die blutende Wunde, heilt auch bei den Nachgeborenen so lange nicht, wie sie versuchen, ihre Schuldlosigkeit als therapeutisches Konzept durchzusetzen. Das Trauma mutet uns Teilhabe an längst verflossenen Geschichtskapiteln zu. Sobald wir begreifen, dass unsere Fluchtrichtung nicht die der Täter und nicht die der Leugner sein kann, erkennen wir unser Privileg, etwas später erst in die deutsche Traumastory hinzugeboren zu sein, als Motiv, das Trauma zu entmachten. Aber geht das überhaupt? Was wissen wir über die Macht der traumatischen Verletzungen, über unser Denken, Fühlen und Handeln? Wenn wir endlich wieder zu machtvollen Akteuren unserer eigenen Geschichte in Europa werden wollen, dann wird uns eine entseelte Politik nicht helfen können. Plötzlich verstehen wir: Auch die Signale des Chefs der *res publica*, des Souveräns, an die politisch Mächtigen sind seit Jahren zu schwach geworden.

Kollektive reagieren auf Verletzungen, Drohungen und Freiheitsberaubung nicht anders als das Individuum: Wenn Flucht unmöglich ist, mit Anpassung, Verweigerung, Maskierung. Dass elementare Verluste an Menschenwürde traumatische Folgen haben, ahnen wir. Dass viel Zeit vergehen kann, bis die ersten Symptome sich zeigen, sehen wir Europäer bei der Ausweichbewegung osteuropäischer Staaten, die in der bipolaren Kälte Satelliten der UdSSR waren und nun Fluchtimpulse gegen die EU richten. Statt die traumatische Belastungsstörung der Nationen zu würdigen, die zuerst ihr Kapitel Autokratie im nationalen Format absolvieren wollen, ehe der nächste Satellitensammler EU die Autokratenrolle an sich reißt, demütigt die EU-Führung die Patienten mit ideologischen Verdächtigungen.

Für die EU-kritischen Osteuropäer zählt unter dem Gewicht des Traumas nur das fluchtauslösende Déjà-vu, nicht die Weltanschauung des neuen Kommandanten. Wir sind Zeugen dieser traumatischen Abwehrbewegungen von Völkern, die ihre noch blutenden Wunden erst einmal selbst verbinden wollen. Die Erfahrung, dass auch die neuen Herren sich nicht für die Seele der unterworfenen Kollektive interessieren, wird die Heilung nicht beschleunigen. Die Traumaforschung erinnert daran, dass im Kollektiv, gleichviel ob es sich um ein Dorf, eine Stadt, ein ganzes Land, eben eine Nation handelt, ein »öffentlicher Diskurs« die Zugehörigkeit der hier lebenden Menschen bestätigt und ihr Wirgefühl stabil hält.

Die Traumaklinik
braucht ein besseres Management

Der »Zusammenbruch kultureller Selbstverständlichkeiten« traumatisiert die Menschen umso heftiger, je unklarer die Unterscheidung von Tätern und Opfern bleibt. Der Konstanzer Soziologe Bernhard Giesen greift wie viele seiner Kollegen das »kollektive Tätertrauma der Deutschen« auf, das »einer Täter-Sequenz folge«. Giesens These zur Verspätung der Symptome entspricht den Forschungen von Medizinern, Psychologen und Psychoanalytikern. Die These lautet: »... erst nach einer Zeit der Abspaltung war das Aussprechen und Verarbeiten möglich. Erst nach einer Phase des kommunikativen Schweigens, einer Rhetorik der Dämonisierung der NS-Herrschaft und der Individualisierung der Schuld war mit den nachfolgenden Generationen die Zeit gekommen, als Nation Verantwortung für die Verbrechen zu übernehmen, die im Namen der Gemeinschaft verübt wurden.«[66]

Mit den nachfolgenden Generationen ist die Zeit gekommen, sagt der Forscher. Bis die Symptome auftreten, ist die innere Fluchtarbeit vor dem Unerträglichen so weit fortgeschritten, dass Helfer vergeblich versuchen, sich zur Quelle der Verwundungen durchzufragen. Die Spurenverwischung wird vom traumabeladenen Patienten, der im Kollektiv ja viele Verbündete bei der Abwehr des Wundschmerzes hat, konsequent genutzt, um die Zerstörung seiner »Deckerinnerungen« durch den Therapeuten zu verhindern.

Ein kollektives Trauma setzt also auch solidarische Kompensationsversuche in Gang. Alle Überlebenden eines vernichtenden Zusammenbruchs der eigenen Lebenswelt entscheiden gegen das Unaussprechliche; sie sprechen nicht davon. Dann kommen die Flashbacks, grell erleuchtete Szenarien des weggeschlossenen Schreckens, der Angst, der Schuld. Sie kommen im Traum, das verwundete Gehirn sendet SOS: So verleugnet, wird es mit der erlebten Wirklichkeit des Unzumutbaren nicht fertig. Übererregbarkeit wechselt mit Teilnahmslosigkeit ab. Das Interesse an anderen Menschen schwindet. Kontraste dominieren unerwartet den Habitus von Menschen, die zuvor, in der latenten Phase der Traumaabwehr, symptomfrei erschienen sind. Nun erlebt die Umwelt sie als unberechenbar schwankend zwischen Teilnahmslosigkeit und Überaufmerksamkeit. Die Balance ist verloren. Ausblenden funktioniert nicht mehr. Aber die solidarische Kompensation verhindert im Kollektiv die extremen Ausschläge der traumatischen Belastung. Irrationales Verhalten, Realitätsverlust auf den oberen Rängen, Aktionismus der Macht, selbst Unberechenbarkeit und Willkür, Gleichgültigkeit gegenüber Abhängigen sind auch im demokratischen System so häufig, dass von Symptomen einer kollektiven Traumabelastung niemand sprechen möchte.

Die Forschung zu dieser Frage beginnt, sich für die Entdeckungen zu interessieren, die da zu machen sind. Als »traumatogen« bezeichnen die Forscher jene Ereignisse, die zum Beispiel uns Deutsche als Kollektiv traumatisch belasten. Die politischen Führungsschichten haben sich schon vor Jahrzehnten entschlossen, den Störsender Trauma für ihre Selbstbetrachtung abzuschalten. Verfolgte und Vertriebene werden entschädigt. Ein Kriegstrauma, angereichert um inkommensurable Verbrechen, die nicht einmal mit der Routinevokabel »Kriegsverbrechen« weggepackt werden können, ist politischen Führungsschichten nicht zumutbar, so der schweigende Konsens. Als Imagefaktor wäre es tödlich.

Aber in nicht allzu ferner Vergangenheit wurde er noch wahrgenommen: Noch 2001 fiel niemand in der *Spiegel*-Redaktion dem Redakteur in den Arm, der die Bildunterschrift zum Foto der Gedenkfeier zum Fall der Mauer, 9. November 1989 so formulierte:»Die moralische Traumatisierung besteht fort.« Ein moralisches Trauma. Aber waren wir nicht damals schon die moralischen Sieger über den Kalten Krieg, mit unserem gewaltfreien Aufstand als Freiticket in der Tasche, Meister der Friedfertigkeit? Peacekeeper erster Klasse? Oder kam das erst später? Trauma-clean ins neue Jahrtausend?

Ein»auserwähltes Trauma«, wie die Forschung identitätsstiftende Schrecknisse nennt, konnte Hitlers Krieg der Kriege zunächst nicht werden: Zu unentwirrbar blieb die Täter-Opfer-Verstrickung. Wie ein»auserwähltes Trauma« kann allerdings im Jahr 19 nach der Jahrtausendwende Deutschlands Umgang mit judenfeindlichen Aktionen erscheinen, die von Meinungsführern entschlossen in die Tabuzone verlagert werden, wo die Idee, importierten Judenhass nicht auch auf deutsche Schuldkonten zu schreiben, schrille Urteile im Namen der *political correctness* auslöst. Dass wir symbolpolitisch-sprachlos nach sakral aufgeladenen theologischen Bekenntniszeichen wie der Kippa greifen, bebildert unsere Befangenheit und verrät uns: Wir sind Traumapatienten, die immer noch nicht imstande sind, die transzendente unlösbare Verbundenheit zwischen Juden und Christentum in Worte und Taten zu fassen, die beide gewinnen, Juden und Christen.

Das»auserwählte Trauma« ist im deutschen Fall ein ausgeliehenes Trauma, das wir dem verfolgten jüdischen Volk entwenden, um unser verleugnetes Trauma des Weltenbrandes made in Germany zum Schweigen zu bringen. Vergeblich. Seit siebzig Jahren arbeiten die Auslöser und ihre Kinder und Kindeskinder an Fluchtkonzepten aus einer Erfolgsgeschichte des Bösen, die einfach zu viele Mitspieler hatte, um uns angstfrei zu entlassen. Was Trauer und Zorn nicht leisten können, das speichert unser Gehirn im Trauma ab, wo ganz andere Bearbeitungszeiten gelten. Das Trauma, so fanden die Forscher heraus, schreibt unsere Fluchtversuche um: Aus symbolischen Zufluchtsorten im Schutz der »entliehenen« Kippa wird ein Handicap, das nur die falschen Worte zulässt. Wir bleiben so unerlöst wie die Juden, deren Sache wir nicht im Namen des gemeinsamen Gottes vertreten wollten.

Sind wir denn nicht mit Merkel auf der richtigen Seite? Was haben »Nord Stream 2« oder die chinesische Seidenstraße mit dem kommerziell gemanagten Judenmord zu tun?

Deutschland als unprofessionell gemanagte Traumaklinik, in der die Untoten früherer Generationen durch ihre kontaminierten Enkel vertreten werden? Nachkriegsdeutschland. Papierform: nazifrei. »Man streifte die alte braune Haut ab.«[67] So sprechen Kronzeugen: Die Würgeschlange häutet sich. Sie wechselt nur die Haut, das Reptilhirn braucht sie jetzt erst recht: Da ist alles abgespeichert, um zu überleben: Kampf oder Flucht, die Herausforderungen bleiben die gleichen. Hauptsache, dabei sein. Die Flashbacks zum Schweigen bringen. Das Trauma abschalten. In der ersten Generation war das leichter. Mit den Enkeln des Weltenbrandes kamen die Fragen. Und die Symptome. Die Wunde blutet noch. Nachkriegsdeutschland legte sofort Beweise einer Tatkraft vor, die kein Störsender von gestern oder vorgestern aus dem Takt brachte. Deutschland traumatisch gehandicapt? Mediziner und Historiker warnen: Noch ist Latenzzeit, die Symptome sind so langsam wie die Seelen der Indianer, die als Flugpassagiere lange am Ankunftsort lagerten, um auf ihre Seelen zu warten, die nachkamen.

Parteibuch verbrennen, braune Sätze aus Texten streichen, so reibungslos geht nicht nur ein Ortswechsel, sondern ein Systemwechsel, wenn man ohne Seele reist. Es dauert Jahre, bis sie nachkommt. Im überwachen, hyperaktiven Nachkriegsdeutschland dominierte das Gelingen die deutsche Sicht auf das Erreichte. Die Solidarität der erfolgreichen Systemwechsler war garantiert. Dass Hitler die Mehrheit der Deutschen auf seiner Seite hatte, als er seine Hauptziele durchsetzte: die Auslöschung der Juden und den Weltkrieg, konnte keinen der gehäuteten Wendedeutschen loslassen. Die Traumaerben der nächsten Generation berichten, wie das lähmende Schweigen der Väter und Mütter das Urvertrauen der Kinder verzehrte.

»Für die Flucht vor der Vergangenheit in eine geschichtslose Gegenwart fand sich in der Bundesrepublik ein triftiger Grund: die kommunistische Gefahr. Die westdeutsche Politik und die westdeutsche Strafjustiz warfen sich mit solcher Verbissenheit in den Kalten Krieg, dass für die Vergangenheit keine Zeit blieb. ... Während die frühe Bundesrepublik vor der Vergangenheit in die Gegenwart des Wirtschaftswunders flüchtete, flüchtete die DDR von einer oft bedrückenden Gegenwart in die Geschichte. An der Seite des östlichen Befreiers, der Sowjetunion, fühlte man sich nämlich wie ein Sieger; das Thema Flucht und Vertreibung wurde daher komplett umgangen. Die DDR klinkte sich aus der gesamtschuldnerisch-deutschen Haftung für die NS-Vergangenheit aus, setzte den Widerstand gegen Hitler und den Sieg über das Dritte Reich als moralisches Kapital ein. Die DDR nahm für sich in Anspruch, der braunen Vergangenheit energischer entgegengetreten zu sein und deren Restbestände durchschlagender bereinigt zu haben als der westliche Nachbar ... Das hatte anfangs auch wirklich gestimmt – bis der staatlich verordnete Antifaschismus zum heroisch-hohlen Ritual wurde. Die SED erklärte einfach mit der

Abschaffung des Monopolkapitals die Wurzel des braunen Übels für ausgerottet.«[68]

Diktatoren unterwerfen auch die Erinnerungen der eroberten Völker. Sie fangen das Trauma ein, bevor es die Erinnerungen unter der Kategorie »unheilbar« einschreiben kann in die Gehirne. Diktatoren lassen sich genau für diese Umprogrammierung der *brainware* als Befreier feiern. Allein so ist der Prozess der Unterwerfung jeder vernünftigen Distanz zu seinem Herrschaftskonzept zu begreifen, der auch Hitler gelang. Als er seine mörderischen Pläne konkret machte – Judenvernichtung in ausgelagerten Gaskammern und Welteroberung via Weltkrieg –. hatte er, *horribile dictu*, die Mehrheit der deutschen Bevölkerung auf seiner Seite. Die DDR-Diktatoren meldeten nach dem gleichen Modell, das Diktatoren an der Macht hält, die Entlastung der aus Hitlers Inferno in die nächste Gefangenschaft verschleppten Deutschen von jedem Verdacht. Mitschuld und Angst vor Haftung für jede nur denkbare Form der Mitläuferschaft oder latente Zustimmung zum besiegten nationalsozialistischen System waren damit gegenstandslos. Der Traumastoff lag in Ketten, tief im Stammhirn der gefangenen Menschen.

Die DDR beschenkte ihre Neubürger mit dem Sieg über alle Racheengel der jüngsten Geschichte. Die deutschen Herren in Moskaus Diensten lieferten Traumatherapie der ersten Stunde zu einem hohen Preis. Ihn nicht zu zahlen, stand niemandem frei. Denn genau sie, die Freiheit, war der Preis.

Traumafreie Kanzlerin als Therapeutin

Die traumabereinigte Zone war das Biotop, in dem Angela Kasner, die spätere Kanzlerin der Deutschen, sozialisiert wurde. Wäre den westdeutschen Entscheidern nach dem Mauerfall dieser mächtigste aller Unterschiede zwischen den Mindsets von West- und Ostpolitikern klar gewesen, hätten sie dann anders entschieden? Hätten sie das traumtherapeutische Potenzial in dem schwer entzifferbaren Persönlichkeitsprofil der Newcomerin produktiver nutzen können? Dass in Merkels DDR-Weltbild der Feind nicht mehr links, sondern rechts stand, förderte jedenfalls die Dämonisierung aller rechts von der Mitte gelegenen Denkmodelle. Zugleich wurde die Linksdrift CDU-Programm, sodass bald auch mittlere Positionen vom Verdacht der Rechtslastigkeit erreicht wurden.

Die Ghettobildung um die AfD in ihrem Frühstadium als eine Diskursplattform von Euro-Kritikern nahm einen Generalverdacht vorweg, der eine Sogwirkung entwickelte. Ein Selffulfilling-Effekt folgte: Als rechtslastig verdächtigt, wurde die Partei zum Sammelbecken für die Rechtesten der Rechten, die das westdeutsche Trauma wachhalten, ohne es zu wissen. Das bipolare System war außenpolitisch tot und wurde innenpolitisch wiederbelebt: Innenpolitisch lebt Deutschland unter Merkel in einer bipolaren Welt. Für westdeutsche Augen funktioniert sie seitenverkehrt: Vor dem Mauerfall stand der Feind links; jetzt steht er rechts. Für Merkel eine vertraute Schlachtordnung: Der Feind steht rechts. Die Nachkriegsordnung der DDR folgte im Schattenreich des Großen Bruders UdSSR Strukturentscheidungen, die den überwachten Bürgern jede Mitverantwortung für das finsterste Kapitel der Zivilisationsgeschichte abnahmen.

Westdeutschlands Führungspersonal in öffentlichen Ämtern hatte nach der »Häutung« an vielen Baustellen zugleich zu tun: Traumabändigung stand auf der *hidden agenda*. Der Rollenwechsel von Tätern zu Opfern führte zu Gedränge auf der überfüllten Opferseite und brachte den Gehäuteten ein Problem: Nun, da sie als Opfer weiterleben wollten, brauchten sie Täter.

Der bedrohliche Traumastoff musste also gebändigt und die Kernstory umgeschrieben werden. Das Nachkriegsnarrativ musste schnellstens gegen anderslautende Berichte durchgesetzt werden. Jeder Zeitgenosse, der seine Karriere fortsetzen wollte, erkannte das Dilemma: »Hitlers persönliche Rolle, einen modernen Staat auf das Niveau von Unmenschlichkeit herabzudrücken, das selbst in finstersten Zeiten des Mittelalters unbekannt war«,[69] musste absolut gesetzt werden, um den Mittätern den Fluchtweg aus ihrer eigenen Nazi-Vita freizuschaufeln.

»Nachkriegsjustiz tat so, als habe Adolf Hitler persönlich die Juden zusammengetrieben, in die Gaskammern gestoßen und die Verbrennungsöfen persönlich befeuert. Weil die bundesdeutsche Justiz in den NS-Massenmordprozessen die üblichen Regeln über Täterschaft und Teilnahme nicht anwenden wollte, wurden Massenmörder, wenn überhaupt, nur zu ein paar Jahren Zuchthaus wegen Beihilfe verurteilt. Aber die Justiz war lernfähig – sehr spät freilich, mit einer neuen Richtergeneration und an einem anderen Subjekt: Als es nach der Wiedervereinigung von 1990 darum ging, nicht mehr die gesamtdeutsche NS-Vergangenheit, sondern speziell die DDR-Vergangenheit aufzuarbeiten, da war auf einmal alles möglich, was vorher nicht möglich gewesen war. Nun wurden auch Schreibtischtäter als Täter und nicht mehr nur als Gehilfen angeklagt und verurteilt. Nun war auch der Tatbestand der Rechtsbeugung auf einmal anwendbar: Ehemalige DDR-Richter wurden sehr wohl wegen Rechtsbeugung verurteilt. Gegen einen NS-Richter war der bundesdeutschen Justiz hingegen ein rechtskräftiges Urteil wegen Rechtsbeugung niemals gelungen: Selbst die Richter des sogenannten Volksgerichtshofs waren der Strafe entgangen.«[70]

Die »jüngere« Vergangenheit eines abgespaltenen Teils

Deutschlands liefert die Deckerinnerung, der man professionell antwortet. Die »ältere« Vergangenheit, deren Teilergebnis die DDR war, liefert das unheilbare Trauma, dem das Kollektiv der Staatsdiener ausweicht. Die kollektive Hoffnung: Vielleicht beruhigt sich die unerledigte ältere Geschichte, wenn man ein jüngeres Kapitel nach Recht und Gesetz abschließt. Auch das gewagte Engagement einer Spitzenkraft für Deutschlands politische Zukunft aus dem »Unrechtsstaat« gehört in die Reihe der Befreiungsversuche aus den Ketten des dominanten Traumas. Seine erratische Spur wird die kooptierte Kraft aus dem Kalten-Kriegs-Gelände nicht verwischen können, weil sie dieses Trauma nicht teilt. Angela Merkel agiert in einem angeschlagenen Kollektiv von Traumakindern, die sich weigern, aus der Streberspirale auszusteigen und es mit Klugheit und Gerechtigkeit, mit Mut und Maß zu versuchen.

»Wo wir sind, ist oben«

Trauma-Deutschland bewegt sich längst wieder auf Sonderwegen. Motto: Deutschland überfliegt alle Standards und killt das Trauma durch Vortrefflichkeit. Der unstillbare Hunger nach Anerkennung wähnt sich nun auf der sicheren Seite, da die Maßlosigkeit der Merkel-Projekte, denen die Nation bedenkenlos zustimmt, in den geweihten Gewändern des Guten daherkommt. Dass wir »Vorreiter« bei globalen Großprojekten sein wollen, die wir als Pioniere gestartet haben und als »Vorbilder« steuern wollen, kann doch nicht verwerflich sein – oder? Um unser Trauma zu beschwichtigen, das uns klein machen will, hat sich das Zauberwort »Wende« zur magischen Formel entwickelt, mit der wir alle Wettbewerber auf die Plätze verweisen. »... die Bundesregierung investiert Milliarden in den Umwelt-

schutz und verkauft sich als internationales Vorbild«, schreibt
Michael Bauchmüller in der *Süddeutschen Zeitung*. Und er ergänzt: »Anspruch und Wirklichkeit aber klaffen weit auseinan-
der.«[71] Deutschland flutet die Krisenschauplätze der Welt mit
einer Inflation von »Wenden« für alle Lebensbereiche und liefert die eigene Spitzennote gleich mit: Energiewende, Verkehrs-
wende, Kohleausstieg, Klimawende. »Einst sahen sich deutsche
Minister im Ausland umringt von staunenden Kollegen«, berichtet Bauchmüller. Neunmal steht das neue selbst verliehene
Prädikat »Vorreiter« im Koalitionsvertrag. »Jahrelang«, so beobachtete der Fachjournalist Bauchmüller, »galt die deutsche
Vorreiterrolle im Umweltschutz als unumstößliche Gewissheit. ... Andere schufen dagegen das Bild vom zwanghaften Um-
weltstreber.« Wer hat recht? Der Verfasser der umfangreichen
Studie in der *SZ* eröffnet eine ernüchternde Beweiskette mit
dem Satz: »Die Geschichte der deutschen Umweltpolitik ist in
vielerlei Hinsicht eine Geschichte des Selbstbetrugs.«

Also bewegt sich der Vorreiter des Guten nicht auf dem sicheren Boden der ethischen Vorzüglichkeit, sondern auf dem
dünnen Eis der Selbsttäuschung. Warum simulieren die Deutschen Toppositionen, die sie nicht ausfüllen? Warum ertragen
sie es nicht, *mit* anderen statt *vor* allen anderen erfolgreich zu
sein? Underdog mit Hang zur Maßlosigkeit, warum? Weil das
Trauma Extremverhalten begünstigt. Traumatische Balancestörung bietet zwei extreme Fluchtwege: Depression oder Selbstüberschätzung.

Deutschland überstürzt den Einstieg in erneuerbare Energien
und genießt den »Paukenschlag«, als Industrieland das Tempo
vorzugeben. Aber »vor lauter Freude über den stürmischen Einstieg in die grüne Energie vergessen die Deutschen den Ausstieg
aus der schmutzig grauen«, schreibt Bauchmüller. Der Experten-
kommentar: »Wir hatten einfach unterschätzt, wie wirtschaftlich

die Kohlekraftwerke immer noch sind. Die Braunkohlekraftwerke produzieren wie gehabt, jetzt allerdings für den Export«, ergänzt der Journalist.[72] Im Juni 2019 zieht der Soziologe Ortwin Renn, ein Mitglied der Ethikkommission, Bilanz:»In manchen Bereichen sind wir noch gut dabei. Aber die Vorreiterrolle haben wir verloren.« Die Obsession von der Vorreiterrolle ist also flächendeckend. Wozu braucht Deutschland eine Ethikkommission, wenn auch dort die Rangordnung der Güter aus den Fugen ist?»Abstieg eines Öko-Stars«, titelt die *Süddeutsche Zeitung*. Um die Star-Rolle kümmert sich Deutschland weiterhin. Alle deutschen Minister und Parteifunktionäre haben den Sprachbaukasten immer dabei und reden nie von Zielen, ohne den Öko-Star Deutschland zu erwähnen:»Vorreiteranspruch« und »Führungsrolle« heften sich an beliebige Ziele und Anlässe. Ein »internationaler Vorreiter für Open Data« ist Deutschland auch bereits. Zusammenfassend meldete der damalige Ministerpräsident und CSU-Chef und jetzige Heimat- und Innenminister Horst Seehofer:»Wo wir sind, ist oben.«[73] Und der forsche Grüne Reinhard Loske sah 2006 »Deutschland als Vorreiterstaat« beim Thema CO_2.[74] In der Produktwelt wird das deutsche Abonnement auf Vorsprünge dann konkret: Der Wirtschaftsminister forderte schon zur IAA 2018:»Wann wird unsere Autoindustrie, die gut ist, endlich ein Auto auf den Markt bringen, das 30 km weiter als ein Tesla fährt und 10 000 Euro weniger kostet?« Altmaier fährt auf Biertischniveau fort, er sei »durch und durch enttäuscht von den deutschen Managern der Automobilbranche«.

Die Migrationspolitik bietet die besten Chancen für Heldenrollen ohne Heldentaten. Als sachkundige Wortführer sind Experten für Flüchtlingswohl, die das Heute im Lichte des Gestern und Morgen der Geflohenen sehen, längst aus dem Vorreiterteam der deutschen Migrationsprofis vertrieben. Vorreiterrollen sind nämlich an eine gewisse Unschärfe im Reich der Fakten gebunden. »Migration ins Elend«, wie sie Thomas Urban 2018 in der *Süddeutschen Zeitung* beschreibt, ist als Vorreiterthema unter Tabu gestellt. Wer noch deutlicher wird, wie der britische Wirtschaftswissenschaftler Paul Collier, wird notfalls durch ein Engagement im Kanzleramt ruhiggestellt. Collier lieferte schon 2017 als Migrationsexperte das ernüchternde *cooling down* zum egodeutschen Willkommensfestival, den Weckruf, die Ausblendung der Lebenswirklichkeiten der Flüchtlinge zu beenden. »Es ist tragisch«, so Collier damals, »junge Afrikaner zur Migration zu verlocken.«[75] Die Aktualität von Colliers Mahnung steigt im Jahr 2019 dramatisch an, während das deutsche Vorreiterteam auf der Schlaglichtmethode besteht: Flutlicht auf Schlauchboote, Zoom aller Kameras auf den Ausschnitt von Schicksalen, deren Scheitern in Europa wir verhindern könnten, wenn wir dort, wo das Scheitern anfängt, beherzter die Kulturwende managen würden. Die Seenotdebatte hat ihre Heldin, *Sea-Watch*-Kapitänin Carola Rackete, deren Business von der fahrlässigen Verkürzung der Debatte lebt.

Trauma-Deutschland erliegt der Versuchung immer wieder, verkürzte Debatten zuzulassen, die das ersehnte Gutmenschenprofil stärken. Was Collier und andere »moralischen Imperialismus« nennen, ist im Vorreitermotiv immer auch angelegt. Europa als Traumziel in den Köpfen von Millionen Bewohnern Afrikas, die fluchtbereit und voller heißer Hoffnungen auf die Chance zum Aufbruch warten, brauchen besonnene Europäer, die nicht um Führungsrollen im pseudoethisch aufgeladenen Rettungsgeschäft kämpfen, um europäische Wettbewerber zu übertreffen. Traumageschwächte, profilneurotische Rettungsredner, wie sie Deutschland liefert, verweigern sich der Wirklichkeit ihrer geretteten Schützlinge. Auch als »Verteiler« eine Vorreiterrolle einzunehmen, geht ebenfalls am Unglück der Geretteten vorbei.

Trauma-Deutschland braucht die Selbsttäuschung. Es gibt kein Gebiet, auf dem wir uns nicht die Vorreiterrolle zutrauen. »Deutschland als Vorreiter der Digitalisierung ... stärken« war Kongressthema auf der bitcom. Einfach mal sagen. Immer wieder. Seit dem Hochsommer 2019 hat Deutschland gleich drei mächtigste Frauen in Europa. Die Erste hat im Handstreich zwei weitere in Spitzenpositionen verteilt. So sieht Verteilung in Europa aus: Die deutsche Kanzlerin arrangiert ihr Vermächtnis für Europa. Angela Selbdritt hätte das Stifterporträt im Mittelalter heißen können. Über den Kommissionsvorsitz in Brüssel steuern wir die EU. Das Friedensprofil der deutschen Streitkräfte vollendet die Vorsitzende der Christlich Demokratischen Union, und die Stifterin der weiblichen Zukunft Europas steuert die Friedensmission der Traumaklinik Deutschland. Der Vorreiteranspruch wird raffinierter: Deutschland entwirft ein neues Qualifikationsmodell für politische Topjobs, und die Franzosen spielen mit. Das Qualifikationsmerkmal »Frau« gewinnt. Hauptargument: Vorher hat für viele Topjobs das Qualifikationsmerkmal »Mann« gereicht ...

Die Flucht aus der eigenen Geschichte, die mit dem Ende des Hitler-Regimes einsetzte, galt schon damals nicht nur dem massenhaften Mitläufer- und Mittäterprofil, das Deutsche in Hitler-Deutschland entwickelt hatten. »Die braune Haut abzustreifen« war der Versuch, das Fluchtgelände einzuzäunen, um den Blick über diesen Zaun auf die eigene Disposition für Mitspielerrollen im Hitler-Reich zu verhindern. Das Trauma, mit dem die Erben heute ringen, baute sich auf in einem doppelten Entsetzen: verstrickt in die Ära Hitlers zu sein und, mit anderen, Hitlers Aufstieg erst möglich gemacht zu haben. Es war das Entsetzen der Vorbereiter des Diktators über sich selbst, das verschmolz mit dem Grauen von Krieg und Massenmord, das den langen Umweg über das traumatische Schweigen und die

traumatische Lüge zum Kompensationsversuch in Überheblichkeit und Selbstüberschätzung, eben zum Vorreitersyndrom
führte, ein Trauma, dessen Geschichte heute noch weiterläuft,
wenn zu wenige sich der Flucht verweigern.

»Im frühen 20. Jahrhundert«, schreibt der Historiker Andreas
Rödder, »war von ›deutschen Tugenden‹ die Rede – Innerlich-
keit und Tiefe, Ehrlichkeit und Aufrichtigkeit, Treue und Got-
tesfürchtigkeit –, die scharf von der oberflächlichen ›westlichen‹
Zivilisation, wie es hieß, unterschieden wurden: dem Manieris-
mus der Franzosen oder dem Materialismus der Engländer. Sla-
wen wurden als kulturell minderwertig angesehen, Asiaten und
Afrikaner ohnehin, übrigens nicht nur in Deutschland.«[76] Unter
dem Motto »Befreiende Abkehr von der eigenen Geschichte«
beschreibt der Historiker die unmittelbaren und die Spätfolgen
dieser Selbstschau: »Diese Überlegenheitsvorstellungen trieb
die nationalsozialistische Rassenlehre mit ihrer Vorstellung vom
arischen Herrenmenschen und mit dem daraus folgenden Massenmord ins Extrem. Vor diesem Hintergrund wechselte die
Bundesrepublik die deutschen Selbstbilder nach und nach aus.
Mit Demokratie und Pluralismus übernahm sie die Leitvorstel-
lungen der ›westlichen Zivilisation‹. Sie ging von einer affir-
mativen Nationalgeschichte zu einem opferempathischen Ge-
schichtsbild über, das auf befreiende Abkehr von der eigenen
Geschichte zielte. Und gerade das vereinte Deutschland versteht
sich als Zivilmacht und als Friedenskultur. Diese Selbstbilder
kulminierten in der Willkommenskultur des Herbstes 2015, die
zweierlei zeigte: wie weit sich die Deutschen inhaltlich von den
Selbstbildern der ›deutschen Tugenden‹ im Kaiserreich entfernt
hatten – und wie hartnäckig sich zugleich ein Mechanismus
gehalten hatte, nämlich der Hang zum moralisch-kulturellen
Überlegenheitsgefühl.«[77]

Hochmut schluckt die Empathie

Selbst Joachim Gauck nahm den Cantus firmus dieser Selbstwahrnehmung der Deutschen auf. Als Bundespräsident sagte er 2013: »Wir wollen andere nicht einschüchtern, ihnen auch nicht unbedingt unsere Konzepte aufdrücken, wir stehen allerdings zu unseren Erfahrungen, und wir möchten diese gern vermitteln.«[78] Der französische Wirtschaftsminister Arnaud Montebourg erkannte die »Diktate der Frau Merkel« in Gaucks Statement.[79]

Welche Ziele verfolgen wir mit diesen präpotenten Auftritten als Besserkönner und Selbstgerechte? Wollen wir immer recht behalten? Wollen wir beneidet werden? Warum riskieren wir es immer wieder, negative Gefühle auszulösen? Warum muten wir anderen zu, sie sollten sich kleiner, dümmer, schlechter fühlen als wir? Dass wir uns nicht in die anderen versetzen, ist ein Handicap, das mit dem Trauma kommt – und mit dem Trauma geht.

Der autistische Zug des Traumakranken schluckt die Empathie, das Mitgefühl. Noch haben wir das Glück, dass uns keiner vorwirft, wir seien ohne Mitgefühl unterwegs. Auch in der Flüchtlingskrise und bei der Seenotrettung, wo wir mit der Abrundung des eigenen Spiegelbildes als Humanitas-Riesen beschäftigt sind. Solange wir dem Auftrag des Traumas folgen, unsere Trauer über unsere Geschichte mit Überheblichkeit zu retuschieren, leben wir mit der traumatischen Balancestörung, die uns maßlos in der Selbstdarstellung und im Umgang mit unseren Ressourcen macht. Wir können das ändern.

Merkel allerdings ist als DDR-Kronzeugin bei diesen Selbstheilungsversuchen der traumakranken Westler ein kompletter Ausfall. Sie hat selbst einen hohen Undercover-Anteil ihrer eigenen Vita zu hüten, da ihr ein Dissidenten-Ausweis fehlt. Aber die Entdämonisierung der DDR schreitet fort, weil die Trauma-Erben wissen und fühlen: Was historisch ferner liegt, sprengt jede Deckerinnerung weg. Wir müssen nur auf unsere fatale Verlustbereitschaft in den Merkel-Jahren schauen, da wir offenbar aus allen wechselseitigen Zusagen zwischen Staat und Bürgern auszusteigen versuchen, die uns aus der Überflieger-Illusion zurück auf den Boden unserer Tatsachen holen könnten: Wir werden das Gelände, auf dem unsere Vorväter versagt haben, nicht via Höhenflug in den Humanitas-Orbit der Kanzlerin verlassen. Die großen Selbsttäuschungsmanöver als Euroretter, Klimaretter und Flüchtlingsretter schrumpfen unter unseren Händen auf ein menschliches Maß.

Solange wir den Verlust unserer simulierten Vorsprünge als Kränkung erleben, bleibt die Hybris unser ständiger Begleiter. Solange wir täglich politische Scheingefechte abschließen, um unser Ansehen zu pflegen, werden wir den größten Verlust nicht bemerken, der Deutschlands Standing in der Welt bedroht. In den Jahren unserer globalen Überholmanöver als Hypermoralisten sind wir dabei, unsere Seele zu verlieren. Egal in glaubenslosen Zeiten? Aber die Logik des Misslingens greift nach unseren Projekten, wenn wir ohne Seele unterwegs sind. Halbherzig und seelenlos erreichen wir als selbst ernannte Retter aller Klassen nicht mehr als eine Teilkompetenz mit hohem Ego-Anteil. Eine entseelte Politik wird dramatische Fehlerbilanzen einfahren. Traumakranke Entscheider brauchen also eine »beseelte Politik«.

Die Wunde blutet noch

Es ist unsere traumabeladene Seele, die uns nicht souverän, sondern verspannt reagieren lässt auf den Schwelbrand des »neuen« oder nur aus dem Jahrhundertschlaf erwachten Antisemitismus. Ian Kershaw belegte im *Spiegel* 2001 die hohe Akzeptanz des Hitler'schen Antisemitismus bei den deutschen Bürgern. »Obwohl ein passiver Antisemitismus weit verbreitet war«, schreibt Kershaw, »und Gewalttätigkeit gegen Juden bereits in der Weimarer Republik zunahm, gelangte Hitler nicht in erster Linie wegen des Antisemitismus an die Macht. Während seines Aufstiegs zwischen 1930 und 1933 sprach er viel seltener über die Juden, als er es in den frühen zwanziger Jahren getan hatte. Die meisten Menschen, die für Hitler stimmten oder in die Partei eintraten, taten dies nicht wegen des aggressiven Antisemitismus, sondern aus anderen Gründen. Aber das Wissen darum, dass die NSDAP radikal antisemitisch war und von einem Mann geführt wurde, der die Juden fanatisch hasste, schreckte diese Leute nicht davon ab, die Partei zu unterstützen. Die breite Skala der Motive, die immer mehr Deutsche dazu brachten, einem ›charismatischen‹ Führer zuzustimmen, der versprach, die Nation aus dem Elend zu erlösen, machte es möglich, den Antisemitismus als Bestandteil dieses ›Pakets‹ vom Rand ins Zentrum der politischen Bühne zu rücken. 1933 war es so weit, dass eine pathologische – und potenziell zum Völkermord bereite – antisemitische Elite die Hebel der Staatsmacht in den Händen hielt. Deutschland war nicht, wie Goldhagen behauptet, in dem Sinne einzigartig, dass ein ›eliminatorischer Antisemitismus‹ seit dem 19. Jahrhundert zum Kernbestand seiner politischen Kultur gehörte. Einzigartig aber war die Tatsache, dass diese gewalttätig antisemitische Elite ihren Judenhass nach 1933 in einen Grundstein der Ideologie und Politik des Staates umwandeln konnte.«[80]

Was wir hier lernen, gilt auch für heute: Gewöhnung macht auch unzumutbare Politikmodelle verkäuflich. Die Bürger üben Selbsttäuschung: Sie kaufen ja nur Teilmengen des unvertretbaren Politprogramms. Den Rest sollen die von ihnen unterstützten Täter vollstrecken. Diesen ungeheuerlichen Befund bestätigt auch der Historiker Kershaw: »Die Unterstützung für Hitler umfasste ... die Unterdrückung von Minderheiten und die Ziele (wenn auch nicht immer die Methoden) der Rassenpolitik.«[81] So sind Menschen, auch heute. Die deutsche Politik verfolgt Ziele, die nur über Rechtsbrüche zu haben sind, und die Bürger tolerieren den Rechtsbruch, weil das Ziel Deutschlands Glanz zu erhöhen verspricht. Das galt bei der Einschüchterungspolitik gegenüber Südeuropa, als Währungsrettung vor Menschenrettung ging; es galt auch beim Flüchtlingsstopp-Deal mit dem türkischen Diktator; so lief es bei der Energiewende und so funktioniert die Verknüpfung von Rechts- und Verfassungsbrüchen mit Deutschlands »*great again*-Idee«, seit deutsche Politik Europas Grenzen im Namen einer humanitären Sonderstellung und ungezählter Unbekannter außer Kraft setzte. Demokratische Politik in metademokratischen Zeiten? Oder traumatisch gehandicapter Umgang einer einzelnen Nation mit den erkämpften und besiegelten Werten und Normen der transatlantischen Völkerfamilie? Auch wir delegieren die Vollstreckung, weil wir das egomanisch besetzte Ziel wollen. Für den Weg ist die Trendleaderin ohne Trauma zuständig, die ohnehin beim Abräumen der demokratischen Strukturen ist. So kommen zwei gegensätzliche Bedürfnislagen zusammen: die Tabula-rasa-Idee einer Future Agency, wie sie die digitale Community auch anstrebt: mit dem Klimawandel die Evolutionsinitiative in die Menschenhand zu holen und so die gebrochene Bedürfnislage der unerlösten Eliten zu heilen. Im Flashback-Hagel des deutschen Traumas sind sie unfähig, zwischen Fliehen und Kämpfen zu wählen.

Die Wunde blutet noch. Verbinden reicht nicht. Heilen wäre besser. Dass im Sommer 2019 selbst die strategisch coole deutsche Kanzlerin für sich persönlich ein psychiatrisches Problem deklariert, das »Akzeptanz finden« müsse, könnten sensible Eliten als Befreiungsschlag begreifen: raus aus dem Hauptzwang »vorn« zu sein, Stopp für die moralischen Überlegenheitsfantasien, raus aus dem Streberghetto, das uns den Liebesentzug unserer Partner eintrug, Rückzug aus den erschlichenen Sonderkonditionen im Olymp über Recht und Gesetz. Heimkehr in den Kreis der Völker, die nach unserem Scheitern an unseren Lastern an unserer Seite blieben. Diese Laster sind nicht komplett im Abgrund des Krieges ohnegleichen verschluckt worden. Wir wissen das. Unser Trauma hält uns überwach, und die Merkel-Zeit schenkte uns ein paar Runden Heilschlaf unter der hypnotischen Wirkung symbolischer Weltpolitik. Aber unser Autoritätsgehorsam gefährdet uns weiter. Jetzt wollen wir einen starken Staat. Wieder einen Vollstrecker, der uns entlastet? Schon wieder entstehen Traumfabriken deutschen Übermuts, wie die planwirtschaftlich strauchelnde »Energiewende«. Im gleichen hybriden Geist entwerfen wir Geschäftsmodelle als Migrationsmanager, Selbstporträts, in denen das Wichtigste fehlt: das Therapiekonzept für die Seelen der Entwurzelten, die wir auf den Weltmeeren einsammeln. Unser Pathos sucht sich immer wieder Wege, die uns zu Herren des Geschehens machen und einem Mythos vorarbeiten sollen: dem Mythos vom guten Deutschen, der seine Immunlage gegen die eigenen Laster stabilisiert hat. Wir sind aber Diener, nicht Herren des Weltfriedens, den wir beschwören. »Das Bild von Deutschland als einer hochkultivierten Nation«, so Ian Kershaw, »hat immer hinter dem Rätsel des rapiden Absturzes in die moderne Barbarei gestanden.«[82]

Klima – Das erwünschte Trauma

Aber Deutschlands Hunger nach Täterrollen ist immer noch nicht gestillt. Ein Übermaß an guten Taten, so die unausgesprochene Hoffnung, müsste doch die Übermacht der barbarischen Entgleisung löschen können. Erstaunlich genug, dass die Faszination von Täterschaft nicht nachgelassen hat, trotz der schlechten Erfahrungen, die deutsche Regierungen mit Täterrollen gemacht haben. Diesmal, so die berauschten »Vorreitertrupps«, ist es etwas ganz anderes. Keine Spur von Überheblichkeit wird man uns nachsagen können, keine Selbstherrlichkeit werden die Skeptiker vom Dienst uns nachweisen. Denn: Das neue Antitrauma-Projekt ist größer als die anderen zuvor, es hat Weltformat. »Wir werden, sorry«, so die deutschen Klimameinungsführer, »wieder die Ersten sein, und die Welt wird uns folgen«. In aller Bescheidenheit erklären wir, warum es uns auf die Führungsrolle festlegt: Weil wir einen uneinholbaren Vorsprung haben.

»Klimaretter« als Zerstörer unterwegs

Wir erfüllen bereits Bedingungen für das Gelingen des Weltprojektes, denen alle anderen Staaten noch ausweichen wollen: Wir arbeiten als schöpferische Zerstörer an allen Errungenschaften, die uns erfolgreich gemacht und unseren anvertrauten

Menschen den Wohlstand gebracht haben, der jetzt von uns als Preis erkannt wird für den Sieg im *Megagame*.

Wir sind als Klimawandler unterwegs gewesen, bevor wir zu Klimastoppern der ersten Stunde wurden, so die atemlos gestellte Selbstdiagnose der deutschen Anführer. Unter dem Beifall aller Forschungsinstitute, deren Payroll seit Jahrzehnten auf diese Idee setzt, drängt sich Deutschland vor, in aller Bescheidenheit, bei der Demontage der Wohlstandsgeneratoren, weil Wohlstand klimafeindlich ist. Wir greifen der Natur unter die Arme, die auf unser Fehlverhalten mit Eisschmelzen und steigenden Meeresspiegeln reagiert. Wir stemmen ein Schöpferformat, zusammen mit *homo digitalis*. In diesem Megatableau von Durchblick, Askeseschüben und Verbotslust nehmen wir nolens volens den Spitzenplatz als Schicksal an, weil alle andern Nationen von uns lernen können, wie man eine hochkomplexe Zivilisation zurückfährt auf archaische Grundbedürfnisse, die eine Runderneuerung der ausgebeuteten Mutter Erde anstoßen.

Was das erwünschte Klimatrauma leisten soll: Das kollektive Trauma stummschalten

Der Traumakiller Klima liefert für den bisher radikalsten Fluchtversuch der schmerzunwilligen deutschen Nation das Idealformat: Das Traumakollektiv bekennt sich zu Täterrollen, die freilich alle hoch entwickelten Nationen einbeziehen und die ahnungslos wirtschaftenden Entwicklungsländer nicht freisprechen. Viel Schuld also, weltweite Schuld ist der düstere Start. Nur so, im Besitz der Gesamtverantwortung für eine entgleiste Lebensgeschichte des *homo sapiens*, ist der Wende-Augenblick ein schöpferähnlicher Auftrag, als guter Täter ein Opferritual gegen alle Komfortgewinne der Jahrhunderte zu inszenieren, das die Landnahme im neu entworfenen Askese-Utopia erst möglich macht.

Traumaforscher erkennen dieses Szenario wieder: So sieht das »erwünschte Trauma« von Völkern aus, die den Anblick des realen Traumas, der eigenen blutenden Wunde, nicht ertragen. Deutschland stürzt sich auf den Spitzenplatz als Klimablocker, weil das Thema alles hat, was Erlösung verspricht: »Klima« ist kein Täter wie Hitler, Klima ist ein leidendes Opfer, das die Täter stellen und ihrem egostarken Anspruch einer Selbstreinigung unterwerfen. Das Klimathema wird von Deutschland okkupiert im Namen einer unwiderstehlichen Kombination von Schuldbekenntnis und Versprechen: »*Wir* waren das! Wir holen euch da raus!«

Klimaschutz als globaler Egotrip: Klima, das Goldene Kalb

Der traumatische Schub, mit dem deutsche Wortführer das globale Thema »Klima als Weltformat« ausrufen, kann das Projekt zu einem gefährlichen Selbstzerstörungseffekt steigern. Motto: Wir zahlen! Wir zahlen mit allem, was wir haben! Wir Deutschen opfern unsere Kernkompetenzen, und zwar bedingungslos. Maßhalten ist hier verboten, es zählt nur das extreme Format. Nie war der routinierte Überflieger so sicher, dass ihn niemand vom Himmel holen würde: Weil noch nie ein Führungsanspruch so einspruchsresistent war: Das instrumentalisierte Objekt der maßlosen Tugend, die Weltmacht Klima, zieht weiter seine Bahn. Klima wandelt sich und alles Lebende, und alle Klima-Amokläufer werden von niemandem zur Rechenschaft gezogen.

Überflieger im Maßhalten, Überflieger gar in Demut und Ehrfurcht vor der Macht des Unerforschlichen, das die Natur in überlegener Manier vollstreckt, wollen die traumakranken Deutschen nicht sein. Klima ist das favorisierte Trauma, das den Stellvertreter geben soll, weil es ohne Verteidiger unterwegs ist. In Wahrheit ist es aber noch nie gelungen, mit einem erwünschten Trauma die reale, blutende Seelenwunde zu heilen. Auch die Selbstanklage in Sachen Klima taugt dazu nicht. Auch Ablasszahlungen, wie sie die neben sich stehende berauschte Weltgesellschaft plant, werden die Macht der Klimawende nicht brechen. Seit wir das Bewundern und den Schrecken vor der Macht der Natur und ihrer Götter abgelegt haben, sind wir im Würgegriff der Selbstüberschätzung gefangen. Das Klima wird seinen Wandel fahren, nicht unseren. Und wir werden unsere übereifrig geopferten Kernkompetenzen in der digitalen Zukunft nicht gespeichert finden.

Homo sapiens ist mit einer Mutation beschäftigt: als *homo digitalis* die Welt zu beherrschen wie keiner vor ihm

Wir verspielen die Riesenchance, dabei zu sein, wenn wieder einmal alles Lebende in Mutationen geschickt wird, während nur einer sich das Unmögliche zutraut: ein Zusammenspiel von Kräften zu stoppen, die er nicht durchschaut. Die deutsche Kanzlerin bleibt bei ihrer Entscheidung fürs Mainstream-Schwimmen. Dass keine Chance ihrer Regierungszeit so viel Potenzial für einen Aufstieg in die Heldenrolle geboten hat wie das apokalyptisch aufgeladene Epochengeschenk, Zeugin einer Selbstoptimierung der übermächtigen Natur zu werden, deren Gäste wir sind, liegt quer zu ihrer Dreijahresagenda mit Highlights, die neben dem nie gesehenen Ereignis wie Glühwürmchen glimmen.

Die deutsche Kanzlerin legt sich auf die Mainstream-These fest. Am 31. Mai 2019 ruft sie den Harvard-Studenten und den wissenschaftlichen Kapazitäten im Publikum und über die Medien der Weltgesellschaft zu: »Wir können die Erderwärmung stoppen.«[83] Das Klima wird recht behalten, nicht seine anmaßenden Dompteure.

Wenn Funktionseliten die Trauer verweigern

Dass ein Massenmörder intellektuelle Eliten für seine Pläne gewinnen konnte, lässt sich nicht einfach hinter diesem »Rätsel« wegpacken. Es ist zum Kern des deutschen Traumas geworden. Unsere Seelen haben sich nicht weggeschlichen, als unser überforderter Verstand die Flucht ergriff. Wir Deutschen sind Leute geworden, die sich selbst nicht mehr über den Weg trauen. Nun muss es uns nur noch gelingen, auf diesen Selbstzweifel nicht mehr mit Siegerposen zu reagieren.

Das kollektive Trauma hält auch unsere Trauer unter Verschluss.[84] Im Generationentransfer seit den Dreißigerjahren des vorigen Jahrhunderts deckten Schuld- und Schamgefühle dieses mächtigste der unbewältigbaren Gefühle einfach zu. Im Trauma ist unsere Trauer eingefroren, die von der unabweisbaren Tatsache ausgeht, dass Deutschland unermessliches Unheil über die gesamte Menschheit gebracht hat. Spontanimpuls ist der Fluchtversuch. Er dauert seit Jahrzehnten an. Trauer ist die langsamste unter den Kernemotionen. Sie bleibt, während Glück, Zorn und Angst vorübereilen. Wir Spätgeborenen spüren die Trauer deutlicher als unsere Vorfahren, die ihre Opferrolle kultivieren wollten. Selbst ernannte Opfer trauern nicht; sie klagen an, um glaubwürdig zu sein. Wir spät Dazugekommenen nehmen auch die Traumasymptome bei den hybriden Projekten der

deutschen politischen Eliten erschrockener wahr als die Trau-
macommunity, die im Geschäftsmodell des Vorreitersyndroms
gefangen ist.

Auch international, so die tröstliche Perspektive für unseren
Selbsttherapieversuch, werden uns ungeahnte Sympathien zu-
fliegen, wenn wir ein gelasseneres Verhältnis zu den eigenen
Spitzenleistungen entwickeln. Die Traumaforschung ermutigt
uns mit sehr konkreten Befunden, die dazu passen: »kollektive
Ich-Ideale schützen vor Traumatisierung«, schreibt José Brunner.[85] Überraschend liefert dieser schlichte Satz eine unentrinn-
bare Kondition für unsere Selbsterforschung: Eine in Spaltung
lebende Gesellschaft muss also ihre Spaltung heilen, ehe sie den
entscheidenden Sprung aus der Traumatisierung tun kann. Die
politisch hochbrisante Botschaft der Forscher lautet: An die
Stelle der traumatischen Polarisierung im Geiste erstarrter ideologischer Schemata muss ein gemeinsamer Kernbestand an
Überzeugungen, Werten und Normen treten, die allen neben
dem praktischen auch den ethischen Komfort bringen, der ein
friedfertiges Zusammenleben möglich macht.

Erst dann hat aufrichtige Trauer über das historische Unglück, einer Nation anzugehören, die Unglück über die Welt
gebracht hat, eine Chance. Zu unserer Warnung sei gesagt:
Traumaresistenz, wie sie totalitär regierte Nationen erreichen,
weil jede Abweichung von der diktierten Ideologie tödlich ist,
wird nur so lange keine Option für die westlich geprägten Kulturen sein können, wie wir den Preis der Freiheit zu zahlen bereit sind. Für den Ausstieg aus traumatischen *Winner*-Attitüden
ist ein weiterer Schritt unerlässlich: Wir müssen uns einigen,
gemeinsam zu sagen, wo unser Feind steht.

Die »multilaterale« Merkel-Doktrin kennt keine Feinde mehr.
Eine Welt voller potenzieller Partner, die den multilateralen Konsens so verstehen, dass sie bei uns Gefangene im Namen ihrer

autokratischen Ideologie machen können, ohne Gegenwehr zu fürchten, füttert geerbte Traumata und begründet neue. Die Traumaforschung sieht die »Stabilisierung des Gruppen-Ichs« als Ziel solcher Einigungen. Wer ein kollektives Überlebenskonzept entwirft, das keine äußere Bedrohung mehr annimmt, der wird Grenzen öffnen. Wer Traumatisierungen kompensieren will, weil sie Fehlentscheidungen und Selbstbehauptung ohne Maß zum Schaden des gesamten Kollektivs auslösen, der wird sensibler mit den Sicherheitsbedürfnissen der Menschen umgehen. Eine Krisenpolitik, die das Langzeittrauma der Bevölkerung nicht beachtet, öffnet sich dem Größenwahn und der Hypermoral, mit denen unberatene Traumapatienten die Verhaltensmuster jener Täter wiederholen, die das Trauma verursacht haben.

Trauma-Deutschland war der ideale Kandidat für das Programm »Willkommenskultur«. Was die Kanzlerin da verordnete, beflügelte den Fluchtimpuls der Deutschen. Das Regierungsprogramm hätte »strategische Euphorie« heißen können. Das Willkommensfestival stillt für kurze Zeit den Durst auf Vortrefflichkeit, den die »Vorreideridee« nur dämpfen konnte: Eine stolpernde »Energiewende« hatte die internationale Bewunderung in Skepsis umschlagen lassen. Jetzt die neue Siegerrolle mit Secondhand-Maskeraden und Plüschtieren an allen Bahnhöfen. Deutschland als Gelobtes Land, kein Rollentausch könnte perfekter sein. Der Willkommensrausch lebte auch von diesem unverhofften Glanz, den eher die Älteren als die Jungen als Erlösung aus der eigenen Schuldgeschichte feierten: Deutschland wäre damit, plötzlich und unerwartet, so ein fassungsloser alter Herr mit leuchtenden Augen, »was die USA damals für meine Eltern waren, die aus Deutschland fliehen mussten, weil ihr Leben bedroht war. Jetzt sind wir es, die Geflohenen Asyl gewähren«, so sein atemloser Kommentar im Getümmel am Bahnhof München.

Der Rollentausch, das war und ist es, was die traumatisierte Nation in ihrer Geschichte auch unter Merkel weiter sucht. Ekstasen wie die Willkommenskultur zünden und verlöschen. Was fehlt uns, was verfehlen wir, wenn alle Siegerposen verdampfen, statt endlich das Maß unserer Wünsche unseren Kräften anzupassen? Der alte Herr im Festivalgewimmel hat an ein Element des kollektiven Selbstbewusstseins von Nationen erinnert, als er an die amerikanische Großzügigkeit gegenüber dem verirrten Nazideutschland erinnerte.

Die globale Verantwortung, der sich die USA auch als Bündnispartner stellten, beruht auf dem kollektiven Konsens, den man »Sendungsbewusstsein« nennen kann. Die Deutschen schütteln sich, wenn sie diese Vokabel hören. Der deutsche »Vorreiter« hat aber einige Fragen an sich selbst und seine Community versäumt, ehe er sich auf sein Paradepferd setzte. Sie heißen: Woher kommen wir? Wann haben wir Rechenschaft abgelegt über unsere Vorgeschichte? Wer vertraut uns aufgrund unseres Storytellings zu dieser Vorgeschichte? Welche Fakten haben wir geschönt oder verschwiegen? Wohin gehen wir? Wir werden nirgendwo siegen können ohne unsere Geschichte. Der deutsche »Vorreiter« bleibt so lange ein Fabelwesen, wie er versucht, ohne unsere Geschichte erfolgreich zu sein.

Alle Völker schreiben ihre Geschichte auf blutgetränkten Äckern ihrer Vorfahren. Den Deutschen von heute gelingt nicht, was die Amerikaner verbindet: eine »Vorreitergeschichte« zu schreiben, die ihre Helden der Gegenwart im Sattel hält, weil sie eine wahre Geschichte ist. Solange alle Welt weiß, dass wir Deutschen als Flüchtlinge aus unserer jüngsten Geschichte unterwegs sind, wird jeder deutsche Höhenflug von Absturzerwartungen begleitet. Was uns misslingt, ist das mittlere Maß. Unser Selbstbewusstsein hat sich bis heute nicht mit dem Mut verbündet, der die Freiheit verteidigt.

DIE SCHATTENFRAU

Die im Schatten sieht man nicht

Anonyma für die dunkle Seite der Macht

Wie führt Merkel? Diese Frage scheint umfassend beantwortet, wenn man die Antwort Merkel überlässt: alternativlos. Dass wir schon ziemlich lange mit dieser hybriden Antwort leben müssen, könnte damit zu tun haben, dass wir bisher die falsche Frage gestellt haben. Wir müssen nur ein Wort ändern, und schon öffnet sich ein verwunschener Garten, den kaum ein Journalist zu betreten wagt, weil kaum einer da heil herauskommt. Das Motiv ist so alt wie die Menschheit: Es geht um die Mutprobe, die das Storytelling einer Community über sich selbst verändern wird. Das Wagnis lohnt sich.

Was der Refrain der Alleingängerin Merkel »Sie kennen mich« nicht vermochte, das erreicht die abgewandelte Frage. Statt »Wie führt Merkel?« fragen wir: *Wer* führt Merkel? und betreten mythisch aufgeladenes Gelände, in das die Verschwörungstheoretiker noch keinen Fuß gesetzt haben. Beate Baumann führt Merkel. 2020 wird diese Führungsgeschichte 27 Jahre alt. Baumann ist mächtiger als die Kanzlerin: Sie hält die Medien in Schach,[86] und sie besorgt die Auslese und Entsorgung von Merkel-freundlichen und Merkel-kritischen Publizisten. Die Fluktuationen in der öffentlich-rechtlichen Medienlandschaft, das plötzliche Verschwinden von eigenwilligen Denkprofilen, die Abschaltung von erfolgreichen Diskutanten und Autoren der Presse, die wie von Geisterhand unsichtbar und unhörbar, ja unauffindbar werden, alles das trägt Baumanns Handschrift.[87] All das öffnet unseren staunenden Blick auf ein Undercover-Imperium, das niemand der Kanzlerin zuordnet. Merkels Macht über Redeverbote und Denksprechtabus wird von ihrer Multiagentin BB ständig über Deutschland und Europa gesichert. Die Dämonisierung der Frau, die mächtiger ist als Merkel, weil sie alle Fäden in der Hand hält, machte nur zu Anfang des jungen Jahrtausends ein paar Sprünge; danach wurde es wieder so still und so anonym, wie es Geheimagenten brauchen. Baumanns Allmacht wirkt nicht nur nach außen, sondern auch intern mit einer Sprengkraft, die selbst den Generalsekretär Volker Kauder von seinem Posten vertrieb, »weil er sich nicht länger von Baumann vorschreiben lassen wollte, welche Plakate er für den Wahlkampf auszuwählen hat«.[88] Ein paar Jahre in Merkels Schatten bekam Kauder dann später als Fraktionschef, ein paar Meter entfernt von der allmächtigen Büroleiterin.

Baumanns autarke Position im Raubtierhaus der Kanzlerin gibt deshalb zu denken, weil sie weit über das hinausgeht, was Büroleiter und -leiterinnen bei ihren Vorgängern als ihren Aktionsspielraum verstanden. Da war Kohls Pythia Juliane Weber, die sich nie als Racheengel profiliert hatte, wie es Baumann ganz selbstverständlich auf ihrer Agenda hat. Da war Eduard Ackermann, Kohls Medienbeobachter – eine Rollenverteilung, die Baumann gar nicht erst zugelassen hätte. Schröders Kanzleramtschef Frank-Walter Steinmeier machte seinen Job neben der Büroleiterin Birgit Krampitz; keiner von beiden versuchte, Journalisten durch Drohungen kanzlerkonform zu trainieren.

Baumann hat ihre größten Meriten genau auf diesem Gebiet eingefahren: den Journalisten die Konditionen klarmachen, zu denen die nächste Mitfluggenehmigung zu den weißen Nächten in Petersburg zu haben ist, oder Umbesetzungen in Talkrunden, kanzlerkritische Gäste raus, Baumann-gecleante Gäste rein, damit auch mal ein Interview mit der Kanzlerin gewährt werden kann. Für diesen Zugewinn an Unberechenbarkeit im Kanzleramt ist Beate Baumann mit »Ehrentiteln« überhäuft worden, die ihre Opfer ihr nicht verweigern konnten: »Rasputina«, »Königskobra«, »Zerbera« sind die Orden, die schon im Jahr 2007 mit Baumanns Namen verbunden waren.[89] Und der Bonner Politologe Gerd Langguth nennt das Duo Angela Merkel und Beate Baumann »das vielleicht schlagfertigste Team seit dem Untergang der Amazonenherrschaft«.[90] Baumanns Gefährlichkeit für Karriereplaner im Parlament und in den Stäben der Zuarbeiter, die auf CDU-Ticket beruflich Erfolg suchten, sprach sich schnell herum. Das große Verstummen von Merkel-Kennern führte schon 2007 zu grotesken Interview-Bedingungen für Journalisten, die glaubten, in einer demokratischen, wie offiziell behauptet »offenen« Gesellschaft mit Abgeordneten über das spezielle Klima im Kanzleramt sprechen zu können.

Angst sichert die Tresore der Macht

Unbefangene Baumann-Kenner gab es schon vor 13 Jahren kaum noch. Wer sich als Abgeordneter ein Gespräch mit einem Journalisten zutraute, erwies sich, wie die Journalistin Franziska Reich 2007 berichtete, im Gespräch dann als angstgeschüttelter Zeuge einer perfekten Abschreckung durch Drohgebärden der »Zerbera«. Die *Stern*-Journalistin protokolliert: »Wenn man sich auf die Suche nach Politikern macht, die Beate Baumann aus der Nähe kennen, stößt man ungewöhnlich oft auf Angst. Da trifft man sich also mit einem mächtigen CDU-Mann zum vertraulichen Gespräch in seinem Büro und versichert zweimal, dreimal, dass man – versprochen, versprochen – ihn als Quelle niemals verraten wird. Und dann zwinkert er nervös und plaudert ein bisschen über das Wetter. Und man sagt behutsam: ›Entschuldigen Sie, wir wollten doch eigentlich über ...‹ Und er windet sich auf dem Stuhl und sagt: ›Tja, hm, Frau Baumann ist wirklich sehr kompetent‹ und ›tja, hm, auch sehr effizient.‹ Und dann schweigt er. Und räuspert sich. Und sagt: ›Aber sie hat zu viel Einfluss‹, und dann zögert er wieder, ›und hinterhältig ist sie, wie damals, als sie ...‹, und hält inne und seufzt: ›Die Baumann wird versuchen herauszufinden, mit wem Sie gesprochen haben. Die ist doch so paranoid.‹ Und schweigt wieder und wispert: ›Sie kann so verdammt gefährlich werden, wie damals, als sie‹. Und lehnt sich zurück und schaut bedrückt aus dem Fenster – und schweigt.« Franziska Reich ergänzt: »Auch wenn man sich mit zwei Dutzend Unionspolitikern trifft – sobald das Gespräch auf Beate Baumann kommt, werden sie merkwürdig geizig mit ihren Worten. Als hinterlasse diese Frau keine Geschichten, sondern nur ein schrecklich unwohles Gefühl. Eines, das immer mit drei Pünktchen endet. Im Ungefähren. Im Nebel. Und diese Angst der eigentlich doch so mächtigen Herrn lässt die Baumannsche Macht noch größer erscheinen. Unheimlich, diese Macht. Unheimlich, diese Angst. Manchmal ein bisschen lächerlich.«[91]

Beate Baumann ist zuständig für die dunkle Seite der Macht. »Verschmolzene, siamesische Zwillinge, untrennbar« sah die begleitende Presse[92] Merkel und Baumann schon damals. Baumann »ist« Merkel, wenn sie ihren häufigen Lapsus »Ich, Merkel« einfach stehen lässt.[93] Und Merkel ist Baumann, wenn sie deren ungelenke Syntax abliest. Baumann beharrt, so heißt es, gegenüber wohlwollenden Beratern darauf, dass Merkels etwas linkische Rhetorik erhalten bleiben müsse, um niemanden einzuschüchtern. Und Merkel gehorcht. Seit nunmehr 27 Jahren. Die dunkle Seite der Macht blieb delegiert an Baumann. Die

Schattenfrau lebt fast lückenlos undercover. Sie kennt ihre Macht und genießt sie. Merkel ist ihr Projekt. Baumann ist der Wille zur Macht im perfekten Tarnkleid. Der Schatten ist ihr Biotop. »Sie spürt jedes Vibrieren«, schrieb ein Journalist 2013, und »wenn sie Anzeichen eines Vibrierens oder gar eines Bebens spürt, gibt sie Alarm: Merkels Seismograph wird sie auch genannt.«[94] Und alle unterschätzen dieses uneitle Team, das einen Pakt geschlossen hat, in dem die Rollen schillernd wechseln: Wer führt, wer folgt, die Frage stellt sich nicht, würde Merkel vermutlich sagen.

Beide Frauen sind Quereinsteiger. Merkel hat früh erkannt, dass Baumann mit dieser Eigenschaft in ihr Konzept der Transformation von Politik in einen parteilosen Machtapparat für beliebige Wendemanöver passt. »Beide haben ein sehr kühles Verhältnis zur Politik!«, schreiben die *Spiegel*-Autoren in der Merkel-*Biografie*, die 2017 erschien. Wäre das Spielfeld der beiden nicht die Politik, sondern ein Unternehmen, dann würde Baumanns Geschäftsmodell unter »Coaching« in der Payroll stehen. Wer als Firmenchef einen Personal Coach beschäftigt, der weiß, wie viel Macht über seine Außenwirkung er damit aus der Hand gibt. Aber es wäre klar, dass der Personal Coach nicht in den Vorstandssitzungen dabei wäre, und es wäre ebenso sonnenklar, dass er keine operativen Entscheidungen treffen könnte. Wer diesen Vergleich liest, der beginnt zu ahnen, welche Machtfülle Beate Baumann, ehemals Lehramt Deutsch und Englisch, im Führungszentrum der Bundesrepublik Deutschland an sich gezogen hat. Sie degradiert den Kanzleramtsminister: »Kanzleramtschef Thomas de Maizière dachte, er sei auch zuständig für die politische Strategie. Er hatte da etwas missverstanden. Baumann hat ihm das schnell klargemacht«, notieren die *Spiegel*-Biografen. Baumann verkörpert eine Rollenvielfalt, die unter Aktienrecht nicht durchsetzbar wäre. Wer beiden Frauen gleichzeitig ein kühles Verhältnis zur Politik bescheinigt, der muss die Konsequenz ins Auge fassen: Wenn ein Macht-Duo an der Spitze eines Großkonzerns erkennen ließe, dass es sich für das Kernprodukt der Firma eher nicht interessiert, dann stünde die Geschäftsfähigkeit dieser Firma infrage.

Für das exklusive Bündnis von Baumann und Merkel tritt gleichzeitig ein Kernmotiv der Kanzlerin ins Tableau dieser unsinkbaren Komplizengemeinschaft: Baumann agiert wie Merkel als Regelbrecherin. Sie sitzt in Parteivorstandsrunden, nimmt an den täglichen Besprechungen zur Morgenlage und an Expertenrunden teil,[95] weist Berater zurecht, widerspricht erfahrenen Politikern der Partei und schwächt im Konsens mit Merkel die bewährten Rituale und Regelwerke, die den Untergebenen Orientierung geben. Angst vor Baumann, als Geschäftserfolg diskutiert, bedeutet immerhin schon ein wenig verkehrte Welt, da Angst vor der engsten Mitarbeiterin die Chefin nicht unberührt lassen dürfte – weil ihr Ansehen nicht unberührt bleibt.

Journalisten erkennen die Machtfülle der multifunktionalen Herrscherin erschrocken. Baumann »registriert jedes politische Zittern«, diagnostizierte Franziska Reich 2007 im *Stern*, ohne zu ahnen, wie konkret dieser Metapher 2019 werden sollte. Baumann »dirigiert. Stellt durch. Würgt ab. Ideen ebenso wie Menschen. Die politischen Strategien des mächtigsten Amtes der Republik gehen durch ihre Hände, durch ihren Kopf – ungewählt, doch übermächtig.«[96]

Mit Baumann hat Merkel schon einen Vorgriff auf das anarchische Potenzial ihrer eigenen metapolitischen Ideologie eingekauft, in der Gesetze vor allem vergänglich und Werte eine Anregung zum Wechsel in neue Wertlandschaften sind. Der höchste Wert ist die Macht, das scheint Merkel und Baumann zu verbinden. Um ihren Topwert zu bewahren, müssen sie nach und nach überholte Werte abräumen. Merkel und Baumann sind daher auch als Systemknacker unterwegs, ganz im Sinne von Merkels Großprojekten Euro, Energie und Migration, wo kein Stein auf dem andern bleiben konnte. Das Führungsverhältnis der beiden entspricht der Vorläufigkeit des Szenarios, in dem sie als Pokerspielerinnen im globalen Machtspiel unterwegs sind. Beide wissen, dass ihr Diskretionsbedarf unendlich ist, weil alle Normen ins Schwimmen geraten sind.

Komplizin einer Systemwende

Eine Kanzlerin des Übergangs in ein neues Zeitalter kann nur erfolgreich sein, wenn sie keine Vorgabe als wirklich verpflichtend ansieht. Die Kanzlerin Merkel hat mit der Relativierung aller eigenen Positionen von Anfang an Ernst gemacht. Im Laufe der Jahre wurden aus Volten »Wenden«, weil das schicksalhafter klingt. Dass beide keine Standardlaufbahn in der Partei durchlaufen haben, passt zu den schwimmenden Konturen der politischen Landschaften, in denen Merkel möglichst lange, mit Baumanns Hilfe, ganz oben residieren soll. Deutschland im Merkel-Stress ist aus der Baumann/Merkel-Perspektive ein Land auf der Siegerstraße, Trendleader im Megatrend, weg von überholten demokratischen zu multilateralen Beziehungen, die nur jenseits der demokratischen Idee funktionieren. Ein »sehr kühles Verhältnis zur Politik«[97] ist für diese Jobdescription unverzichtbar.

Weder Merkel noch Baumann sind als Analytiker ihrer Trendleadership unterwegs. Sie gehören zum Vortrupp, der mit überlegener Witterung intuitiv dem Wind des Wandels folgt. Das Paradox, das Beobachter in Merkels scheinbar selbstschädigender Bereitschaft sehen, ihren Habitus als Rednerin einige Etagen unterhalb ihrer intuitiven Zeitdiagnosen festschreiben zu lassen in der Liga Baumann, lässt sich als raffinierter Schachzug zur Verharmlosung der eigenen Erkenntnishöhe verstehen. Für Merkel ist Inkognito die Existenzbedingung für ein langes Überleben an der Macht trotz provozierender Taten.

Wir wissen, dass die planvolle Underperformance der Kanzlerin im rhetorischen Wettstreit ein »Must« ist. Überheblichkeit, die so rhetorisch vermieden wird, liefert die Kanzlerin im Übermaß mit ihren provozierenden Taten. Verbales Understatement passt zum »freundlichen Gesicht«.[98]

Baumanns größte Erfolge wären in der Medienlandschaft zu besichtigen, wenn die Liste der abgeschalteten Intellektuellen und Experten nicht Verschlusssache wäre. Das Schweigekartell der Redaktionen von Zeitungen und Talkshows folgt einer Güterabwägung, in der die Pressefreiheit den Verlierer gibt, um den Zugang zu den Platzhaltern der Macht nicht zu gefährden. Baumanns Machtfülle ist am eindrucksvollsten auf diesem Feld, wo tatsächlich über Schicksale, nicht nur über Karrieren entschieden wird. Als perfekte Partnerin im Deal für Machterhalt wird die »Zerbera« der Königin Europas sicher nicht Namenslisten zu den Entscheidungen vorlegen, die sie im Namen des Machterhalts ohne Rücksprache trifft. Baumanns verräterischer Lapsus »Ich, Merkel« zeigt ihr Entscheider-Ich: »Alter Ego« Merkels, so schreiben Publizisten.[99] Keiner möchte sich festlegen, ob das in beiden Richtungen gilt. »Ich, Baumann« wäre jedenfalls als Merkel-Lapsus undenkbar. Gleichzeitig aber: dieser stolze Ich-Satz »Ich, Baumann« kommt auch bei Baumann nicht vor. Eher »Alter Ego« als »Ich«. Und das soll weder Obsession noch Unterwerfung sein? Analytiker der Beziehung meinen, Merkel könne, später einmal, ohne Baumann weiter. Baumann ohne Merkel? Schon schwieriger, meinen sie. Siebenundzwanzig Jahre, immerhin. »Alter Ego« sind beide Frauen füreinander auch am neuralgischen Punkt: dem Verhältnis zur Machtbasis, der CDU. Das »sehr kühle Verhältnis zur Politik«, das beide verbindet, erwärmt sich nicht einmal, wenn es um den Machterhalt der Partei geht. In Wahlkampfzeiten lässt Merkel durchblicken, dass ihr politischer Startblock CDU ihr eher etwas peinlich ist: »Wenn Sie mich wählen wollen«, sagt sie vor TV-Kameras, »dann müssen Sie CDU wählen.«[100] Es klingt wie: Sorry; leider bin ich nur über einen minderwertigen Umweg zu erreichen. Sie nehmen das sicher gern in Kauf, um auch bestimmt bei mir zu landen, nicht irgendwo auf dem Umweg.

Die CDU war und ist ein Karriere-Transfer-Gerät, dessen man sich bedient, nicht ohne die Distanz deutlich zu machen. Die Partei als Vehikel, um Machtzuwächse auf Gebieten zu holen, die bis dahin nicht mit der CDU deckungsgleich waren. Wer Merkels erklärtes Fremdeln in der Partei ernst nimmt, sieht ihre Regelbrüche und Rechtsverletzungen im Licht des Übergangs in eine evolutionäre digitale Zukunft ohne Demokratie in ihrer anarchischen Dimension. Die Trendleaderin Merkel hat darin das Profil einer Partisanin, der die Normen der Kultur, in der sie gestrandet ist, gleichgültig sind, weil ihre Ziele jenseits aller Normenkataloge der westlichen Kultur liegen, die sich transatlantisch in Freundschaftsverträgen geborgen wusste.

Die Schattenfrau entscheidet, wer mitspielen darf

Baumanns Rigorismus, mit dem sie im Kanzlerinnenauftrag Publizisten entsorgt, die genau davon wissen und Deutschland für eine Debatte über seine Zukunft öffnen wollen, scheint von der Angst vor Entdeckung des Projektes getrieben, das quer zum Kulturkonsens liegt. Die Undercover-Strategie der beiden Dealer an der Zeitenwende hält auch deshalb immer noch, weil Gewöhnung die Menschen in den Tabulandschaften der Kanzlerin zusammenhält. »Zusammenhalt«[101] ist auch deshalb eine Merkel-Vokabel, die verdeckt Zeugnis ablegt: einfach zusammenbleiben, nicht in irgendjemandes Namen, nicht im Sinne einer *Mission*, sondern einfach so. Brav sein, Durchblick macht ängstlich. Und die Mutigen sind bereits im Tabugehege kaltgestellt.

Merkel interessiert sich nicht für die Partei. Aber die Partei interessiert sich für Merkel. Das reicht, um den gemeinsamen Deal durchzuziehen, Jahr um Jahr um Jahr. Machterhalt heißt für die Parteiamtsträger: Merkel stark machen. Merkel wählen. Machterhalt heißt für Merkel: für die eigene Wiederwahl sorgen lassen. Da es Baumanns Projekt ist, kümmert sich Baumann darum. Wie ist es möglich, dass aus einer Geschichte der Unterkühlung zur »Firma«, die einen beschäftigt, eine Machtgeschichte von jahrzehntelanger Dauer wird? Müssen wir umlernen? Waren die Sätze »Ich brenne für dieses Land, für diese Partei, für Europa« immer schon fauler Zauber? Sind die Zyniker der Macht die Sieger der Geschichte?

Oder ist eine Virtuosin der »multilateralen Bindungslosigkeit« den anderen so weit voraus, dass die gesamte Werteskala ihrer Zu- und Mitarbeiter nicht mehr greift? Dieser Epochenvorsprung wäre es dann, der sie mit Baumann verbindet. Ein Blick zurück: Am Anfang ihrer Laufbahn im verspäteten Wertsystem der westdeutschen CDU war Merkel »berüchtigt für den Verschleiß ihrer Mitarbeiter. Baumann aber hält sich.« Warum? »Beinhartes Durchhaltevermögen«, sagen die einen. Andere stellen fest: »Weil sie gnadenlos alles weggebissen hat, was der Chefin zu nahe kam und wie potenzielle Konkurrenz aussah.«[102] Im Jahr 2013 sind die Tabuzonen mit den Denk- und Sprechverboten allgemeinverbindlich eingezäunt. Was 2007 noch sanktionsfrei blieb, kostete wenige Jahre später Publizisten bereits den Job. Gespräche über die Merkel-Baumann-Connection laufen daher immer wieder vor die Wand. Diskretionsversprechen bleiben bruchgefährdet. Auch verängstigte Gesprächspartner überraschen dann plötzlich mit einem dreimaligen zornigen »Ja«, wenn der Interviewer fragt, »ob es richtig sei, Beate Baumann diese außerordentliche Bedeutung für Angela Merkels Kanzlerschaft und gesamte Karriere beizumessen«. – »Ja! Ja! Ja!« Pause. »Und nochmals Ja!« – »Ein Klima der Angst« habe Baumann geschaffen. Die »in ihrem natürlichen Kern unbekümmerte Merkel« sei »regelrecht wesensverändert« erschienen, wenn Baumann in einem Meeting »dabei gewesen sei und sie beobachtet habe« ... Auf dem Höhepunkt der Auseinandersetzung mit Kohl soll sie Leute angefaucht haben: »Für wen arbeitest du eigentlich?!« Der CDU Landesverband Mecklenburg-Vorpommern soll sich mit der strukturellen Amtsanmaßung Baumanns einmal befasst haben, so süddeutsche.de. »Eine kumpelige Art habe sie, aber eine, in der immer mitschwinge: ›Ich sag's der Chefin.‹«[103] »Baumann ist Merkels Misstrauen«,[104] sagen Beobachter. Und eben auch: »Merkel ist Baumanns Projekt.«[105] Die Macht oszilliert zwischen den beiden. Mal dockt sie bei B an, mal bei M. – Merkel, international die Symbolfee auf leisen Sohlen, hat wohl früh erkannt, dass sie die dunkle Seite der Macht delegieren muss, um die Aura einer Weltretterin so lange wie möglich zu bewahren. Merkel als getarnte Zukunftsagentin hatte und hat einen hohen Verschleierungsbedarf, den nur eine Radikale wie Beate Baumann konsequent zu decken versprach.

Merkel versieht das operative Führungsamt in Deutschland mit einem gebrochenen Verhältnis zum demokratischen Konsens. Ob sie damit eine Botin aus der Zukunft ist, würden ihre Förderer wohl nicht als erwünschte Zusatzqualifikation einschätzen, wenn sie das Profil der Partisanin hinter dem Outfit ihrer Schattenfrau Beate Baumann erkannt hätten. Bis heute hält Merkels Inkognito. Sie wird gehen, ohne es zu lüften.

Aufbruch ins Offene

Nach dem Requiem

Das Epochen-Requiem kommt mit
globalen Dimensionen

Das Epochen-Requiem enthüllt: Der digitale Weltentwurf ist von Angela Merkel mitgezeichnet.

Die Überwindung des freiheitlichen Menschenbildes trägt neben den Unterschriften der Datenkonzernherren die Signatur der deutschen Kanzlerin.

Während Deutschland noch mit den Fieberschüben der Merkel-Epidemie kämpft, stürmen Merkels virtuelle Verbündete ins Offene. Die digitale Weltgesellschaft sehnt sich nach der Unschuld der Maschinen. Dass Angela Merkels schlafwandlerische Entfernung vom Equipment der politischen Klasse radikale Züge hatte, wird einigen ihrer Zuarbeiter erst nachträglich klar. Angela Merkel entschied bei der Wahl ihrer Großprojekte so radikal für den offenen Ausgang, dass Traditionshüter nichts weiter wahrnahmen als verweigerte Verantwortung, Maßlosigkeit und überschießende Risikobereitschaft. Ihr Nullbindungsstil wies sie ebenfalls als eine Radikale aus, die mit dem Wertekanon und dem Normengefüge der klassischen Volksparteien schon vor ihrer Ankunft im westdeutschen Gastland nichts mehr anfangen konnte.

Mit Angela Merkel kam eine radikale Transformation der Politik. Die Botin eines Umsturzes machte sich so *soft handed* an die Arbeit, dass ihre Westkollegen mit dem Nachzeichnen der Schleifspuren nicht mehr nachkamen. Mit Merkel kam die

Transformation von Macht. Die Kanzlerdemokratie früherer
Jahre wurde zur Kanzlerautokratie. Ab Merkel galt Distanz von
Partei und Parlament. Merkel hat die Richtung gezeigt, in der
das europäische Bewusstsein fortentwickelt werden sollte, um
übernational und multilateral in einer Weltregierung mitspielen
zu können. Über dem frisch gepflügten, blutdurchtränkten Welt-
acker geht eine neue Sonne auf. Angela, die Fugenfrau, die beim
Storytelling versagte, würde uns sagen, dass sie ständig an unseren Kategorien gescheitert ist. Angela aus Gestern war eine
Morgenfrau. Ehe sie bei uns anfing, war sie schon vorbei und
im Übermorgen. Ihre tiefgefrostete Kalte-Krieg-Witterung hat
den Tauwind des Wandels schon eingeatmet, als die Westler
noch schliefen. Machtlüstern verzichtete sie darauf, die Wohl-
standsschläfer aufzuwecken. Längst hat sie den Alleingang zum
Geschäftsmodell gemacht. Merkel fährt die globale Ernte ein.
»Merkel was here« singen die deutschen Wälder und seufzen
die Mauern, hinter denen die deutschen Geiseln sitzen, in Ankara und Istanbul. »Merkel was here« summen die Lastenträger
an der Seidenstraße und wispern die Windräder. Herr Zuckerberg lächelt sein wächsernes Lächeln. Er kennt ihren Namen.
Er weiß: In Deutschland und Europa hat sie seinen Job gemacht.
Merkel schafft nicht einmal das: ein Vakuum, das andere stürmen könnten. Angela Merkel hinterlässt eine übererregte Republik mit unzähmbaren Ausreißern. Die Feldherrin besteigt
nicht einmal den Hügel, um uns die Landschaften zu zeigen,
in die sie uns führen wollte. Nein, sie geht dahin nicht mit. Aber
sie hinterlässt ein ausgeräumtes Haus und Hunderttausende
umgeräumte Köpfe. Um die Herzen konnte sie sich nicht kümmern. Die Seelen waren nicht ihr Metier. »Beseelte Politik«
stand nicht in der Zukunftsagenda, die sie als virtuelle Verbündete eines Vortrupps von Trend-Designern unserer digitalen
Zukunft abgearbeitet hat.

Wir werden die evolutionäre Landschaft, in die uns die alternativlose Angela führte, besser vorbereitet betreten, als wir dachten: Unser gesamtes Wertegepäck, das wir verloren glaubten, braucht man hier überhaupt nicht mehr. Die Hypermoral, unser Alleinstellungsmerkmal, verdampft. Merkels Verlustmanagement bei Werten und Normen wird uns als Entlastungsstrategie überzeugen, wenn wir uns in der Weltgesellschaft der multilateral verbundenen Kulturen umschauen: Auch die Freund/ Feind-Schemata greifen nicht mehr. Merkel hat uns programmiert für multilaterale Haltlosigkeit: Die Seidenstraßenweltregierung schaltet alle Regime gleich. Der Staat bleibt seinen Bürgern dann keine Versprechen mehr schuldig.

Das Epochen-Requiem gilt einer einzigen, der wichtigsten Frage: ob wir die Mutation, für die wir trainiert werden, auch wirklich wollen. Fakt ist: Wir werden programmiert für eine Welt, die uns überwinden will. Unser Wissen, dass das scheitern muss, reicht nicht aus, um uns zu retten. Da stehen wir Merkel-Deutsche mit gelockertem Rechtsbewusstsein traumabeladen und glückshungrig, angstempfindlich, skeptisch und mutlos. Präpariert für die Übernahme durch Maschinen ohne Seele.

Homo digitalis als Evolutionsmanager

Nachdem ihm viel misslungen ist in diesen Jahren, ergreift *homo oeconomicus*, der coole Nachfolger des stolzen *homo sapiens*, die Initiative. Er stößt in Gelände vor, die seine Vorfahren immer unter Druck von außen betreten haben: als Klimaflüchtlinge oder vor starken Gegnern fliehend. *Homo oeconomicus* schafft nun sein Neuland selbst. Er ist entschlossen, nicht nur Opfer seiner Kahlschläge zu bleiben und aus seinen für unsinkbar gehaltenen Lebensmodellen vertrieben zu werden. Er wird nicht nur eine neue Welt entwerfen wie Tausende seiner Vorväter. Er wird sich selbst entwerfen. Ein Modell Mensch im Bunde mit selbst entworfenen Maschinen, die er eines Tages in die Freiheit entlassen will, ihn zu führen. Er will dabei kooperieren mit politischen Systemen, die in der bipolaren Welt von ihm und seinen Freunden als Gegner beschrieben und bekämpft wurden. Sein Motto: Bipolar war gestern. Die kühne Vision: Bipolar soll ein *Loser*-Modell werden.

Das neue Geschäftsmodell gilt weltweit und für alle bis gestern verfeindeten Systeme. Multilateral, jeder mit jedem, so die Grundmelodie des neuen Weltalters. Wenn das gelingen soll, müssen Menschenbilder gestürzt werden, die in demokratischen und totalitären Systemen im Gegeneinander ihre Macht gefestigt haben. Beide Blöcke üben bereits die Annäherung. Verlustangst erfasst die Bürger der freien Gesellschaften, die neue Fesseln spüren und erlerntes Vertrauen ins Leere laufen sehen. Erstmals versucht sich das frühere Objekt von evolutionären Umwälzungen als Regisseur, ja Schöpfer eines dramatischen Umsturzes, der ein Epochen-Epos komplett abräumt. Der Wettbewerb der Systeme wird abgelöst durch eine Gleichschaltung aller Gesellschaften im Namen eines neuen Ordnungsmodells: Die Unschuld der Maschinen soll dem Take-over ein freundliches Gesicht verleihen: Kein Requiem soll die verstörten Wettbewerber zu Tränen rühren: Take-over brutal trägt die Maske des Menschenfreundes, die wir von Mark Zuckerberg kennen. Gutes tun ist das erschreckend schlichte Ziel des gewandelten Profiteurs *homo oeconomicus*, der Siege brauchte, um andere zu Verlierern zu machen.

Homo digitalis betritt die Bühne mit dem betörenden Plan, alle zu Gewinnern zu machen – unter einer Bedingung: Wenn sie sein Spiel mitspielen. Mehr nicht. Einfach abliefern, was du nirgends gekauft hast, sondern einfach nur bist, seit du lebst: ein paar Facts, die dich ausmachen, mal eben ausleihen an den gerechten Verteiler, dessen Reichweite die deinige weit übertrifft. *Homo digitalis* erobert die wertebesoffene Alte Welt mit neuen Waffen. Diese Waffen verwunden nicht spürbar, sie töten nicht schnell; sie entmachten nur. Es fließt kein Blut. Das Skalpell der digitalen Kriegsherren setzt tiefer an. *Deep learning*, von der abgeräumten Bildungspolitik nie versprochen, ist die Bündnisformel zwischen Mensch und Maschine. Die Maschine lernt von allen, nicht von wenigen. Sie lernt von Menschen, die wir nie kennenlernen werden, und von uns selbst. *Deep learning* zeigt die Richtung: Multilateraler Datenmix erzeugt ein Maschinen-Ich mit einer Multi-Identität, die *homo sapiens* für sich nicht wollte: viele Ichs in einem Ich.

Homos Traum: Die Unschuld der Maschinen

Maschinenintelligenz ist die Kernschmelze der Humanitas, wie Antike und Abendland sie kannten. Maschinenintelligenz zeigt die evolutionäre Sensation, die im Leadership-Modell der digitalen Pioniere steckt: Der Cooling-down-Effekt im Datenmix stattet die Maschine eben *nicht* mit einem menschenähnlichen Intellekt aus. Was *deep learning* im Maschinenpark erreicht, ist vielmehr ein Sparmodell des Evolutionssiegers menschliche Intelligenz. Der Datenmix aus Millionen Identitäten, Wunschtraum der digitalen Pioniere, muss auf die Kernsubstanz der menschlichen Intelligenz verzichten: Maschinenintelligenz muss in der Kernschmelze die »Störfaktoren« einschmelzen. Die Schöpfer der Maschinengehirne setzen auf Simulation, um den Schmerz der menschlichen Intelligenz, ihre emotionale Stärke und ihre träumende Seele zu erwecken: Die Schöpfer wissen, dass ihre »intelligenten« Geschöpfe tote Seelen bleiben. Genau das, lächelt Zuckerberg, ist unser Beuteschema. Wer wird uns sein Ich überlassen, wenn wir ihm erklären, dass die digitale Community, der er nun angehört, ein Weltstaat der toten Seelen ist? Wer digital herrschen will, muss Kernsubstanz der Seelen einschmelzen. Bis heute jedenfalls sind Menschenseelen, Menschenträume und Mensch-Emotionen nicht transplantierbar. *Homo digitalis* wagt sich also an die Kernschmelze der Seelen.

Die Chefs der digitalen Revolution wollen sich heute noch nicht auf eine Trennung der digitalen Waffengänge einlassen: Überall, wo rationalisiert und digitalisiert wird, seien noch Daten von Menschen im Spiel, so meinen sie. Für digitale Perfektion der Abläufe in der Welt der Produkte sei digitale Fitness der Menschen unentbehrlich. Für die Datenarenen der Medienkonzerne auch?

Das große Versprechen

Digitalisierung als globaler Megatrend wird zum Beschleuniger eines Weltkonzepts, das die führenden Promoter der digitalen Weltkonzerne unter dem Motto »Multilateralismus« auch politisch korrekt gekleidet haben. Multilateralismus ist die weichgespülte Formel für das Ende kultureller Differenzen, die das Zeitalter der Blöcke bestimmten. Die Unvereinbarkeit von Welt- und Menschenbildern sicherte die Akzeptanz dieses Konzepts, das die Souveränität der Machtblöcke in einer zweipoligen Welt festigte. Das Megaversprechen der Digitalisierungsprofiteure im globalen Datenmekka richtet sich an alle Gruppen und infiziert die Politik: Multilateral unterwegs zu sein, ist für die Datenkonzerne weltweit das Geschäftsmodell. Multilaterale Politikentwürfe, wie sie die deutsche Kanzlerin vertritt, kündigen de facto das Menschenbild der Nachkriegsgeschichte. An dessen Stelle tritt die digital unschädliche, politisch hoch riskante Beliebigkeit politischer Partnerschaften, die für Augenblickserfolge Rechtsnormen und Verfassungswerte opfern. Multilateralismus in den Parteiensystemen Europas zersetzt die demokratische Handlungsfähigkeit der Parlamente.

Homo digitalis ist ein Flüchtling

Eine globale Lobby preist seinen Aufbruch in ein Wagnis, dessen Kernziel ein Machtwechsel ist: *Homo digitalis* will dienen. Die Maschine übernimmt. Digitalisierung ist das Kernprojekt fürs autokratische Jahrhundert. Während er die Maschine fit macht, ihm Befehle zu erteilen, bleibt die Kernfrage im Aufmerksamkeitsschatten: wovor er flieht. Der hybride Schöpfer einer Maschinengötterwelt ist ein Flüchtling. Während er auf die Flüchtlingstrecks aus fernen Kontinenten zeigt, die den Siegeszug der Digitalisierung beweisen, lehnt der *homo digitalis* für sich die Flüchtlingsrolle ab. Wovor ist er auf der Flucht?

Wer so viel Gestaltungsmacht aus der Hand gibt, wer sogar behauptet, die Königsdisziplin des Siegers der Evolution an einen noch Besseren abgeben zu wollen, an KI, die Intelligenzgöttin im neuen Götterhimmel, muss die Wahrnehmung seiner eigenen Fähigkeiten dramatisch revidiert haben. Ist er nicht mehr der, für den er sich hielt? Handelt er aus Enttäuschung? Traut er sich und seiner Spezies keine hellere Zukunft mehr zu? *Homo digitalis* kämpft gegen einen radikalen Verlust an Selbstvertrauen. Er flieht in die einzige Dimension, die er sich bisher nicht zutraute: in die Transzendenz. Nicht mehr Vision, nicht mehr Innovation, sondern die Mutation ist das Ziel. *Homo digitalis* wird vieles opfern, was ihn vorher glücklich machte, um die kühle Maschinenwelt bewohnen zu können.

Homo digitalis ist Eroberer. Die Weltherrschaft kommt nicht militärisch, sondern digital. Das totalitäre Regime der Datenkonzerne überfliegt die Grenzen der Nationen und Kontinente. Die neuen Priesterkasten der Datenkathedralen gebieten über multikulturelle und metasprachliche Heere von Leibeigenen, die sich selbst als Produkte für den Welthandel der Datenriesen zur Verfügung stellen. Totalitäre Regime wie China, die über Unterwerfungskonzepte für ihre Bevölkerung verfügen, spielen den Vorteil aus, den autokratische Systeme in der digital regierten Weltordnung haben: Ihre Bürger kennen die Versuchungen der Freiheit nicht. Vom überbetreuten Bürger des spätkapitalistischen Westens ist es nur ein Schritt zur datengesteuerten Unterwerfung, wenn die Nationalstaaten unter einem Dach wie der Europäischen Union gleichgeschaltet werden.

Homo sapiens bricht auf. Er baut sein von der Evolution ererbtes Biotop gründlicher um als jeder seiner Vorfahren. Nicht mehr Innovation in der vorgefundenen Welt, sondern eine neue Welt ist sein Programm. Aus *homo sapiens* wird *homo digitalis*, der Mutationsmanager. Nicht mehr klüger werden, sondern Klugheit abspecken und auslagern, lautet die Agenda. Intelligenz wird transformiert zu KI. *Homo digitalis* wird zum Maschinenbauer neuer Ordnung. Er hebt die alte Welt aus den Angeln. Er will der Maschine dienen. Er stürzt die Rangordnung Mensch-Maschine um. Die Maschine wird Chef. Die Schöpfer der Maschine organisieren die neue Dienerschaft und die Datenkrieger für die digitale Welteroberung. Wer die Welt so verändert, wird zum Mutationsmanager, er verändert sich selbst. Er nimmt Abschied von seiner Kultur-, Ideen- und Wertegeschichte.

Die Gleichschaltung der Botschaften im digitalen Weltreich

kann eigentlich niemanden überraschen. Auch das Migrationsmanagement der politischen *Pressure Groups* in Europa ist Mutationsmanagement. Die offenen Grenzen laden Migranten aus aller Welt ein, ihren Smartphones zu vertrauen und den digitalen Dialog ohne Sprachbarrieren aufzunehmen: Die digitale Community des alternden Europa eilt den Fremden entgegen.

Wie im Jahr 2015 von der deutschen Regierungschefin vorgeführt, braucht diese globale Verständigung ein Mutationsprogramm, das Elemente aller intelligenten Kulturen aufnimmt, weder Pass noch Namen. Die Datenpriester baggern neue Datenbündel, ohne die Herkunftsländer ihrer neuen Söldner aufsuchen zu müssen. Digitale Fitness, unabhängig von Muttersprache, Schulbildung, Intelligenzquotienten aller Ordnung, unabhängig auch vom sozialen Status der Migranten, ist die Schlüsselqualifikation, um den Aufbruch ins Gelobte Land zu wagen und dort anzukommen.

KI, die künstliche Intelligenz, ist eine mächtige Göttin. Sie setzt neue Standards.

Erreicht die Maschine mehr, weil sie weniger kann? Die intelligente Maschine ist so cool, wie ihr Schöpfer nie sein könnte. *Homo digitalis* wird ihr gelehriger Schüler. Digitale Fitness, so weiß er jetzt, hat mit herkömmlicher, »natürlicher« Intelligenz so gut wie nichts zu tun. Dem Aufstieg der künstlichen Intelligenz entspricht der Ansehensverlust des menschlichen Intellekts. IQ und KI im Wettbewerb? Wie lange noch? Bis *homo digitalis* zu frieren beginnt.

AUFBRUCH IN DEN ÜBERWACHUNGSKAPITALISMUS

Die digitale Droge.
Das System ist der Diktator

Die Weltregierung kommt anders als gedacht. Nicht militärisch. Die Feldherren einer neuen digitalen Autokratie kommandieren globale Heere von Söldnern.[106] Auch deren Sold ist neu. Die digitalen Machthaber zahlen in einer nie gesehenen Währung, die Fahnenflucht zum Fremdwort macht: Die Währung, die diese neue Weltmacht der digitalen Partner zusammenhält, heißt *Status*. Sie liefern damit ein Traumprodukt, das nur im digitalen Postkapitalismus lieferbar ist: Herrenrollen für alle, die im Kapitalismus Knechte waren.

Wenn die Träume der Ohnmächtigen wahr werden, fragt erst mal keiner nach dem Preis. Das Geschäftsverhältnis von Mensch zu Mensch macht einen Quantensprung: Die digitalen Einkäufer wollen nicht mehr sein Geld; sie kaufen ihn selbst. Er gibt sich hin, weil der Deal für beide Seiten stimmt: Am Anfang steht das Schutzversprechen. Noch ehe sie begreifen, dass ihre Mutation zum Datenbündel begonnen hat, vertrauen die geadelten Wohlstandsknechte dem Losungswort »Datenschutz«. »Wir schützen deine Daten«, ist der Schlüsselsatz, der die Arglosigkeit aufrechterhält. Aber die Verdatung hat bereits begonnen: Das Schutzversprechen verbindet sich mit Machtgewinn.

Die Datenschützer liefern Machtgewinn als Persönlichkeitserweiterung: »Mit allen Kindern der Welt zugleich spielen« – einer der schönsten Sätze aus der frühen Kindheit des Internets.

327

Sobald man dazugehört, öffnen sich Spielräume, in denen man zum Handlungsriesen wird: Man befehligt eine wachsende Claque von Followern, deren Bewunderung man steuern kann, so wie man in der vordigitalen Welt selbst gesteuert wurde. Was erlebt wird, ist der perfekte Rollentausch. Wen interessiert da schon, was in Wahrheit mit seinem kleinen Beitrag zum Deal geschieht, seinen Daten.

Der Statusgewinn lässt die frühere Existenz in der realen Welt wie einen Irrtum erscheinen: Aufatmend erleben Millionen Söldner im digitalen Heer der Datenverwerter den Rausch, der die Datenkonzerne zu Glücksmanagern und den eigenen Status zur Droge werden lässt, von der man nie mehr lassen will.

Mark Zuckerberg weiß das alles. Er lächelt und lügt und lächelt. Zuckerberg kämpft gegen den Verlust seines sorgsam aufgebauten Naivitätsbonus. Er zeigt uns, wie das geht, wenn die Zukunft mit der Gegenwart spricht. Der Sohn mit den Vätern. Ein Lächeln der Geringschätzung und des Mitleids auf den Lippen, lächelt er, weil Väter belogen werden müssen, damit die Zukunft kommen kann. Mark vom anderen Stern ruft zu den Verlierern hinter dem Mond hinüber. Und wir sehen dieses verschlüsselte Ringen, in dem auch Väter belogen werden wollen, weil sie längst Mitspieler im großen Deal um die Seelen geworden sind.

Auch die Seelenkäufer sind der Droge verfallen

Darum behaupten beide, Väter wie Söhne, dass sie es wirklich erst verspätet bemerkt haben, dass in der Mogelpackung mit »Daten« unsere Identität, unsere Einzigartigkeit und damit das »Unantastbare«, in die Vermarktung geriet, was unsere Verfassung »Würde« nennt. Warum gelang der Deal? Weil er für beide

Seiten stimmt? Aber die Datengeber verlieren alles, nämlich sich selbst.

Spielt das eine Rolle, wenn alle, die mitspielen, dasselbe verlieren? Eine OECD-Studie meldet, was die magische Göttin KI nicht kann: soziale Intelligenz und Kreativität. Also keine »sozialen« Netzwerke? Mark Zuckerberg braucht keine Kreativität. Was ihn seinen Vätern überlegen macht, ist die Witterung für die Potenziale der Zukunft. Start-ups, die er als Zwerge kauft, sind Geschäftspotenzial genauso wie die Menschen, die er zum Statusgewinn einlädt. Schon die Harvard-Studenten flogen ihm zu auf dieses Versprechen. Seine Freunde staunten: »Warum kommen so viele?« Zuckerbergs kalte Antwort: »Sie vertrauen mir. – Schwachköpfe.«[107] Eigentlich war damit alles gesagt, wonach die Tribunale ihn heute fragen. Keiner will sich erinnern, weil alle verstrickt sind. Sie können sicher sein: Mark Zuckerberg sagt so etwas nicht mehr. Er schützt sie, weil sie ihn schützen. Ankläger wie Angeklagte leben im digitalen Dilemma: Alle sind Opfer, alle sind Täter. Keiner will Zuckerberg das Handwerk legen. Sie alle sind abhängig von der digitalen Droge. Das digitale Dilemma ist existenziell für die datenfixierte Gesellschaft.

Wer immer die Zuckerberg-Anhörungen verfolgt, der begreift es: Hier unterhalten sich Süchtige über ihre Droge. Sie tun, was alle Süchtigen tun, sie erklären: »Ich bin nicht abhängig. Ich habe von der Droge gehört; aber abhängig sind die anderen. Ich schaue nur zu. Ich urteile.«

Die Datenkonzerne sind die kalten Engel einer moralfreien Weltgesellschaft

Schon ist das Ethos ins folgenlose Wort geflüchtet; das ethos-cleane Handeln läuft unbehelligt weiter. Schon sind die Tribunale

Vergangenheit, die Mark Z zum Verhör luden. »Vertrauen«, er sagte es doch schon 2004, ist was für »Schwachköpfe«.[108]

Der digitale Kolonialismus der Datensammler kreiert den digitalen Menschen. Die verdateten Opfer werden zu Schützlingen erklärt und mit einer neuen Identität ausgestattet: Sie können Heere von Gefolgsleuten sammeln und Loyalität von ihren Followern verlangen. Der Machtgewinn ist real folgenlos. Der digitale Spielplatz ist Tag und Nacht geöffnet. Die surrealen Statusgewinne gelten nur in der digitalen Community. Es dauert eine Weile, bis die Spieler die Übermacht des Systems erkennen, das sie steuert. Das System ist der Diktator, und es bindet seine Datenlieferanten wie ein Tyrann durch Statusgeschenke. Der arglose Nutzer ist längst als Datenpackage in der virtuellen Lagerhalle vom Datenbagger angeliefert worden, während er das erste Machterlebnis seines Lebens zu schlürfen beginnt.

Das digitale Verwertungsgeschäft ist der offene Widerspruch gegen das Verfassungsprofil des freien Menschen, der nie wie eine verkäufliche Ware gehandelt werden darf: Im Geschäftsmodell der Datenverkäufer wird der Kunde zum Produkt, sobald er der Einladung, als Mitspieler an Bord zu kommen, zustimmt. Sein Kontrollverlust erscheint ihm adäquat, wenn er in ein Riesenreich mit Megacontrol-Know-how einsteigt. Das Schutzversprechen überwältigt ihn. Die Ermächtigung, als Scheinriese in diesem Imperium ein ganz neues Spiel zu spielen, das ihn zum Helden mit Fans macht, scheint jeden Verlust aufzuwiegen.

Die »sozialen Netzwerke« sind das gut getarnte Waffenlager eines Vortrupps aus der digitalen Zukunft, wo das ethische Gequengel der Spätdemokraten chancenlos ist.

WER KENNT DEN CODE?

Erfolgreich in verfeindeten Systemen: Mainstream-Angela

Die Merkel-Erkennungsmelodie: Everything goes

Angela Merkel ist eine Mainstream-Schwimmerin. Sie ist von Deutschland nach Deutschland geschwommen, ohne sich mit Bekenntnissen aufzuhalten, die Gewinner des einen Systems zu Verlierern im andern zu machen. Gar nicht erst dämonisieren, war Angelas Motto, als ihre Freunde zu Montagsdemonstrationen aufriefen. Abwarten, bis die Schleusenwärter das Zeichen zum Rüberschwimmen geben. Noch eben in die Sauna gehen »kurz vor Toresschluss«.[109] Ohne ein Credo dabei sein, wenn die Vorzeichen wechseln. Idealformat für Systemwechsler: als unbeschriebenes Blatt im eben noch feindlichen Szenario den Mainstream finden. Merkel durchschwamm die Stromschnellen von der Deutschen Demokratischen Republik ins westdemokratische Einheitsdeutschland mühelos, weil sie keine Dissidentin war. Ihr Faible für »diplomatische Lösungen« deutet sich schon in ihrer DDR-Vita an: das Beste aus den gegebenen Umständen machen. Nicht *Footprints* liefern, sondern Spuren verwischen. Ihre Stasi-Akte blieb geschlossen. Die Spurenleser bleiben beschäftigt.

Dass der westdeutsche und der europäische Mainstream nicht Merkels Zielgebiet war, wissen wir inzwischen. Der DDR-Mainstream ließ keine Wahl, also mitschwimmen. Beim Mauerfall rüberschwimmen – und dann aufs richtige Pferd setzen? Da standen lauter falsche Pferde herum. Die Mainstream-Schwimmerin entschied sich für ein anderes Erfolgsmodell. In beiden Systemen mit dem Strom schwimmen. Dann, ehe es die Mitschwimmer merken, Mainstream nicht nur nutzen, sondern Mainstream *sein*.

Merkel ist Mainstream in Deutschland – seit Jahren schon

Und keiner redet darüber. Alle schwimmen mit. Fast alle. Deutschlands Mainstream-Gesellschaft palavert sich durch die Aufregerthemen der Stunde und genießt die Indifferenz der Kanzlerin wie ein Therapeutikum gegen allzu heftige Ausschläge der eigenen Ergriffenheit von Klima-Märschen, Klima-Ikonen und Verlustängsten. Wächst oder schrumpft die Weltkanzlerin nun, seit sie die Nationalhymnen der Völker vom Sockel holt, eine nach der anderen – und die dazugehörigen Staatschefs gleich mit? Nur der Chinese widerstand; auf dem Weg zur Weltherrschaft entscheidet er für das Protokoll und gegen die Kanzlerin. Er stand, sie saß.

Wächst die Weltgeltung der Kanzlerin nun, seit sie nicht nur das globale Ritual für Staatsbesuche außer Kraft setzt, sondern auch das Amtsverständnis deutscher Kanzler durch einen eigenen Entwurf ersetzt, der die Alleinstellung jenseits der Parteiendemokratie bekräftigen soll? Gilt für die Sitzriesin Angela Merkel am Ende doch die These des kanadischen Kommunikationstheoretikers Marshall McLuhan »The medium is the message«? Ist Merkels »Sitzblockade« eine politische Botschaft? Merkels Requiem auf die Demokratie?

Die deutsche Kanzlerin liefert in den drei Jahren von 2019 bis 2021 ihren Entwurf zur Überwindung der westlichen Demokratie-Idee ab. Anderthalb Jahrzehnte hat sie auf die Bewusstseinswende der deutschen Bevölkerung verwendet. Sie hat

Merkel-Deutschland erschaffen, ein Epochenlabel mit ihrer Handschrift in die Entwürfe der Geschichtenschreiber geschoben, noch ehe die sich zu endgültigen Urteilen durchringen können. Drei Jahre einer weltreisenden Kanzlerin sollen dem Porträt Konturen geben, die niemand mehr fälschen kann: Alternativlos »durchregiert« und nun Bilanz gemacht, das ist das Leitmotiv für eine autark geplante Vermächtniswallfahrt, die eine Kette von *mission statements* bringen soll. Die ersten Botschaften sind schon da, wie immer schwer lesbar auf den ersten Blick, sub- und metasprachlich, eben Merkel-Stil nach dem Motto: Wer Versprechen liefert, wird erpressbar.

Diese letzte Reise im Amt ist nicht einmal eine »Dienstreise« im traditionellen System. Seit die Bewusstseinswende Mehrheitsstimmung ist, erwartet niemand mehr Versprechen im alten Stil. Diese Kanzlerin hat das Weltbild der Republik gewendet, ohne jemals ein Bekenntnis zu dieser Absicht abgelegt zu haben. Nun ist Erntezeit. Merkels globaler Dreijahrestrip gilt nicht der Sicherung von Baustellen, an denen der Größenwahn der Merkel-Jünger kollabierte. Der Turmbau zu Babel, deutsche Variante mit E-Etikett, bleibt so unvollendet wie im Alten Testament (1. Mose, 11,4) und in den Gemälden von Hieronymus Bosch und Pieter Brueghel.

Erfolgs-Duo ohne Vorbild: Trauma-Michel und die traumafreie Angela

Merkel wusste bei ihren amokartigen Alleingängen, dass sie sich auf das psychische Handicap der Deutschen verlassen konnte. Trauma-Michel, ihr Fan, pendelte ohnehin schon zwischen Leisetreterei und Maulheldentum, da war eine Weltenergiewende ebenso verlockend wie eine weltweit ausstrahlende

Willkommenskultur – lauter Einladungen zur Selbstheilung einer traumakranken Nation.

Die Kanzlerin aus der traumafreien Zone konnte während ihrer gesamten Regierungszeit auch bei dem hohen Korrekturbedarf ihrer metalegalen Zugriffe darauf rechnen, dass sie es bei Legalisierung, Entwöhnung aus dem Demokratiegehorsam und Bereitschaft zur Spurenverwischung wiederum mit derselben Mentalität einer schwer verwundeten Nation zu tun haben würde. Merkel wusste: Hier geht fast alles. Für das erstmalige Experiment eines menschengesteuerten Mutationsprozesses könnte diese Kombination von Handicaps auf beiden Seiten und gesteigertem Evolutionsdruck, wie ihn die Klimawende bringt, die ideale Kombination sein – wenn man die Ziele des *homo digitalis*, eine totalitär regierte Welt zu schaffen, teilt. Merkels Trendleadership in Richtung wertbefreite Weltregierung und multilaterale Partnerschaften zeigt in dieselbe Richtung. Ihr universalistisches Menschenbild dominiert eine Migrationspolitik, die kulturelle Wurzeln vernachlässigen muss, um multilaterale Ideen durchzusetzen.

Merkels Dreijahressolo ist auch ein erweiterter Selbstversuch. Nicht nur die Ernte unter Aussparung jener Ideenabschussrampen, die sie nicht mehr aufsucht, weil dort Stille nach dem Sturm herrscht, ist das Reisethema, sondern fast täglich, oft unbemerkt, schlägt sie neue Pflöcke ein, die ihre Programmatik einer metademokratischen Autokratie der Gleichgesinnten garantieren sollen. Dazu gehört ein innovativer Auftritt der Amtsträgerin mit einem Amtsverständnis, das solche weitreichenden internationalen Paukenschläge zulässt.

Auch diese Botschaft geht von Merkels Reise ohne Partei aus: Deutschland und die Welt sollen sehen, was die Kanzlerin nicht sagen, aber zeigen will: Sie hat das deutsche Mindset umgeschrieben, und sie liefert ein verändertes Amtsverständnis für das operative Führungsteam. Sie hat anderthalb Jahrzehnte an dem neuen Profil des Amtes gearbeitet. Sie hat zugleich die Bürger, die ihrem Schutz anvertraut sind, in einen *brainwash* mitgenommen, der die Nachkriegsordnung der freien Völker zur Disposition stellt.

Die Geschichtswissenschaft wird Angela Merkel als eine der Schlüsselfiguren für die Idee einer Weltordnung multilateral agierender Großreiche erkennen, die planwirtschaftlich funktionieren, ohne den Konsens mit ihren Bewohnern abzustimmen. Angela Merkels Neufassung der Kanzlerrolle, ihre Überschreitung zentraler verfassungsrechtlich gesicherter Grenzen bot immer wieder die Chance, den Kulturbruch zu erkennen, den sie vertritt.

Die deutsche Kanzlerin macht mit ihrem dreijährigen Abschiedsritual in der weichgezeichneten Autokratenrolle Ernst mit ihrem Sendungsbewusstsein, das mancher mit ihr zu diskutieren vergeblich versucht hat.

Der Undercover-*Turnaround*

Das übernationale Amtsprofil, das Merkel nun für Langzeitprojekte und ideologisch ausdrucksstarke Personalentscheidungen repräsentiert, ist metamoralisch und metademokratisch. Es schreddert noch gründlicher als ihre Großprojekte zuvor den Normen- und Wertekonsens der Völkerfamilie, an die sie Leuchtzeichen dieser Zielrichtung reichlich in den europäischen Sternenkranz geschickt hat.

Deutschlands Demokraten sahen zu und drifteten in die Spaltung. Merkel-*brainware* flutete die Amtsstuben, die Verabredungen zur Ächtung der Spielverderber funktionierten, weil Autorität, auch ausgeliehene, in Deutschland funktioniert.

Im Geiste ihres innovativen Amtsentwurfs sind auch die Entscheidungen der Kanzlerin zu lesen, die sie von ihrer langen Zielgeraden aus nicht zur Diskussion, sondern zur Akklamation stellt.

Zuschreibung oder Wirklichkeit? Kohls »Mädchen« hat eine Weltherrschaft, die ihr irrender Mentor so nie gewollt hätte. Wir erkennen die beschleunigte Generationenablösung: Kohl wäre ein Fremdling in Merkels Welt. Mitte Mai 2019 machte *Der Spiegel* ein Vermächtnisszenario um die Kanzlerin Angela Merkel auf, das zum triumphalen dreijährigen Solo ohne Partei und Parlament so gar nicht passen will. Das Magazin berichtete im Rückblick über die Verleihung des Fulbright-Preises für Internationale Verständigung am 28. Januar 2019 an die Kanzlerin, eine jener unzähligen Ordensverleihungen, und kommentierte die finstere Weltsicht der hochdekorierten Starpolitikerin mit der Feststellung: »Kein anderer Bundeskanzler hat zum Ende seiner Amtszeit so düster auf die Weltlage geblickt wie Angela Merkel. Sie sieht die Säulen der Weltordnung zusammenbrechen und bleibt doch seltsam untätig.«[110]

Merkels Rede an jenem Januarabend bei der Preisverleihung folgt demselben Motto, das *Der Spiegel*-Titel mit einem düsteren Porträt der Kanzlerin in vier Worten zusammenfasst: »Nach mir die Finsternis.« René Pfister, der Korrespondent des *Spiegel* in Washington, erlebt Merkels Auftritt bei dem festlichen Anlass so: »Die deutsche Kanzlerin gegen die Mächte der Dunkelheit, das ist die Botschaft des Abends.«

Das Publikum, so Pfister mit feiner Ironie, habe das »Glück« empfunden, »dass wenigstens die Kanzlerin versucht, die Reiter der Apokalypse aufzuhalten«.[111] Merkel profitiert auch an jenem Januarabend von ihrer paradoxen Aura. Sie findet es »grotesk« und »abwegig«, dass man sie zur »Anführerin der freien Welt« erklärt hat. »Und doch«, so Pfister, »ist das Thema ihrer Spätphase die Verteidigung der liberalen Weltordnung, größer geht es kaum. Es ist ein Paradox, von dem sie am meisten profitiert.«[112]

Pfister sieht »tiefen Pessimismus« bei Merkel, die als Weltbeobachterin auftritt, statt ihren Anspruch auf Leadership im Weltformat zu verteidigen. »Die Lunte brennt«, sagt sie nach einer Skizze zu Saudi-Arabien, Türkei, Iran, USA, wie sie jedermann geben könnte. »Die Lunte brennt.« Merkel als Deuterin mit einem olympischen Quartier in der Transzendenz. Merkel machtlos? Braucht sie Widersprüche, um unberechenbar zu bleiben? Merkel legt immer und überall eine doppelte Spur. Footprint in *humanities*, verweht-verwischte Spur als Täterin, die metamoralisch und metademokratisch mit dem Brecheisen unterwegs ist. Keiner ihrer Vorgänger im Kanzleramt hat so entschieden auf Mehrdeutigkeit gesetzt wie Angela Merkel. Wer ein Weltbild auseinandernimmt, so muss sie wohl gedacht haben, muss Spuren schon beim Handeln verwischen. Symbolpolitik musste deshalb ihr Politikstil werden; unverbindlich auf Zeit für Verbindlichkeiten einer veränderten Welt vorsorgen. Wenn keiner mehr hinschaut, werden Soft-Law-Absprachen zu beinharten Geboten.

Handlungsschwache Heldin oder Agentin aufsteigender Mächte?

Dass Merkel in den Endrunden ihrer Kanzlerschaft auf düstere Farben setzt, sichert ihren Platz im Mainstream: »... sie ist lange genug im Geschäft, um zu registrieren, wie die allgemeine Unruhe, die düstere Erwartung, ihr nutzt«, meint Pfister.[113]

Bei Merkels triumphal gedachtem Finale von Orden zu Orden legen die Kriegsparteien weltweit allerdings keine ehrfürchtige Pause sein. Während ihr Ansehen eine sichere Bank geworden ist, die der Kanzlerin weltweit alle Privilegien des Protokolls für Zelebritäten bietet, steigt das Unverständnis über die fast unerträgliche Diskrepanz zwischen ihren düsteren Prognosen und der offenkundigen Entschlossenheit, keine Initiative zu ergreifen, die über das Symbolische hinausgeht. Warum handelt sie nicht, fragt die politische Community diesseits und jenseits des Atlantiks. Dass sie ein Faible für Chinas totalitäres Führungsteam hat, wird von den westlichen Eliten wie den Medien mit einer Nachsicht toleriert, die verblüfft. Merkels Plädoyer für die Zulassung des chinesischen Netzwerkausrüsters Huawei beim Aufbau des deutschen 5G-Mobilfunknetzes wird niemand so arglos nennen können, wie die Kanzlerin es begründet: Man werde mit Absprachen die Verlässlichkeit aller Partner sichern, so das Statement der Multilateralistin Merkel.[114] Diese kleine Prise Opium fürs Volk setzt die Trendleaderin Angela M ein, um mit den kommenden Siegern Geschichte zu schreiben: Huaweis Konzernzentrale steht in der Stadt Shenzhen, wo der Überwachungskapitalismus bereits Heere glücklicher Sklaven hält. Merkel als eine virtuelle Verbündete jener Herrscher und Konzerne zu sehen, die weder für Demokratie noch für Marktwirtschaft eine Zukunft sehen, fällt – noch – unter die tabuisierten Wahrnehmungen in der westlichen Hemisphäre. Hier wagen nur Denker diese naheliegende Assoziation: Merkel gehört zu den Trendleadern, die Spezialisten für den totalitären Systemwechsel sind. Wenn Merkel in der von Datensklaven bewohnten Stadt Shenzhen fasziniert statt erschüttert war, dann greift bei den regierungsnahen Medien offenbar die Totalverdrängung, mit der Trauma-Deutschland sein Trauma an die Kette zu legen versucht.

Motto: Nur nicht zulassen, dass die Chefin auf der falschen Seite steht! – Und die Chefin ist geschützt durch ihre Aura als

Humanitas-Päpstin. Auch für ihr China-Faible gelten Sonderkonditionen. Sie schont die menschenrechtsfernen Chefchine-
sen, wie sie Erdoğan schont, der deutsche Geiseln hält. Diktatoren schonen heißt: Verfolgte und ihre Fürsprecher unter
Ausschluss der Öffentlichkeit treffen. In der Botschaft, so die
glatt gebürstete Berichterstattung der deutschen Medien, hat sie
die Verfolgten des Regimes getroffen – wen also? Und warum
verfolgt? Und warum im *closed shop* Botschaft? Falsche Fragen.
Deutschland leistet sich den lebenden Kompromiss anstelle der
ungefährlichen Mutprobe, neben – nicht über! – das Imponiergehabe des Menschenparkbetreibers jene Idee von Freiheit zu
stellen, der Merkels Amtseid galt. Der lebende Kompromiss,
den das offizielle Deutschland zum Stellvertreter für alle zu
Hause in Ungnade gefallenen Chinesen ausgesucht hat, der
Künstler Ai Weiwei, teilt uns regelmäßig über die Leitmedien
mit, dass er den Privilegienlieferanten Deutschland eigentlich
nicht wirklich mag und das Land deshalb in Kürze verlassen
werde. So mögen wir das.

Die deutsche Kanzlerin hat handfeste Gründe für ihre Ausblendung des dramatischen Kontrasts der Menschenbilder, die
den Führungseliten im aufstrebenden Weltreich China auf der
einen Seite und den Nationen im transatlantisch verankerten
Europa als Erfolgsgeneratoren auf der anderen Seite gelten.

Wer Merkels China-Bewunderung als ein *mission statement*
versteht, eine maskierte Auskunft über ihr Machtmodell, erfährt
mehr, als die elf China-Reisen der Kanzlerin sagen.[115] Vielleicht
entschlüsseln die China-Bekenntnisse der Kanzlerin sogar beides: ihre düstere Weltsicht im Jahr 2019 und ihre rätselhafte
Handlungsphobie im Augenblick globaler Lizenzen und allge-
meinem Goodwill, »whatever it takes«, würde Mario Draghi
sagen. Sie hat den Kopf frei, Partei und Parlament abgeschüttelt,
ihren Weltruf nicht verspielt, weil alle ihren Weltruf brauchen;

sie hat die Hände frei, aber sie krempelt die Ärmel nicht auf. Oder zeigt sich am Ende etwas anderes: Diese deutsche Kanzlerin hat so viele Taue gekappt, so viele Rettungsringe über Bord geworfen, sie hat das Personaltableau Europas so extrem verändert, dass die bewährten Verabredungen auf Normen, Rechte und Werte, die das Menschenbild der westlichen Allianz geschützt haben, wie Rufe ohne Echo sterben.

Alternativlos Merkel

Könnte es sein, dass Merkel viel mehr aus den Angeln gehoben hat, als ihre Gönner und Höflinge sehen wollten? Staunt sie jetzt über die Finsternis, die sie selbst als Trendkomplizin mit den Datenherrschern von morgen ausgelöst hat? Oder, im Merkel-Sound, kaschiert sie in ihren finsteren Analysen ihren hohen Anteil an der Verfinsterung Europas und am transatlantischen Riss, den sie als Trump-Kritikerin mit verantwortet hat? Gehört die Betrachterin der Finsternis nicht eher auf die Täterseite? Macht sie deshalb nichts, weil ihre Arbeit getan ist? Reist sie noch dreimal um die Welt, um das Erreichte vom Unerreichbaren zu trennen, das nun in andere Hände geht? Merkel ist eine Meisterin der doppelten Spur.

Trumps Dealer-Witterung liegt nicht deshalb falsch, weil viele sich für seine treffende Diagnose einen andern Sprecher wünschen: »Merkel redet, tut aber nichts«, so Trump am 25. Juli 2019 im Telefonat mit dem ukrainischen Präsidenten Wolodymir Selenskyj.«[116] Trump weiß nicht, dass dies seine Begegnung mit Merkels Politikstil war – warten, wohin die Kugel rollt.

Angela Merkels Geschäftsmodell ist nicht die scheiternde Republik in Zeiten totalitärer Produktketten, die Demokratie nicht auf der Agenda haben. Angela Merkels Geschäftsmodell ist Angela Merkel. Sie kann ihre Grenzen nicht sprengen, und es gelingt ihr nicht, die Grenzen ernst zu nehmen, die sie vorfindet. Deutschland hat sich für eine Regentin mit autistischen Zügen entschieden, die nicht in sich ruht, sondern in sich gefangen ist. Angela Merkel konnte deshalb über sich nur wenig sagen. Schon ihr Amtseid war für sie in der Sprache eines fremden Landes geschrieben. Sie las ihn vor, weil sie in diesem fremden Land dahin gespült wurde, wo man das erwartete. Auch als ihr Kandidat Kauder von der Fraktionsspitze stürzte, zitierte Merkel entgeistert die merkwürdigen Spielregeln dieses fremden Systems: »Das ist Demokratie«,[117] mit einem tonlosen Fragezeichen in der etwas gehobenen Stimme. Als hochintelligente Quasi-Autistin konnte sie nur sein, wer sie ist. Storytelling, um »Menschen mitzunehmen«, überschritt ihre Möglichkeiten der Empathie. Wer an *Rain Man* denkt, jenen machtvoll ohnmächtigen Autisten in dem gleichnamigen amerikanischen Film aus dem Jahr 1988, der erkennt in Merkels Satz »Sie kennen mich« schon eine hilflose Variante all dessen, was Normalbewerber um Wählergunst sagen würden. Sie kann nur Merkel sein, eine Fremde im Normenpark der freien Welt, im Grunde besser aufgehoben im überregulierten Sozialismus. Und ihr Alleinstellungsmantra »alternativlos« verbirgt ihre eigene Lage als autistisch gefangenes Individuum: Alternativlos Merkel, dieses Megahandicap wurde in einer zerfallenden Welt zur Garantie für Welterfolg. Warum? Weil niemand eine so wandlungsfreie Identität auf die politische Weltbühne brachte wie die deutsche Kanzlerin. Mit ihr wurden alle Prozesse überschaubar. Das Unzumutbare wurde aufgeschoben, das Unerwartete so lange verlangsamt, bis alle sich daran gewöhnt hatten. Wenn Merkel der Welt bei jedem Auftritt die Begegnung ihrer zehn Finger zeigt, so war das Angebot in der Welt der Mächtigen unverkäuflich, weil niemand wagte, diese Selbstvergewisserung einer psychisch Gefangenen als Nachricht über ein fundamentales Handicap zu verstehen.

Im Topzirkel der Täter darf es nur Täter geben. Wer als Opfer auftritt, kann nur Verräter sein. Darum bleibt Merkels Geste, sich an sich selbst festzuhalten, ein stummes Zeichen. Exklusiv. Alternativlos Merkel. In der Spätzeit ihrer Regierung kam die offenkundige Revolte einer sensiblen Psyche hinzu, die im autistischen Solo vieler Jahre von den Insignien der Macht profitiert hatte. Plötzlich begann die Seele der mächtigen Solistin sichtbar zu zittern. Damit nahm die undurchdringliche Ich-Gefangene ein Motiv vorweg, das ihre verlassenen Wähler nach ihrer Demission intonieren werden: Deutschland fordert seine Seele zurück. Irgendwo in Merkel-Deutschland ist sie irgendwann verloren gegangen. Dass diese Kanzlerin sich um die Seelen ihrer Fans und Feinde nicht kümmern konnte, versteht nur, wer die für mächtig erklärte Regentin im zerfallenden Haus Europa als autistisch codiertes Alphatier begreift.

Nachweise

1 Vgl. Ian Kershaw, »Trauma der Deutschen«, in: *Der Spiegel* vom 07. 05. 2001, S. 59–74.
2 Vgl. dazu Gertrud Höhler, *Demokratie im Sinkflug*, München 2017, S. 76 ff. und 97.
3 *Der Spiegel*, 17. Mai 2019, S. 24.
4 Vgl. Gertrud Höhler, *Demokratie im Sinkflug*, a. a. O., S. 117 ff.
5 Ebd., S. 134.
6 Angela Merkel zur Flüchtlingspolitik am 15. 09. 2015, https://www.sueddeutsche.de/politik/merkel-zu-fluechtlingspolitik-dann-ist-das-nicht-mein-land-1.2648819
7 Vgl. Gertrud Höhler, *Die Patin*, Zürich 2012, S. 106 ff.
8 https://www.spiegel.de/wirtschaft/soziales/nord-stream-2-daene-mark-erteilt-genehmigung-fuer-umstrittene-pipeline-a-1294113.html
9 Vgl. Gertrud Höhler, *Die Patin*, a. a. O., S. 167 ff.
10 Ergebnisse der Allensbach-Studie »Grenzen der Freiheit«, *Frankfurter Allgemeine Zeitung* vom 23. Mai 2019, S. 12.
11 So Angela Merkel im Frühjahr 2010 an den damaligen griechischen Premier Giorgos A. Papandreou, siehe dazu Gerd Höhler, »Ein Land spart sich arm«, https://www.zeit.de/wirtschaft/2013-07/griechenland-sparen-krise/09.07.2013.
12 Vgl. Gertrud Höhler, *Die Patin*, a. a. O., S. 78 ff.
13 Vgl. ebd., S. 89 ff. und 127 ff.
14 Sie dazu Klaus Segbers, »Mit oder ohne Fortunas Beistand«, in: *Frankfurter Allgemeine Zeitung* vom 22. 05. 2011, S. 6.
15 Vgl. »The Sleepwalkers«, in: *The Economist*, 25. 05. 2013.
16 Vgl. dazu Klaus Segbers, »Mit oder ohne Fortunas Beistand«, a. a. O.
17 Dieser Hexameter ist seit dem 16. Jahrhundert als Sprichwort belegt und geht auf die Fragment gebliebenen *Fasti* des römischen Dichters Ovid zurück.
18 Vgl. Gertrud Höhler, *Demokratie im Sinkflug*, a. a. O., S. 135 ff.

19 Vgl. ebd., S. 83 ff.

20 Angela Merkel in der ARD-Sendung »Anne Will« am 22. März 2009, https://www.spiegel.de/politik/deutschland/konservatismus-debatte-herzschmerz-bei-der-cdu-a-717516.html

21 Der Bonner Jurist Udo Di Fabio im Interview mit Rüdiger Franz, https://www.general-anzeiger-bonn.de/news/politik/deutschland/interview-mit-udo-di-fabio_aid-44034239, 26. 04. 2019.

22 Ebd.

23 Ebd.

24 »Brot und Zirkusspiele«: Der Ausdruck stammt vom römischen Dichter Juvenal, der in seiner Satire (10, 81) kritisierte, dass das römische Volk von den Kaisern Augustus und Tiberius entmachtet wurde und sich, durch Massenunterhaltungen bestochen, zur entsprechenden Stimmabgabe bei den Magistratswahlen verleiten ließ.

25 Saarlands Ministerpräsident Tobias Hans im Interview mit Robert Birnbaum, https://www.tagesspiegel.de/politik/saarlands-ministerpraesident-tobias-hans-wir-haben-uns-zu-sehr-auf-die-allkompetenz-der-kanzlerin-verlassen/24460216.html, 15. 06. 2019.

26 Hans-Jürgen Papier im Interview mit Thorsten Jungholt, https://www.welt.de/politik/deutschland/plus192082861/Hans-Juergen-Papier-warnt-vor-Erosion-der-Rechtsstaatlichkeit.html, 20. 04. 2019.

27 Vgl. dazu Majid Sattar, *Frankfurter Allgemeine Zeitung*, 24. 01. 2012.

28 Ebd.

29 Johann Wolfgang von Goethe, *Wilhelm Meisters Wanderjahre*, Kap. 71.

30 So Thomas Mayer im Artikel »Was Lagarde tun wird« in: *Frankfurter Allgemeine Sonntagszeitung*, 01. 09. 2019.

31 Zu Merkels Management vor Präsidentenwahlen vgl. Gertrud Höhler, *Die Patin*, a. a. O., S. 195–230.

32 Thomas Mayer, »Was Lagarde tun wird«, a. a. O.

33 Anhörung Lagardes beim EU-Parlamentsausschuss, vgl. dazu: *Neue Zürcher Zeitung*, 04. 09. 2019.

34 So Andreas Platthaus in: *Frankfurter Allgemeinen Zeitung*, 02. 09. 2019.

35 Redemanuskript der Laudatorin in beglaubigter deutscher Übersetzung.

36 *Handelsblatt*, 05. 06. 2019.

37 Ebd.

38 Ebd.

39 *Frankfurter Allgemeine Zeitung*, 26. 09. 2019, S. 17.

40 Ebd.

41 Siehe dazu https://www.spiegel.de/politik/deutschland/anschlag-auf-synagoge-schroeder-fordert-aufstand-der-anstaendigen-a-96537.html, 04.10.2000.

42 *Frankfurter Allgemeine Zeitung*, 26.09.2019, S.17.

43 Ebd.

44 Zur Lage Griechenlands im Sommer 2019 vgl. *Handelsblatt* vom 09./10./11.08.2019.

45 Ebd., so der Griechenland-Korrespondent des *Handelsblatts*.

46 https://www.bundestag.de/dokumente/textarchiv/2010/29826227_kw20_de_stabilisierungsmechanismus-201760

47 Vgl. dazu Gertrud Höhler, *Die Patin*, a.a.O., insb. S.262.

48 Regierungserklärung von Angela Merkel zur Energiepolitik »Der Weg zur Energie der Zukunft«. Drei Monate nach der Katastrophe des Reaktors Fukushima verteidigte die Bundeskanzlerin den schwarz-gelben Atomausstieg vor dem Hintergrund der Katastrophe von Fukushima mit den Worten: »Ich habe eine neue Bewertung vorgenommen. Das Restrisiko der Kernenergie habe ich vor Fukushima akzeptiert, weil ich überzeugt war, dass es in einem Hochtechnologieland mit hohen Sicherheitsstandards nach menschlichem Ermessen nicht eintritt. Jetzt ist es eingetreten.« https://archiv.bundesregierung.de/archiv-de/regierungserklaerung-von-bundeskanzlerin-angela-merkel-zur-352energiepolitik-der-weg-zur-energie-der-zukunft-mitschrift-100826, 09.06.2011. Vgl. hierzu Gertrud Höhler, *Die Patin*, a.a.O., S.110 ff. und *Demokratie im Sinkflug*, a.a.O., S.45 f.

49 Siehe hierzu: »Die rätselhafte Jagd der Robben im Off-shore-Windpark«, https://www.spiegel.de/wissenschaft/natur/seehunde-und-kegelrobben, 22.07.2014, und »Warum Robben Windräder mögen«, https://www.zeit.de/wissen/2014-07/windkraft-seehund-futter, 21.07.2014.

50 Vgl. »Infraschall & Windräder & Kohlelobby 2019«, http:www.bund-rvso.de/infraschall.html

51 Regierungserklärung von Angela Merkel zur Energiepolitik, a.a.O., 09.06.2011. Vgl. auch Gertrud Höhler, *Die Patin*, a.a.O., S.186 f.

52 Regierungserklärung der Kanzlerin zur Energiepolitik, a.a.O.

53 *Der Spiegel*, 04.05.2019, S.14 ff.

54 Ebd.

55 Patrick Gensing und Konstantin Kumpfmüller, ARD-faktenfinder, 06.03.2019.

56 https://twitter.com ' konstantinnotz ' status, 14.06.2018.

57 *Epoch Times*, 02.07.2019.

58 *Epoch Times*, 02.07.2019.

59 Dieses und weitere Zitate aus Di Fabios Gutachten von 2016 siehe

Klaus-Rüdiger Mai, »Die Kanzlerin und das Recht«, 22. 09. 2017, https://www.cicero.de/innenpolitik/grenzoeffnung-fuer-fluechtlinge-die-kanzlerin-und-das-recht

60 https://www.bundestag.de/resource/blob/563758/8285a2b6cfa0b-c2538314d3a6f8b44c8/wd-3-139-18-pdf-data.pdf

61 https://www.allgemeine-zeitung.de/schauble-fluchtlingsthema-wird-noch-viel-geld-kosten_18198677, 22. 09. 2017.

62 Ian Kershaw, »Trauma der Deutschen«, in: *Der Spiegel* vom 07. 05. 2001, S. 59–74.

63 Ebd., S. 63.

64 Vgl. José Brunner, »Darf man die Deutschen belügen? Gedanken zur Wiedergutmachung.« – Vortrag auf dem Workshop des von der German-Israeli Foundation geförderten Projekts »Die Praxis der Wiedergutmachung in Deutschland und Israel nach 1945« im Kulturwissenschaftlichen Institut (Essen) am 24. 06. 2004.

65 *Der Spiegel* vom 07. 05. 2001, S. 87.

66 Bernhard Giesen, »Kollektives Trauma«, http://lernen-aus-der-geschichte.de/Lernen-und-Lehren/content/3889/2009-10-10-Kollektives-Trauma, 19. 05. 2019.

67 so Heribert Prantl in: »Rothenburg unterm Hakenkreuz ... und die Jahre danach. Flucht vor der Geschichte – Täter erklärten sich zu Verführten, Mitläufer zu Opfern: Warum die Deutschen so lange brauchten, bis sie sich ihrer NS-Vergangenheit stellten«, http://www.rothenburg-unterm-hakenkreuz.de/flucht-vor-der-geschichte-taeter-erklaerten-sich-zu-verfuehrten-mitlaeufer-zu-opfern-warum-die-deutschen-so-lange-brauchten-bis-sie-sich-ihrer-ns-vergangen-heit-stellten/, 19. 01. 2014.

68 Ebd.

69 Ian Kershaw, »Trauma der Deutschen«, a. a. O., S. 68.

70 Heribert Prantl, »Rothenburg unterm Hakenkreuz ...«, a. a. O.

71 Michael Bauchmüller, »Abstieg eines Öko-Stars«, in: *Süddeutsche Zeitung*, 07. 06. 2019, S. 2.

72 Ebd.

73 Horst Seehofer zur Vorreiterrolle Bayerns am 22. 02. 2012 beim politischen Aschermittwoch in Passau.

74 https://www.deutschlandfunkkultur.de/loske-deutschland-muss-vorreiterrolle-uebernehmen.1008.de.html?dram:article_id=160751, 13. 11. 2006.

75 Zu Collier vgl. den Artikel von Philip Plickert, https://www.faz.net/aktuell/wirtschaft/paul-collier-ueber-die-fehler-europas-in-der-fluechtlingspolitik-15767853.html

76 Andreas Rödder, »Wer hat Angst vor Deutschland«, in: *Hannover-sche Allgemeine*, 17. 11. 2018, https://www.haz.de/Nachrichten/

Politik/Deutschland-Welt/Wer-hat-Angst-vor-Deutschland-Gastbeitrag-von-Andreas-Roedder

77 Ebd.

78 Joachim Gauck, Rede zu Perspektiven der europäischen Idee. »Europa: Vertrauen erneuern, Verbindlichkeit stärken«, http://www.bundespraesident.de/SharedDocs/Reden/DE/Joachim-Gauck/Reden/2013/02/130222-Europa.html, 22.02, 2013.

79 Vgl. Andreas Rödder, »Wer hat Angst vor Deutschland«, a. a. O.

80 Ian Kershaw, »Trauma der Deutschen«, a. a. O., S. 68 f.

81 Ebd., S. 68.

82 Ebd., S. 73.

83 Rede von Bundeskanzlerin Merkel bei der 368. Graduationsfeier der Harvard University am 30. 05. 2019 in Cambridge/USA, https://www.bundeskanzlerin.de/bkin-de/aktuelles/rede-von-bundeskanzlerin-merkel-bei-der-368-graduationsfeier-der-harvard-university-am-30-mai-2019-in-cambridge-usa-1633384

84 Vgl. dazu: Gertrud Höhler, *Demokratie im Sinkflug*, S. 129–134.

85 José Brunner, »Darf man die Deutschen belügen? Gedanken zur Wiedergutmachung.«, a. a. O.

86 Vgl. dazu Hans Peter Schütz, »Ein Pakt fürs Leben«, in: *politik & kommunikation*, https://www.politik-kommunikation.de/ressorts/artikel/ein-pakt-fuers-leben-14775, 01. 10. 2014.

87 Vgl. dazu https://www.focus.de/politik/deutschland/maechtig-doch-kaum-jemand-kennt-sie-beate-baumann-merkels-bueroleiter-in-der-schatten-der-kanzlerin_id_8718630.html

88 Vgl. dazu Robin Alexander, »In der Merkel-Monarchie erster Diener der Königin«, https://www.welt.de/politik/deutschland/article13826699/In-der-Merkel-Monarchie-erster-Diener-der-Koenigin.html, 21. 01. 2012, und »Angela Merkel – ein Leben in zwei Welten«, *Spiegel Biografie* 2, 2017, S. 92.

89 Franziska Reich, »Merkels Schatten«, in: *Stern* vom 05. 03. 2007; Jürgen Elsässer, »Das heimliche Politbüro«, in: *Compact* vom 26. 08. 2017.

90 Gerd Langguth, »Die Macht der Zwillinge«, in: https://www.cicero.de/innenpolitik/die-macht-der-zwillinge/52551

91 Franziska Reich, »Merkels Schatten«, a. a. O.

92 Ebd.; siehe auch Gerd Langguth, »Die Macht der Zwillinge«, a. a. O.

93 Siehe Ralf Neukirch, »Ich Merkel«, in: *Der Spiegel* vom 22. 06. 2009, https://www.spiegel.de/spiegel/print/d-65794347.html

94 Eckart Lohse, »Ganz nah dran«, https://www.faz.net/aktuell/politik/portraets-personalien/merkels-beraterin-ganz-nah-dran-12172259.html?printPagedArticle=true#pageIndex_4, 09. 05. 2013.

95 Vgl. dazu Arne Delfs und Tony Czuczka, »Beate Baumann –
Merkels mächtiges Phantom im Bundeskanzleramt«, https://
www.welt.de/newsticker/bloomberg/article118037076/Beate-Bau-
mann-Merkels-maechtiges-Phantom-im-Bundeskanzleramt.html,
15. 07. 2013.

96 Franziska Reich, »Merkels Schatten«, a. a. O.

97 Siehe Ralf Neukirch, »Ich Merkel«, a. a. O.

98 Bei einer gemeinsamen Pressekonferenz mit Österreichs Kanzler
Werner Faymann sagte Angela Merkel am 15. September 2015 zur
Verteidigung ihrer Linie in der Flüchtlingspolitik: »Ich muss ganz
ehrlich sagen, wenn wir jetzt anfangen, uns noch entschuldigen
zu müssen dafür, dass wir in Notsituationen ein freundliches
Gesicht zeigen, dann ist das nicht mein Land.« https://www.n-tv.
de/politik/Merkel-Dann-ist-das-nicht-mein-Land-article15938301.
html. Vgl. dazu auch: Stefan Niggemeier, »Die Sprache der
Kanzlerin«, https://www.faz.net/aktuell/feuilleton/fernsehen/
hilflos-die-sprache-der-kanzlerin-1996511-p2.htm, 12. 06. 2010.

99 Vgl. dazu Dominique Eigenmann, »Merkels einflussreichste
Beraterin«, https://www.tagesanzeiger.ch/merkels-schatten/
story/22097743, 23.06, 2017.

100 Siehe dazu auch das Interview, das der ehemalige CDU-
Generalsekretär Peter Tauber der *Frankfurter Neuen Presse* am
19. 09. 2017 gab (»Wer Angela Merkel will, muss CDU wählen«),
https://www.cdu.de/artikel/tauber-wer-angela-merkel-will-muss-
cdu-waehlen

101 Siehe dazu https://www.bundeskanzlerin.de/bkin-de/aktuelles/
den-zusammenhalt-staerken-377762

102 Christoph Schwennicke, »Merkels Beraterin – Die Frau an ihrer
Seite«, https://www.sueddeutsche.de/politik/merkels-beraterin-
die-frau-an-ihrer-seite-1.883448, 19. 05. 2010.

103 Ebd.

104 Ebd.

105 Franziska Reich, »Merkels Schatten«, a. a. O.

106 Dieser Text erschien unter dem Titel »Die Facebook-Weltregierung
macht uns zu unseren eigenen Unterdrückern« zuerst als
Gastbeitrag der Autorin im *Handelsblatt* vom 23. 04. 2018.

107 https://www.facebook.com/DerSpiegel/videos/sie-vertrauen-mir-
diese-idiotenwie-mark-zuckerberg-facebook-groß-sich-selbst-
rei/1340566586028323/, 31. 03. 2017.

108 Siehe Fridtjof Küchemann, »Facebooks Falschheit«, *Frankfurter
Allgemeine Zeitung*, 10. 04. 2018, https://www.faz.net/aktuell/feuil-
leton/debatten/facebooks-falschheit-mark-zuckerberg-in-washing-
ton-15535571.html

109   Siehe dazu: Gertrud Höhler, *Die Patin*, a. a. O., S. 14. »Sie sagt
      ›Toresschluss‹, wo es für Millionen Deutsche um Tor-Öffnung
      geht. Keiner fragt nach, welches Tor sie zuschlagen sieht. Es ist
      die Ostperspektive der kühlen Beobachterin: Toresschluss für das
      Experiment des Sozialismus. Was die offenen Tore taugen, wird
      man sehen.« Vgl auch Alexander Osang, »Die Schläferin«, in: *Der
      Spiegel* vom 09. 11. 2009, https://www.spiegel.de/spiegel/print/d-
      67682698.html

110   René Pfister, »Zeiten des Aufruhrs«, in: *Der Spiegel* vom 18. 05. 2019,
      S. 17, https://magazin.spiegel.de/SP/2019/21/163957919/index.html

111   Ebd.

112   Ebd., S. 18.

113   Ebd., S. 19.

114   Siehe: »Merkel trotzt den Huawei-Warnungen der USA«, https://
      www.n-tv.de/wirtschaft/Merkel-trotzt-den-Huawei-Warnungen-der-
      USA-article21383266.html, 08. 11. 2019; Georg Fahrion, »Huawei-
      Gründer bietet Sicherheitsvertrag an«, https://www.spiegel.de/
      netzwelt/netzpolitik/huawei-und-5g-gruender-ren-zhengfei-bietet-
      no-backdoor-agreement-an-a-1295155.html, 06. 11. 2019.

115   Vgl. dazu Bernhard Zand, »Einmischung unerwünscht«, in: *Der
      Spiegel* vom 05. 09. 2019, https://www.spiegel.de/politik/ausland/
      angela-merkel-in-china-einmischung-in-hongkong-frage-uner-
      wuenscht-a-1285426.html

116   BILD vom 26. 09. 2019. Siehe dazu auch Kai Portmann, »Trump
      und Selenski lästern über Merkel«. Aus dem vom Weißen Haus
      veröffentlichten Memorandum eines Telefongesprächs zwischen
      Donald Trump und Wolodymir Selenskyj, in: *Der Tagesspiegel* vom
      25. 09. 2019, https://www.tagesspiegel.de/politik/brisante-auszue-
      ge-aus-dem-memorandum-trump-und-selenski-laestern-ueber-
      merkel/25055262.html

117   Vgl. *Spiegel online* vom 25. 09. 2018, https://www.spiegel.de/politik/
      deutschland/angela-merkel-zu-brinkhaus-wahl-das-ist-eine-stunde-
      der-demokratie-da-gibt-es-auch-niederlagen-a-1230030.html

Wolfgang Kubicki

Sagen, was
Sache ist!
Über Machtspiele,
Hinterzimmer und
den Mut zum Urteil

Gebunden mit Schutzumschlag.
Auch als E-Book erhältlich.
www.ullstein-buchverlage.de

*»Niemand will heute mehr klare Kante zeigen, aus
lauter Angst, er könnte irgendwo anecken.«*
Wolfgang Kubicki

Wolfgang Kubicki ist einer der schillerndsten Politiker
des Landes. Auch politische Gegner und Journalisten
schätzen das FDP-Urgestein als jemanden, der einen
eigenen Kopf hat und mit seiner Meinung nicht hinter
dem Berg hält. Er ist wortgewandt und liebt kontroverse Diskussionen. Ihm ging es nie darum, fremde Erwartungen zu erfüllen: Das macht ihn besonders.

In seiner Autobiografie schreibt er über die Höhen und
Tiefen seines Politikerlebens, die Suche nach Mehrheiten und erklärt, warum es heute wichtiger denn je ist,
klare Positionen zu beziehen.

Econ